혁신으로 기업의 미래를 연다
혁신과 성장 그리고 미래

혁신과 성장 그리고 미래

초판 인쇄	2025년 9월 10일
초판 발행	2025년 9월 20일
지은이	정상철
발행인	조현수
펴낸곳	도서출판 더로드
기획	조영재
마케팅	최문섭
편집	문영윤
본사	경기도 파주시 광인사길 68, 201-4호(문발동)
물류센터	경기도 파주시 산남동 693-1
전화	031-942-5366
팩스	031-942-5368
이메일	provence70@naver.com
등록번호	제2015-000135호
등록	2015년 6월 18일

정가 23,000원
ISBN 979-11-6338-495-3 (13320)

파본은 구입처나 본사에서 교환해드립니다.

혁신으로 기업의 미래를 연다

혁신과 성장 그리고 미래

정상철 지음

> 프롤로그

혁신이 멈추면 기업도 멈춘다
(긍정조직 기반 개인의 성장과 회사의 발전, 행복한 일터 만들기)

기업이 혁신을 도입하지만 성공하는 기업은 드물다. 그것은 혁신의 단편을 보고 실행하기 때문이다. 혁신은 복합적인 조건으로 구성되어 있고, 경영자가 이를 이해하고 올바른 방향과 일관성, 지속성 속에 성공의 길로 간다. 혁신을 통해 경쟁력 있는 기업, 지속 가능한 경영이 되기 위해 어떻게 알고 가야 하는가, 성공하는 기업의 혁신의 길은 무엇인가.

인류 사회와 지구촌 기술 문명은 보통 사람들이 생각하는 것보다 훨씬 빠른 속도로 변한다. 지역 간 이권 전쟁, 관세 폭탄 등 세계 무역 질서와 경제 흐름을 예측하기 어렵게 되었다. 기업의 입장에서 보면, 대내외 시장 환경 변화에 선제적으로 대응해 나가지 않으면, 대기업도 미래를 장담하기 어려운 게 현실이다. 생존과 지속 가능 경영을 위해 혁신은 선택이 아니고 필수다. 모든 기업이 혁신을 도입하지만 성공한 기업은 드물고, 부분적으로 성공하는 수준이다. 왜 그럴까, 경영자의 혁신에 대한 인식과 지속적인 서폰서십, 일의 속성, 설비 특성, 생산 프로세스의 특징에 맞는 혁신체계, 운영제도, 계획이 잘 실행되기 위한 이슈 개선 등의 변화관리가 중요한 성공의 요건이다. 혁신은 제대로 실행하여 경쟁력을 확보하지 못하면 고급 낭비가 된다. 제도, 시간, 손 등 혁신 활동 인프라를 감안한 기획과 실행 조건을 고려하지 않으면 지엽적인 활동이 되거나 멈추게 된다.

  혁신은 백 명의 음악인으로 구성된 교향악단과 같다. 한 악기만 소리를 잘못 내도 음악은 엉망이 된다. 필자는 포스코의 혁신 기획 업무 6년과 대학원에서 기업 혁신의 성공과 실패 과정을 연구하며 직접 현장을 살펴왔다. 이후 사내 혁신 컨설턴트로 17년을 실행하며 다양한 분야를 경험했다. 종교와 사회 문화가 다른 포스코 해외 법인 중국, 일본, 말레이시아, 태국, 미얀마 등 5개 나라 11개 법인, 제철소를 중심으로 제조업, 기술연구소, 건설, 에너지, 요식업까지, 그리고 포스코 설비, 자재 공급사, 제품 사용 고객사 등 30여 중소기업을 컨설팅하며 기업 혁신에 대한 성공요인과 실패의 인자를 알게 되었다. 중국은 사회주의 사상과 문화로 애사심과 스스로 개선하는 자세, 경쟁하고 성장하는 문화가 없어 혁신 문화를 심는 데 어려움이 따른다. 하루 5번 기도하는 이슬람교의 말레이시아 국민은 느리고 다민족 국가로 소통이 어렵다. 사무라이 정신이 녹아있는 매뉴얼 문화의 일본 혁신, 국민 98%가 불교신자인 미얀마는 다음 세상을 기원하며 일생에 한 번은 출가할 정도의 문화에 혁신의 씨를 심는 것도 쉬운 일이 아니다. 종교, 사회문화, 국민성이 혁신의 토양이 되고, 이를 이해하지 못하면 진정한 소통과 혁신은 어려워진다. 업종별 혁신을 보면, 건설업은 건설 공기 단축과 원가 개선, 물리·화학의 전문지식이 필요한 기술연구소, 전력과 부생 가스를 생산하는 에너지 사업, 사내 식당은 음식 제조와 신메뉴 개발, 영양 설계 프로세스 정립과 개선 등 업의 특성을 이해하는 것에서부터 제대로 된 혁신이 시작된다. 작업 환경이 열악한 중소기업은 경영자의 스타일에 따라 조직문화가 형성되고, 일의 속성에 따라 혁신의 적용은 달라진다. 쇠를 자르는 칼을 만들어 공급하는 인천 대원인물, 압연기 하우징을 제작 공급하는 대전 한스코, 스테인리스 제품을 가공하는 민주노총 산하 고객사 DKC, 냉연 제품 고객 충성 로열티로 만드는 인천 서연탑메탈, 경영 2세의 경영 의지 미흡으로 2회 방문만에 컨설팅을 멈추었다가 사장의 혁신에 대한 인식 변화로 재개하여 전국 혁신 모델을 만들었던 중소기업 등, 작은 회사들이지만 기업 문화가 독특하여 적용 방법론이 제각기 달랐다. 기업에 혁신이 들어가면 건강한 조직, 경쟁력 있는 회사가 된다. 17년간 수많은 혁신의 토양을 개간하는 과정에 기업 혁신의 성공과 실패를 인지하게 되었다. 혁신은 문제를 풀어가기 위한 기법을 올바르게 적용한다고 성공하는 것은 아니다. 오랫동안 이어온 조직과 기업 문화가 혁신의 토양이 됨으로 토양을 개간하고, 경영자의 리더십과 효율적인 조직 라인에 따라 현업의 활동은 다르게 나타난다. 생산본부장 등 조직의 수장이 혁신에 대한 인식이 잘못되면, 그 조직은 움직이지 않는다. 경영자와 직책자, 일반 직원 간 조직 라인의 동맥경화 현상이 있는지, 진단과 처방이 필요하다. 혁신은 문제를 푸는 기법보다 장기적으로 지속되는 기업 문화로 연결되기에, 기업의 닥터 역할인 컨설턴트의 변화관리가 중요한 요소가 된다. 혁신은 기술이 아니라 조직이고 사람이다. 경영자나 조직 리더들의 혁신에 대한 인식과 리더 스타일에 따라 혁신의 적용과 효과성은 크게 달라진다.

 이 책에서는 CEO나 조직의 장, 일반 직원까지 생각의 관점에 따라 성과가 어떻게 달라지는지, 기업의 혁신이 무엇인지, 어떻게 진화되고, 일하는 사고, 일하는 방법이 체질화되어 문화로 가는지, 혁신 경영과 경영 비전, 혁신체계, 운영제도, 계층별 역할, 회의체 등으로 구성되는 '성공하는 길, 실패하는 길'을 열거하였다. 제조업 포스코와 건설, 에너지, 요식업, 세탁업 등 업종별 혁신의 적용 방법과 종교와 사회 문화, 국민성이 다른 해외법인, 사장의 경영 스타일에 영향이 큰 중소기업 공급사, 고객사 등 다양한 기업문화에 적용하는 혁신 사례들을 소개한다.

혁신 성공으로 가는 길은 업의 특성에 맞는 혁신 체계, 종교와 조직문화에 맞는 운영제도, 정기 회의체를 통한 활동 이슈 개선이 필요하다. 또한 리더의 혁신 마인드 셋과 역할 등 조직 변화관리를 지속적으로 해야 한다. CEO, 혁신 기획 부서, 현장 실행의 주체인 일반 직원들이 이 책을 보고 도움이 되길 바라고, 기업 혁신이 성공해서 경쟁력 있는 기업, 지속 가능한 경영이 되길 바라본다.

2025년 9월, 미래혁신경영연구소 대표
정 상 철

차 례

프롤로그 · 4

제1장_ 생각의 관점을 디자인하라

1. 생각의 관점을 바꾸면 미래가 보인다 · 18
2. 생각의 힘과 성과 · 21
3. 삶과 자기경영 · 24
4. 미래의 나를 안다면 · 27
5. 내가 본 그 사람 · 30
6. 산행(山行)과 인생길 · 33
7. 동기부여와 삶의 가치관 · 36
8. 함께 가는 지구촌 · 39
9. 일과 현대인의 삶 · 42
10. 역행자와 삶의 운명선 · 45
11. 생각정리스킬과 삶 · 48
12. Clean 작업장, Clean 마인드 · 51
13. 1조 달러 행정, 2조 달러 전략 · 54

제2장_ 혁신이란 무엇인가

1. 혁신이란? · 58
2. 혁신의 바이블은 무엇인가 · 61
3. 기업 혁신의 조건은 무엇인가 · 64
4. 혁신의 3가지 관점과 기업문화 · 67
5. 혁신의 모멘텀은 무엇인가 · 70

6. 혁신의 진화원리와 성공하는 기업 • 73
7. 기업 혁신기법의 3가지 적용 방식 • 76
8. 기업 혁신 [IIAC 진화 모형] • 79
9. 혁신기법의 8가지 변화 유형 • 82
10. 혁신활동의 6가지 성공요인 • 86
11. 혁신활동의 진화 단계별 6가지 성공요인 관계 • 90
12. 전략적/운영적 관점, 혁신 성공의 11제언 • 97

제3장_ 혁신활동 기법의 이해와 활용

1. 3定 5S 활동: Clean 작업장과 일하기 쉬운 조건 • 102
2. TPS(Toyota Production System) 활동: 낭비 없는 생산라인 구축 • 106
3. TPM(Total Productive Maintenance): 설비/생산/품질 보전 • 114
4. 6시그마(6Sigma): 품질 혁신, 공정 개선 • 119
5. IE(Industrial Engineering; 산업공학): 일의 효율성과 최적화 • 126
6. QSS(Quick Six Sigma): 현장 경쟁력, 개선 문화 • 128
7. TRIZ(트리즈): 문제 해결 아이디어 도출 • 133
8. TOC(Theory of Constraints): 제약 공정 문제해결 • 136
9. VP(Visual Planning): 업무계획과 자율 목표 달성 • 138
10. VSM(Value Stream Mapping): 사무 업무 최적화 • 140
11. Lean 생산(Lean Production): 생산 리드타임 단축 • 142
12. Design Thinking: 새로운 개발, 수작업 자동화 • 145

제4장_ 혁신 성공하는 길, 실패하는 길

1. 작은 꿈과 자기경영 · 150
2. 기업 혁신, 왜 실패하는가 · 153
3. 기업 혁신의 진화와 바른길 · 156
4. 위기는 새로운 성장의 기회 · 159
5. 조직문화는 경영의 승부처다 · 162
6. 혁신 인프라를 보면 길이 보인다 · 165
7. 야생 코끼리를 움직이는 힘 · 168
8. 조직의 행동 변화와 균형 있는 혁신 · 171
9. 마이너스를 플러스로 바꾸는 능력 · 174
10. 멈춘 혁신을 움직이는 혁신으로 · 177
11. 기업 혁신, 실패를 넘어 성공하는 길 · 180
12. 철강업의 빛과 그림자 · 183
13. 혁신과 성장, 그리고 부강한 사회 · 186

제5장_ 혁신 경영과 기업 경쟁력

1. 경영과 성장 · 192
2. 조직 경영의 리더십 · 195
3. 열린 조직문화로 가는 길 · 198
4. 일에는 스토리가 있다 · 201
5. 사람이 새로운 미래를 연다 · 204
6. 소통과 건강한 삶 · 207
7. 몰입과 성장 · 210
8. 마인드맵과 일의 효율성 · 213
9. 사람 경영과 기업문화 · 216

10. 인재 경영과 기업 경쟁력 · 219
11. 기업과 행복경영 · 222
12. ESG경영과 지구촌 미래 · 225
13. 혁신과 기업문화, 선진기업에 이르는 길 · 228

제6장_ 혁신으로 기업의 미래를 연다

1. 혁신경영과 미래를 여는 길 · 232
2. 교양과 기업문화 · 235
3. 소통과 공감, 성공에 이르는 길 · 238
4. 타인경영과 긍정 조직문화 · 241
5. MZ세대와 인적자원관리 문화 · 244
6. 부드러운 직선 · 247
7. 세상은 변하고 기업 수명은 짧아진다 · 250
8. Design Thinking으로 여는 새로운 길 · 253
9. 강한 기업을 만드는 미에루카 경영 · 256
10. 일류기업으로 가는 지식경영 · 259
11. 독서경영과 성장하는 기업 · 262
12. 상상경영의 남이섬 이야기 · 265
13. 올해의 혁신상, 글로벌로 통하는 혁신 · 268

제7장_ 업종별 기업 혁신의 성공 비밀은 무엇인가

1. 끊임없이 진화하는 혁신 [철강] · 272
2. 기술연구소의 R&D형 혁신 [연구소] · 276
3. 인사가 혁신에 선한 영향력을 준다 [제조업] · 279
4. 건설공정에도 AI시대 열린다 [건설산업] · 282

5. 전력 생산조건을 알면 개선은 시작된다 [에너지산업] · 285
6. 생산 흐름화로 강한 현장을 만든다 [T모빌리티 _Cell 생산] · 287
7. 혁신을 알면 성공의 길이 보인다 [H제조업] · 290
8. 프로세스 관점에서 보면 길은 있다 [포스웰 _요식업] · 295
9. 장애인이 웃는 작업장 [포스위드 _세탁업] · 299
10. 생산 물류 혁신으로 경쟁력 확보 [2차전지산업] · 302

제8장_ 중소기업의 생존과 성장의 길

1. 화요일 첫 비행기는 뜬다 _포항 DKC · 306
2. 경영자의 시각이 미래를 결정한다 _대전 한스코 · 309
3. 물은 위에서 아래로 흐른다 _인천 서연탑메탈 · 313
4. 상황인식이 조직문화를 바꾼다 _인천 벤다선광공업 · 317
5. 먼지와의 전쟁, 새로운 도약 _인천 동양주공 · 320
6. 가족경영과 경영자 _인천 대원인물 · 323
7. 3년 내 사장 자리 넘긴다 _양주 현대배관 · 326
8. 기술혁신과 기업 경쟁력 _인천 대화감속기 · 329
9. 혁신 성공의 열쇠 Top 진단 _인천 공구함 제조업 · 332
10. 신뢰는 경영의 전부다 _김포 송유관 제조업 · 335

제9장_ 해외부문 혁신 문화는 무엇인가

1. 공산주의 사상에 혁신 마인드 장착 _중국 · 340
2. 사무라이 정신에서 시작되는 개선 문화 _일본 · 343
3. 도요타자동차 성공의 비밀, 자주연(自主硏) _일본 · 346
4. 다국적 나라의 공통 언어가 되어 _말레이시아 · 349
5. 나라 경영과 성장하는 미래 _베트남 · 353
6. 리더십과 소통이 성과를 결정한다 _태국 · 356

7. 빈국에서 부국의 희망으로 _미얀마 • 360
8. 요코하마에 피는 꿈 _일본 • 363
9. 사회주의 속을 알면 길이 보인다 _중국 • 366
10. 종교와 기업 혁신문화 _P-말레이시아 • 369

제10장_ AI 시대, 새로운 미래가 온다

1. 미래를 향한 삶과 기업혁신 • 374
2. 미래 경쟁력은 어디서 오는가 • 377
3. 뉴노멀 시대와 파괴적 혁신 • 380
4. 챗GPT와 현대 생활문화 • 383
5. 빅데이터, 예측 경영 시대가 온다 • 386
6. AI로 여는 미래 혁신 • 389
7. 머신러닝으로 생산 조건 최적화 • 392
8. 스마트 제철소로 향한 길 • 396
9. DX로 여는 미래 경쟁력 • 399
10. Intelligent Factory를 향한 초일류기업의 꿈 • 402
11. 문화 혁신으로 가는 월드 클래스 기업 • 405

에필로그 • 409

제1장

생각의 관점을
디자인하라

생각을 가공하면 관점이 되고, 관점에 따라 삶의 가치관이 형성된다. 보이지 않는 것을 보고, 들리지 않는 것을 듣고, 느껴지지 않은 것을 느낄 수 있는 비결은 다른 관점을 갖는 것이다.

새로운 지식으로 생각을 디자인하면 아름다운 미래가 보인다. 고정관념을 버리고 관점을 바꾸면 새로운 미래가 보인다. 작은 생각의 변화로 행동의 변화, 사물의 변화를 주고 가치 있는 행복한 삶으로 이어진다.

교육은 마음을 열게 하고, 실행은 몸이 익게 만들고, 환경과 문화는 그 변화를 굳게 만든다. Clean 작업장과 Clean 마인드는 조직 변화의 시작이다.

1.
생각의 관점을 바꾸면 미래가 보인다

현재 내 주위의 모든 물건은 생각의 산물이다. 지금의 삶의 내 모습도 생각의 결과물이다. 생각과 삶의 가치관을 어떻게 갖느냐에 따라 모든 것은 달라진다. 생각을 가공하면 관점이 되고, 관점에 따라 삶의 가치관이 형성된다. 보이지 않는 것을 보고, 들리지 않는 것을 듣고, 느껴지지 않은 것을 느낄 수 있는 비결은 다른 관점을 갖는 것이다. 같은 일을 겪고도 어떤 사람은 해결 방법을 찾아내고, 어떤 사람은 문제조차 파악하지 못한다. 하나의 상황에서도 수많은 것을 읽어내는 사람이 있고, 수많은 의미가 담긴 장면에서도 아무것도 읽어내지 못하는 사람도 있다. 그 차이는 어디에서 시작되는 것일까? 바로 관점이다.

어떤 관점으로 바라보느냐에 따라 해석하는 방식이 달라지고, 전혀 다른 결과에 이른다. 사람들 사이에서 발견되는 능력의 차이는 '어떤 관점에서 바라보느냐'에서 기인한다. 관점을 바꾸면 보이지 않던 것들이 보이기 시작한다. 필자가 P사 해외부문 중국의 제조 법인을 컨설팅하러 갔을 때의 일이다. 상해에서 자동차로 2시간 거리의 소주시에 있는 전기 코아를 생산하는 포스코아는 P사가 인수한 지 얼마 안 된 법인이었다. 기존 총지배인과 P사에서 인수하러 간 신임 수석지배인 간에 인식의 차이가 컸다. 생산본부장 등 직책 간부들은 실질적인 업무 실행관점에서 총지배인을 따르고 있었고, 신임 수석지배인과의 경영방식과 조직 운영 관점이 달라 여러 불협화음이 끊이지 않았다. 이것은 의사결정의 혼란과 제품 생산 흐름이 매끄럽지 못해 성과를 내기에 어려운 상황이었다. 하부 조직의 직원들은 어느 장단에 맞춰야 되는지 조직 전체가 혼란스러웠고, 혁신은 제대로 될 일이 없었다. 서로 간에 소통이 어려워 비난과 갈등만 커져갔고, 술자리는 하소연을 듣는 시간으로 채워졌다.

조직과 사람관계에서는 상대 관점에서 생각하고 말하는 것이 필요하다. 서로 자신의 입장에서 세상을 보고 생각하고 판단하면 갈등이 생성된다. 갈등 해소와 정상적인 업무 흐름에 변화를 주고자 자리를 만들었다. 총지배인과 수석지배인이 함께하는 자리를 만들어 서로의 입장을 들었다. 서로 속마음을 열어놓는 자체로 갈등의 반은 사라지는 느낌이었다. 서로의 이견이나 다름의 차이를 공감하게 되니 대화가 시작되었고, 서로 간에 인식의 오류와 판단의 오류가 있었던 것도 알게 되었다. 향후 조직의 운영과 역할을 얘기하고,

서로 양보하는 마음이 형성되니, 관점의 차이가 좁혀졌다.

갈등 해소는 일이나 조직에 대한 자신의 인식 오류를 이해하는 것에서 시작된다. 상대를 객관적 관점에서 생각하고, 다름을 인정하고 배려하는 것에서 갈등은 줄어드는 것이다. 보는 것과 아는 것은 명백히 다르다. 우리가 보는 많은 것 중에는 그 이면까지 미처 알지 못하는 것이 많다. 우리가 오랫동안 관계를 맺어 왔다는 이유로 '당연함'으로 치부해버리는 것은 고정관념에 사로잡히는 것이다. 고정관념에 사로잡혀 세상을 보는 것은 색안경을 끼고 보는 것이고, 똑똑한 사람이 지식의 우물 안 개구리가 되면 위험한 일이 된다.

새로운 지식으로 생각을 디자인하면 새로운 미래가 보인다.

2.
생각의 힘과 성과

　인공지능의 탁월한 역량이 두드러지기 시작한 시대, 역설적으로 인간 고유의 사고력이 화두로 떠오르고 있다. 세계 최고의 IT 기업과 제조업에서는 면접 자리에서 엉뚱한 질문이 튀어나오곤 한다. '맨홀 뚜껑은 왜 둥근가?', '뉴욕에 있는 신호등은 모두 몇 개인가?' 등과 같은 물음이다. 지원자의 생각하는 힘을 가늠하기 위함이다. 생각하는 능력, 창의적인 사고력은 현대 사회를 살아가는 최고의 경쟁력이라 할 수 있다. 생각의 역량을 기르고 품격을 높이기 위해 우리는 무엇을 해야 할까.

　생각하는 힘을 키우는 방법 6가지는 첫째, 질문을 바꿔본다. 질문은 생각의 새로운 차원을 여는 효과적인 도구가 된다. 구태의연함에서 벗어나 새로운 질문을 던지는 것이다. 다른 차원, 다른 관점, 다른 관심사를 바탕으로 차별적인 질문을 해본다. 질문의 각도가 달라지면 생각의 각도가 달라지고, 이전에 발견하지 못했던 새로운 생각의 길이 열린다. 둘째, 대상을 꿰뚫어보는 통찰력을 기른다. 통찰력은 대상의 전후, 깊이와 넓이를 한눈에 굽어보는 고도의 사고력이다. 오랜 경험이 농축되어야 도달하는 경지이지만, 적절한 사고력 훈련을 통해서도 연마할 수 있다. 전체를 파악하는 프레임워크 사고력, 복잡한 구조를 하나로 압축하는 추상적 사고력, 결론을 예견하는 가설적 사고력을 두루 기르고 발휘한다. 셋째, 섬세함과 단순함을 기른다. 섬세함과 단순함은 동시에 추구할 수 없는 미덕으로 보이지만, 생각의 실제에서는 함께 발현되곤 한다. 세밀한 관찰과 분석은 실제적 정보를 명확히 파악하게 만들고, 이 과정에서 본질이 선명하게 드러난다. 디테일하면서도 심플한 사고가 생각의 격을 정한다. 넷째, 역발상의 지혜를 발휘한다. 기발한 아이디어는 보통의 생각을 파괴하고, 뒤집고 비트는 의식적인 과정에서 탄생한다. 세상을 바꾼 혁신적인 아이디어는 '거꾸로 생각하기'에서 나왔다. 다섯째, 긍정적인 에너지를 발휘한다. 부정적인 사고는 염려와 절망으로 이어진다. 부정적 감정이 압도할 때는 생각이 아무런 의미를 찾지 못하고, 사고력은 정지된다. 긍정적인 에너지를 바탕으로 한 플러스 발상법의 유무에 따라 성공하는 사람과 실패하는 사람, 부자와 빈자의 운명이 나뉜다. 여섯째, 생각의 근육을 키운다. 다양성을 확장시키는 훈련이 필요하다. 다른 사람의 생각을 수용함으로써 사고력의 지평을 확장하고, 문제 해결을 위해 끊임없이 생각하는 습관으로 생각의 근육을 단련한다.

 기업에서 보면, 구성원의 생각과 성과는 밀접한 관계가 있다. 문제를 인식하고 해결하기 위해 아이디어를 생각하거나 기존의 정보를 재구성하는 과정이 효과적일 때 좋은 성과를 도출할 수 있다. 또한 창의적이고 혁신적인 생각은 새로운 아이디어를 창출하여 조직이 직면한 문제를 해결하거나 새로운 기회를 발견하는 데 도움을 준다. 이러한 생각은 제품 개발, 프로세스 개선, 마케팅 전략 등 다양한 분야에서 더 나은 성과로 이어질 수 있다. 결국, 사람의 생각에서 조직의 문화가 달라지고, 직원의 생각 수준이 기업 경쟁력을 좌우한다.

3.
삶과 자기경영

자기경영(Self-Management)은 개인이 자신의 삶을 주도적으로 계획하고 관리하는 능력을 말한다. 자신의 꿈을 정하고 이를 실현하기 위한 목표를 설정하고, 자원을 효율적으로 활용하며, 시간과 에너지를 효과적으로 분배하여 원하는 결과를 이루기 위한 체계적인 방법과 전략을 포함한다. 자기경영은 개인의 자기인식, 자기통제, 자기 동기부여를 중심으로 이루어진다.

자기경영의 6가지 조건은 첫째, 자기인식(Self-Awareness)이다. 자신의 강점과 약점을 파악하고 가치와 신념을 명확히 이해하는 능력이다. 자신이 어떤 상황에서 스트레스를 받는지, 어떤 방식으로 일할 때 가장 효율적인지를 이해하는 것이다. 둘째, 목표 설정(Goal Setting)이다. 구체적이고 실현 가능한 목표를 설정하고 이를 달성하기 위한 계획을 세우는 능력이다. 가령, 마음의 양식을 얻기 위해 매년 12권의 책 읽기 등 목표 설정이다. 셋째, 시간 관리(Time-Management)

이다. 평소 나쁜 습관이나 단점을 찾아서 과감하게 버리는 일을 먼저 하고, 중요한 일과 덜 중요한 일을 구분하고, 효율적으로 시간을 분배하여 활용하는 능력이다. 넷째, 자기통제(Self-Control)이다. 감정이나 충동을 통제하고 지속적으로 목표를 향해 나아가는 능력이다. 주변의 유혹을 이겨내고 필요한 일에 집중하는 것이다. 다섯째, 동기부여(Motivation)이다. 목표 달성을 위해 늘 꿈을 생각하며 스스로 격려하고 지속적으로 노력하는 것이다. 여섯째, 자기계발(Self-Development)이다. 끊임없이 자신의 능력을 향상시키고 새로운 기술이나 지식을 습득하는 노력이다. 예를 들면, 세계 여행이 꿈이면 해당 지역 언어를 매일 30분씩 공부하는 것 등이다.

  기업에서 보면, 개인의 성장과 조직의 발전을 위해 지속적인 변화 관리를 하는 일이 자기경영이다. 임원, 직책자, 중견 사원이나 신입 사원도 개인의 꿈이 무엇인지, 없으면 설정하라고 한다. 개인의 성장과 변화의 단초는 미래의 꿈 설정에서 시작되기 때문이다. 포스코 경영층이 생산 현장의 개선활동에 대한 포상과 격려 방문 때, 대화의 장에서 신입 사원의 꿈을 물어보곤 한다. 꿈이 없거나 구체적이지 않으면 기술명장에 도전하도록 권유하기도 한다. 모든 것은 개인이 선택하고 도전하는 것이지만, 행복하게 산다는 바람보다 시간이 걸리는 꿈 설정이 자기경영의 시작이 되는 것이며, 직장 생활 속에서 자기경영을 갖는 것이야말로 현명한 일이다.

  자기경영으로 성공한 대표적인 인물이 스티브 잡스다. 애플의 공동 창업자인 스티브 잡스는 자신의 비전과 목표를 명확히 하고, 조직원 공유, 이를 달성하기 위해 끊임없이 노력한 인물로 유명하다. 자신의 강점을 활용하여 미래를 설계하고, 신제품을 개발하여 경쟁력을 확보한 결과, 오늘날의 애플을 만든 것이다.

인생에서 보면, 100세 시대에 후회하지 않는 삶을 영위해 나아가는 길은 자기인식, 시간 개념이 든 꿈과 목표 설정, 자기통제, 자기 동기부여 등의 자기경영이다. 자신의 생명인 시간의 소중함을 인지하고, 목표 달성을 위한 시간 드라이브를 걸어야 한다. 나의 미래를 그리며, 목표를 향한 인생 시간을 잘 운영하면 꿈은 이루어 지며, 더 만족스럽고 성취감 있는 삶을 살아갈 수 있다.

4.
미래의 나를 안다면

　미래의 나를 안다면 삶은 어떤 변화가 일어날까? 어떤 인생이든 삶의 흐름을 보면, 좋든 그렇지 않든 미래는 있다. 하늘에서 내려진 운명적인 미래가 아니라 내가 그리고 만들어 간다면 내 미래는 달라진다. 삶에 있어서 미래에 대한 희망이 없다면 현재의 삶은 어떻게 될까? 꿈과 희망이 현재를 이끌어 간다.

　미래의 나를 아는 방법에는 어떤 것이 있을까? 첫째, 꿈과 목표를 명확하게 세운다. 꿈과 목표가 구체화되면 미래를 아는 지름길이다. 둘째, 불필요한 것과 덜 중요한 목표를 제거한다. 사람은 장애물을 만나 목표에서 멀어지는 것이 아니다. 눈 앞에 보이는 덜 중요한 목표를 추구하다가 진정한 목표에서 멀어진다. 셋째, 필요에서 열망으로, 열망에서 앎으로 나아간다. 열망이 필요보다 앞서고, 앎은 열망보다 높은 수준이다. 앎은 행동하는 것이고, 알면서 행동하지 않은 것은 아는 게 아니다. 넷째, 미래의 나의 일정을 관리한다. 바쁘다고 말하는 사람은 자기의 삶을 통제하지 못한다. 다섯째, 완벽하지 않더라도 적극적으로 완수한다. 실패와 성공에 투자할수록 미래의 나는 성장한다.

필자는 시골에서 태어나 초딩 2학년 시절 '송아지의 꿈'을 그렸다. 1년간 용돈을 모아 토끼 두 쌍을 샀고, 그 토끼들이 새끼를 낳아 12마리가 되었다. 새끼 토기들이 성인이 될 무렵, 땅굴을 파서 탈출하여 이웃집 채소밭을 난장판을 만들기도 했지만, 시장에 내다 팔아 강아지를 마련했다. 내 목표는 송아지였다. 그러나 강아지가 청년기에 이를 즈음, 쥐약 먹은 쥐를 먹어 송아지를 사려던 꿈은 사라졌다. 하지만 사회에 나와서 3년 만에 그 꿈을 이루었고, 우리 집에 소원하던 일 소가 생겼다. 그 후 그 소가 낳은 송아지는 동생의 대학 등록금이 되었고, 동생은 SK그룹 임원이 되어 지난날을 얘기하면 은은한 미소를 짓게 한다.

이것은 초딩 시절 미래의 꿈을 잃지 않은 결과이고, 미래와 단절시키지 않은 성과가 아닐까 싶다. 미래의 나와 단절되면 현재의 나는 어리석은 생각을 하고, 근시안적인 결정을 내리게 된다. 사람은 미래를 생각하지만, 시급한 문제와 사소한 목표로 시간을 보내는 경우가 많고, 먼 미래의 나의 모습은 생각하지 못한다. 미래를 깊이 생각할수록 자신이 원하는 모습으로 만들 능력은 향상된다.

'미래의 나'라는 렌즈를 통해 삶을 바라보면, 자신이 원하는 대로 삶을 그려나갈 수 있다. 미래의 내 모습이 구체화될수록 미래의 나와 더 깊이 연결되어 선택과 도전의 힘은 커진다. 목표에 대한 도전의 크기만큼 결과는 얻어진다. 사람이 꿈꾸는 사회적 위치나 미래의 모습은 사람이 가진 큰 자산이다. 과거에 대한 부정적인 스토리는 미래를 위협한다. 지나온 시간에 머물지 않고 미래를 향한 현재의 시간을 가꾸어 가는 것이 중요하다. 일상 속의 삶의 성과는 주변 사람들의 기대에 기초하는 경우가 많다. 주변 사람들이 당신에게 거는 기대가 낮다면 당신의 성과 수준은 낮아지고, 높은 기대를 하면 그 수준으로 올라간다. 이것을 '피그말리온 효과'라 한다. 내 주변에 긍정적인 모티브를 줄 수 있는 사람으로 구성해 나갈 필요가 있다. 사람은 관계 속에 살아가기에, 주변 사람들의 기대에 따라 성공하기도, 실패하기도 한다.

미래의 나를 안다면 삶의 희망을 세우고, 현재 시간에 동력을 걸어 주도적인 삶으로 영위해 나갈 것이다. 꿈과 실행이 미래의 내가 된다.

5.
내가 본 그 사람

우리는 살아가면서 끊임없이 평가하고 판단하면서 살아간다. "저 사람은 부정적이야! 위치의 역할을 못하는 것 같아!" 이런 평가는 그 사람의 실체라기보다 내가 본 그 사람이고, 내가 해석한 그 사람이다. 우리는 수많은 대화 속에 이런 오류를 범하면서 살아간다. "아들아, 친구들에게 그렇게 하면 안 돼!", "엄마가 나에 대해서 뭘 알아, 나도 이제 어린아이가 아니야!" 엄마와 갓 중학생이 된 아들과의 대화에서 우리는 아들이 예의가 없다고 생각한다. 이 또한 자기 판단에서 나온 것이다. 그 아들이 실제 예의가 없는 친구인지는 모를 일이다. 사람은 누구나 어떤 현상에 대해서 자신의 가치관에 따라 평가하고 해석하기 마련이다.

기업이나 가정에서도 대화가 제일 어렵다고 한다. 기업에서는 상사와 부하직원, 동료와의 대화가, 가정에서는 부모와 자식, 심지어 평생을 한 이불 덮고 살아온 부부 간에도 대화가 어렵다. 이것은 상대의 관점에서 보기보다 자기 관점에서 생각하고 얘기하기 때문이 아닐까? 커뮤니케이션의 사전적 정의를 보면 '내가 아는 지식을 전하고자 하는 상대에서 정확히 전달하는 것'이라고 되어 있다. 실상은 그렇지 않다. 상대의 입장을 생각하면서 지금의 상황을 읽고 일방향이 아닌, 쌍방향의 대화가 현실적인 커뮤니케이션의 정의라고 한다. 일상의 대화에서도 서로 상처를 주기도 하고, 이로 인해 스트레스도 받게 되는데, 이것은 자기 판단이 들어가는 순간, 상대와 견해차이로 충돌이 일어난다.

코칭에서 자기만 옳다는 주장과 판단을 에고라 부르고, 자신의 판단과 주장을 내려놓은 걸 에고리스(Egoless)라 하는데, 자기 판단을 내려놓는 연습이 필요하다. 대화에서 경청을 잘 하면 된다고 하는데, 경청도 쉽지 않다. 미국 UCLA 대학교 심리학과 매라비언 교수는 커뮤니케이션 구성 요소 중 옷차림, 용모, 인상 등 시각적 이미지가 중요하다는 이론을 발표한 바 있다. 사람들이 의사소통을 할 때, 단어를 통해서 뜻이 전달되는 것은 7%, 어조, 억양, 음성 등 소리의 요소 38%, 나머지 55%는 제스처, 표정, 몸짓 등 동작 요소에 의해 전달된다고 한다. 동작이나 어조를 제대로 듣지 않으면 소통이 제대로 안 된다는 것이니, 말하지 않고 듣는 것도 소통의 기술자가 아닐까 싶다. 내 언어보다 상대의 언어로 얘기해야 하고, 상대의 말에만 몰입해서 듣는 것이 아닌 것이다. 기업의 혁신활동을 사람으로 표현해 보면, 뼈대는 조직을 의미하고, 살에 근육을 붙이는 것이 혁신이고 동맥, 정맥 등 혈의 흐름을 좋게 하는 것이 혁신의 운영이다. 혁신의 운영에서는 상하, 수평 조직의 동맥과 직장생활에서 늘 일어나는 대화의 정맥 흐름이 원활하지 못하고 혈류 막힘 현상이 일어나 조직의 고혈압이 되면 혁신이 멈추게 되고, 그 기업은 어려워지는 것이다.

 조직의 고혈압을 예방하는 길은 내 판단을 내려놓고 상대의 전부를 존중하는 것에서 시작이 된다. 내가 본 그 사람이 아니라, 그 사람 자체를 인정하고 상대의 관점에서 대화를 시작하면 부모 자식, 친구, 직장에서 상하 수평 조직 등 혈관의 흐름이 좋은 소통을 이루어 건강한 조직, 미래가 있는 기업이 될 것이다. 개인의 삶과 기업의 건강은 내 판단을 버리고 상대 관점의 생각에서 시작된다.

6.
산행(山行)과 인생길

　사람이 살아가는 목적은 생존이다. 생존의 질과 양을 증가시키는 것이 인생이고, 그 질과 양에는 삶의 가치관과 인생의 방향에 맞는 선택과 도전이 있다. 질과 양을 높이는 것은 삶의 시선의 높이를 결정하는 일이고, 시선의 높이가 삶의 수준을 말한다. 미술관을 갔을 때와 가라오케를 갔을 때, 어느 쪽이 편하고 즐거운가. 즐거운 쪽이 내 시선의 눈높이고, 불편하고 불균형이면 내 눈높이가 아닌 것이다. 균형을 이룬다는 것은 공감한다는 것이고, 공감이 즐거움과 행복을 생산한다. 정상을 향하여 가는 산행이나, 내 삶의 목표를 향해 가는 인생길은 여러 가지로 닮아 있다.
　"산은 왜 오르는가?" 물으면, 산이 늘 거기 있으니까, 건강을 위해서, 힐링, 운동 등 여러 대답이 나올 것이다. 보편적인 대답은 '건강과 힐링'이고, 삶의 질과 양을 높이는 일이다. 최근 베이붐 세대가 대거 은퇴하면서 산행 인구가 증가하고 있고, 필자 또한 지난 주말

강원도 태백산(1566m) 눈꽃 산행을 했다.

　태백산 입구에서 천제단 정상까지 왕복 산행 거리는 8.2km로, 4시간 정도 소요되었다. 산행의 시작과 끝은 정해졌고, 가는 여정에 다양한 일들이 일어났다. 땀이 나서 겉옷을 벗기도 했고, 정상에 가까워질수록 기온이 떨어져 다시 입기도 했다. 사람에 밀리면 기다려주기도 했고, 눈길 속 길을 잃으면 돌아오르기도 했다. 산 중턱에서 비닐 쉼터를 치고 식사를 하는 동안 엉덩이는 차가웠고, 떡국은 퍼졌다. 힘겨운 전쟁을 치르며 정상에 오르는 여정에 신비로운 눈꽃을 만날 때는 고난의 일들이 눈 녹듯이 사라졌다. 천제단 정상에 오르는 기쁨도 잠시, 한정된 시간에 쫓겨 하산 길에 올랐다. 미끄러지기도 하고, 두 갈래 길에서는 선택의 고민에 빠지기도 하는 등, 하산 길에도 다양한 변수가 숨어 있었고, 동료와 협력해서 여러 변수를 극복하며 무사히 내려왔다. 경험과 지식 등 얼마만큼 알고 준비하느냐에 따라 얻는 결과가 달라진다는 것을 깨달은 산행이었다.

　산행을 하며 닮은 인생을 읽었다. 첫째, 정상을 향해 가는 고된 여정이다. 모처럼 가는 겨울 산행 길은 잘못 들어서 돌아가기도 하고, 사람에 밀리는 장애물을 만나면 내 몸집을 키워서 넘어가는 흐르는 물처럼 인내하며 기다림의 미학으로 극복해 간다. 둘째, 도전과 역경이다. '인생은 선택과 도전의 연속이고, 자기 창조'라는 말처럼, 큰산에 도전할 때는 두려움이 앞서지만, 과정에서 일어나는 역경을 극복하며 많은 것을 배우고 성장한다. 셋째, 목표를 향해 간다. 산행은 정상이란 목표가 있고, 인생은 성공이나 행복 등 다양한 목표가 있다. 목표가 있으니 긴 여정에서 일어나는 것은 극복할 수 있는 것이다. 넷째, 협력이다. 에베레스트 산처럼 위험을 안고 등정하는 것은 두말할 것도 없지만, 동료 간 서로 배려하며 힘을 합치지 않으면 정상에 오르는 동안 큰 난관을 만나기도 한다. 다섯째, 성취감이다. 산행에서 정상에 오르는 만족감처럼 인생길에 역경을 이겨내고 성공에 이르는 기쁨과 행복 같은 것이다.

산행도 삶의 시선을 높이는 길이고, 한 번 사는 여정에 내가 어떤 선택을 하고 어떤 도전을 하느냐에 따라 인생의 품질은 달라진다

7.
동기부여와 삶의 가치관

　동기부여와 삶의 가치관은 조직의 성과와 밀접한 관계를 갖고 있다. 동기부여는 개인의 특정 목표나 행동을 달성하기 위해 노력하도록 내적 또는 외적 요인에 의해 유발되는 심리적 과정을 말하며, 삶의 가치관은 개인이 중요하게 생각하는 믿음, 목표, 우선순위 등을 의미한다. 사람은 자신의 가치관에 따라 삶에서 무엇이 가장 중요한지 결정하고, 무엇에 동기를 느끼는지에 직접적인 영향을 미친다. 예를 들어, 가족을 최우선으로 생각하는 사람은 가족의 행복과 안녕을 위해 더 많은 노력을 기울이게 되며, 직장에서 삶의 가치를 중요시하는 사람은 일에 대한 몰입도가 다르고, 생활의 흐름도 영향을 받는다. 동기부여는 어떤 행동을 시작하게 하면서 그 행동을 지속하게 하는 원동력이 있고, 삶의 꿈을 실현시키는 과정이기도 하다. 개인이 흥미나 성취감을 바탕으로 스스로 동기를 가지는 취미 등은 내적 동기라 하고, 보상, 인정, 처벌 등의 외부 요인에 의

한 조직 내의 개인의 움직임을 외적 동기라 한다.

삶의 목표나 비전은 개인의 가치관에 기초하며, 이를 이루기 위한 노력이 동기부여로 이어진다. 기업은 공동의 가치관이 어떤 일에 더 많은 에너지를 쏟을지 결정하게 하며 동기부여 수준을 높이게 한다. 가치관이 확실하면 동기부여가 장기적으로 유지되고 개인의 일관된 행동으로 나타난다.

조직에서 구성원들의 동기부여를 유도하기 위해서는 첫째, 명확한 방향과 목표 설정이다. 조직의 목표와 자신의 업무 목표를 명확히 이해하고, 이를 달성할 때 조직에 대한 기여도와 성취감을 느낄 수 있도록 한다. 둘째, 적절한 보상체계이다. 금전적 보상뿐만 아니라 인정, 승진기회 등 비금전적 보상도 중요하다. 셋째, 자율성과 책임감이다. 구성원들이 자신의 일을 자율적으로 수행하고 책임감을 느끼게 하여 중요한 역할을 인식하게 하는 것이다. 넷째, 일의 의미이다. 구성원들 각자가 자신의 일이 조직 전체 또는 사회에 어떻게 기여하는지 알 때 동기부여가 일어난다. 다섯째, 피드백이다. 성과에 대한 정기적인 피드백을 제공하면 자신의 발전 상황을 확인하며 지속적인 동기부여가 일어난다.

MZ세대는 기성세대와는 다른 가치관과 동기부여가 필요하다. 이들은 자율성, 목적의식, 성취감 등을 중시하며, 개인의 행복과 성장을 추구한다. 자율성과 주도권 부여가 중요하며 관리와 통제는 역효과를 가져 올 수 있다.

동기부여는 경제적인 경우와 비경제적인 경우가 있다. 일반적으로 기업의 구성원이면 성장과 수익을 추구한다. 예외인 경우도 있다. 119 방재센터는 인명구조와 화재진압의 미션을 갖고 있다. 경제적인 이해 타산을 따지지 않고 사람을 구하는 데 소명의식을 가지고 골든 타임에 집중한다. 기업은 구성원들의 동기부여가 적절히 이루어졌을 때 성과는 커진다. 동기부여가 잘된 조직에서는 직원들이 자발적으로 높은 생산성과 창의성을 발휘하며 매출 증가, 비용 절감, 혁신적인 문제 해결로 이어진다. 삶의 가치관에 맞는 동기부여는 일의 만족도를 높이고 조직 문화 개선, 기업 성과에 중요한 역할을 한다.

8.
함께 가는 지구촌

　지구촌에 살아가는 사람, 동물, 식물, 미생물 등 모든 생명체는 생자필멸(生者必滅)의 원칙에 따라 한 번 살다가 죽는다. 어떤 생명체라도 고귀하고 소중한 것이다. 만물의 영장인 사람은 더할나위가 없다. 그러나 지구촌의 실상은 잘 사는 나라, 못 사는 나라, 그리고 한 나라의 같은 민족 간에도 신분에 따라 차별을 받는다. 조선시대를 보더라도 양반과 상민, 천민 간에 살아가는 삶의 질이 다르기도 했다. 그러나 오늘날에는 선진 민주화를 통하여 누구나 성장의 기회, 존중 받는 사회가 되었다.

　최근 일본에 거주하는 외국인은 3백만에 육박하여, 일본 전체 인구의 2% 수준을 넘어서고 있다고 한다. 한국도 중국, 베트남, 태국 등 동남아 외국인이 250만을 넘어서고 있다. 이제 단일민족, 백의민족 하며 독자적으로 울타리를 치고 살아가는 지구촌은 소수민족 외에는 거의 없는 것 같다. 국가의 경계선은 있지만 경제적으로는 이미 없는 것이나 다름없다. 글로벌 기업들은 투자에서부터 기업 운영체계, 이익 분배 등 자국 기업이라고 말하기에는 기업 경영이 세계화되어 있다.

필자는 코로나 이후 수년 만에 열린 일본 오사카 철강대학 동창회에 참석했다. 20여 년 전 유학 중일 때와는 오사카 시내 거리와 사람들의 분위기가 사뭇 다른 것을 느낄 수 있었다. 길거리에서 동남아 언어를 쉽게 들을 수 있었고, 얼굴 색깔도 다양했다. 2차대전 패망 후 경제적으로 크게 성장한 일본이지만, 저출산으로 노동력이 부족한 결과, 동남아 노동인구가 많이 보이는 변모된 거리의 모습이었다. 그때 호텔 근처 축제가 열리고 있는 곳에서 발걸음이 멈췄다. 중국, 베트남, 태국, 미얀마 등 일본에 사는 외국인의 축제였는데, 각 나라의 문화 특징을 살려 공연이 펼쳐지고 있었다. 참여자 모두의 표정에서는 밝고 정겨움마저 느껴졌다. 이것은 일본 사회와 지역에서 이방인을 위한 사회적 배려와 친절이 몸에 밴 문화가 주는 정겨움이 아닐까 싶었다.

일본인에게는 두 가지의 국민성이 있다. 하나는 사무라이 정신에서 이어오는 '룰을 지키는 매뉴얼 문화'이고, 또 하나는 '혼네 다테마에(本音建前)'로, 내 앞에 있는 사람을 치켜세운다는 뜻이다. 이것을 속과 겉이 다르다고 하는 것은 잘못된 인식이고, 본래의 뜻이 아닌 것이다. 상대에게 조건없이 친절하게 대하는 국민성과 사회적 제도, 인간적인 존중과 배려가 외국인이 일본 사회에 어렵지 않게 적응하는 키가 아닐까 한다. 또 다른 사례를 보면, 일본에서는 문부성 주관하에 도쿄와 오사카 중심으로 외국인 유학생을 초청해서 '선상대학'이란 이름으로 하루 유람선을 타고 유학생활 중 어려운 점을 서로 나누는 시간이 있다. 거기서 나온 합당한 내용은 제도에 반영하여 불편함이 없도록 배려하는 문화가 오래 전부터 있어 왔다. 가족과 함께 유학을 오면 자녀가 학교 생활에 적응할 때까지 지역 '보란티어(봉사단체)'가 맨투맨으로 지원하기도 한다.

외국인이 선진국에 오는 경우는 유학, 일자리, 이민 등이다. 쉽지 않은 타국 생활에 따뜻한 미소와 배려가 어울림이 되는 것이다. 사회적 제도와 문화는 사람들의 생각에서 나오는 산물이다. 문화는 하루 아침에 만들어지는 것이 아니지만, 오랜 역사에서 흐르는 국민성과 성숙된 사회적 제도에서 시작된다. 정겨운 사람 관계를 만드는 것은 상대를 존중하는 마음, 말투와 태도에서 나온다.

9.
일과 현대인의 삶

　일(work)은 목적을 이루기 위해 신체적 또는 정신적 에너지를 사용하는 활동이다. 기업에서 보면, 고객이 가치를 인정해서 돈을 지불할 수 있는 사람의 행위와 설비의 동작을 말한다. 현대인의 삶은 일이 곧 생존이기에 일과 함께 살아가는 것이 순리다. 일과 학습 속에 개인의 성장이 있고, 자아실현과 사회적 정체성을 갖는 것이다. 현대인은 일을 선택할 때 내가 좋아하는 것, 잘할 수 있는 것, 미래의 내 꿈과 연결되는 것을 선택하면 좋은 삶으로 가는 길이 된다. 일은 어떻게 하는 것이 가치 있고 행복하게 하는 것일까?

　일은 성공과 실패로 나뉜다. 성공과 실패의 결과 차이는 크지만, 그것은 작은 차이의 과정에서 결정된다. 일에는 애정이 있어야 하고, 테크닉의 문제보다 태도가 좌우한다. 일은 제대로 해야 낭비가 없다. 사소한 일에서 결정적인 실수가 나온다. 옛 성현들은 "눈은 큰 곳을 바라보되 손은 작은 곳에 두라!"고 말했다. 1퍼센트 실수는 100퍼센트의 실패를 가져온다. 생산자가 미처 해내지 못한 1퍼센트는 소비자의 손에서 100퍼센트 불합격으로 변한다.

한 농촌에서 두 농부가 벼를 베었다. 한 사람은 허리를 펴는 법이 없이 열심히 베었다. 다른 한 사람은 중간에 논두렁에 앉아 노래까지 하면서 쉬기도 했다. 쉬면서 일한 농부가 베어 놓은 볏단이 더 많았다. 알고 보니 쉬면서 낫을 갈아 지혜롭게 대응한 것이었다. 일은 시간의 길이로, 땀의 양으로 하는 것이 아니다. 창의적인 지혜로 고객이 원하는 가치 있는 일을 창출해야 하는 것이다.

일의 성공 조건은 첫째, 명확한 목표 설정이다. 목표가 분명해야 일을 효과적으로 계획하고 실행할 수 있다. 목표는 구체적이고 측정 가능해야 한다. 둘째, 효율적인 계획수립이다. 자원 배분, 시간 관리, 우선 순위 등이다. 셋째, 적절한 자원이다. 인적, 물적, 시간적 자원이 확보되어야 한다. 넷째, 능력과 기술이다. 일을 수행하기 위한 관련 지식과 기술, 경험이 필요하다. 다섯째, 동기부여이다. 일을 지속적으로 추진할 수 있는 내적, 외적 동기가 필요하다. 여섯째, 문제해결 능력이다. 일하는 과정에서 발생하는 문제를 신속하고 효과적으로 해결할 수 있는 능력이 중요하다. 일곱째, 평가와 피드백이다. 일의 진행 상황을 평가와 피드백하며 목표를 달성하도록 조정해야 한다.

직장인의 행복한 삶은 기업이 일을 성공적으로 수행할 수 있는 여건을 만들어 주는 데서 온다. 개인의 성장 비전을 제시해 주고, 업무 목표와 기대 사항을 설정하여 역할과 책임을 이해할 수 있게 해야 한다. 또한 필요한 기술과 지식을 습득할 수 있도록 교육과 훈련 기회를 제공하고, 소통과 협력의 긍정 조직문화를 열어 창의성을 십분 발휘할 수 있게 해야 하며, 성과에 대한 공정한 평가와 적절한 보상, 인센티브를 제공해야 한다. 그리고 시대의 흐름에 맞게 시간 탄력근무제 등 유연한 근무 환경과 개인의 삶과 업무 사이의 균형을 유지할 수 있는 워크-라이프 밸런스를 갖출 수 있게 해야 한다. 일의 보람과 직원이 성장하는 기업문화는 회사 발전은 물론, 이직률을 줄이고 일류기업으로 가는 길이다.

10.
역행자와 삶의 운명선

사람은 태어나면서 어느 정도 운명이 정해진다. 금수저, 은수저, 흙수저로 어떤 집안에서 태어났느냐에 따라 출발선이 다르고, 살아가는 운명선이 그려진다. 95퍼센트의 인간은 타고난 운명 그대로 살아가며, 이들을 순리자라 부른다. 5퍼센트의 인간은 본성을 거스르는 능력을 갖고 있고, 이 능력으로 인생의 자유를 얻고 경제적 번영을 누린다. 타고난 유전자, 무의식, 자의식의 틀에서 벗어난 자를 역행자로 부른다. 지구촌에 살아가는 모든 생명체는 생자필멸(生者必滅)의 원칙에 따라 한 번 살다가 한 번 죽는다. 한 번 살다 가는 삶에 자신의 운명선을 개척해보고자 하는 사람만이 역행자가 될 수 있고, 인생의 자유를 얻을 수 있다.

농장에 있는 닭을 보면서, 이 닭에게 자유의지가 있다고 말할 수 있을까. 이 닭은 한정된 울타리 안에서 산다. 닭은 유전자의 명령에 따라 모이를 먹고, 짝짓기를 하고, 알을 낳고, 때로는 다른 닭과 싸움도 하며 살아간다. 인간의 관점에서 보면 닭의 운명은 태어날 때부터 정해져 있다. 닭의 활동 반경도, 삶의 끝도 모두 정해져 있다. 인간의 삶도 닭과 크게 다르지 않다. 인간에도 울타리가 있고, 이 울타리는 유전자, 무의식, 자의식으로 이뤄져 있다. 인간은 스스로 자유의지가 있고 특별한 존재라고 생각하며 살지만 이는 모두 망상이다. 삶의 자유를 성취하려면 생각의 변화를 주어 울타리를 벗어나야 한다. 스스로 단련한 닭은 '슈퍼 닭'이 되어 울타리를 넘어 진정한 자유를 찾게 될 것이다. 삶에 자유로워진다는 것은 돈, 시간, 정신으로부터 구속을 받지 않는다는 뜻이다.

　세계적인 부호 빌 게이츠는 이 3가지에서 자유로운 사람이라 할 수 있다. "태어날 때 가난한 것은 당신 잘못이 아니지만, 죽을 때 가난한 것은 당신 잘못이다."라고 말하기도 했다. 빌 게이츠의 운명선 변화는 하버드 대학 1학년을 중퇴하면서 시작되지만, 초년시절부터 학교 수업이 끝나면 잠자는 시간을 제외하고 마을 도서관에서 살았다고 한다. 세계 최고의 명문 하버드 대학 공부가 싱거워 자퇴 후 지하 4평 사무실에 '집집마다 PC를 도입하게 하여 인류의 삶의 질을 두 배 올리겠다.'라는 비전을 걸었을 때, 아무도 이해를 못 했다고 한다. 기업용 대형 컴퓨터 시절, IBM 컴퓨터에서 작은 PC를 개발하는 데 성공하고 오늘날 스마트 폰으로 발전하면서 시간, 공간을 초월하는 인류의 운명을 바꾼 것이다. 한 사람의 생각과 행동이 개인은 물론, 사회적 삶의 질도 바꾸게 하는 것이다. 이것은 자의식 해체의 3단계, 즉 탐색, 인정, 전환에서 온 것이라 할 수 있다. 탐색을 통해서 나를 알고, 주어진 삶의 요건을 인정하는 것에서 긍정의 에너지가 생기고, 이를 바탕으로 발전적 나로 전환하는 것이다.

지금의 내 모습을 되돌아보면, 흙수저에서 출발했던 순리자 삶에서 역행자로 변신하고자 무엇을 생각했고 무엇을 행동했는지, 그 결과가 지금의 내 모습이고 내 운명선인 것이다. 세상에 공짜는 없다. 두드린 만큼 열리는 것이다. 삶의 운명선은 주어진 삶의 환경을 인지하고 그에 순응하는 순리자에서 전환하여 틀을 깨고 벗어나는 용기와 생각과 행동이 결정하는 것이다.

11.
생각정리스킬과 삶

21세기의 현대인은 '생각정리스킬'이 중요하다. 정보의 홍수 속에 지혜롭게 사는 길은 다양한 정보에 대한 정리하는 습관이 필요하다. 정보가 넘쳐나는 시대에는 자신에게 필요한 정보들을 큐레이션(Curation)해 정리하는 능력이 필요하다. 단순한 요약이 아닌 융합을 해야한다. 융합을 할 때는 데이터와 정보들을 연결해서 새로운 지식을 만들어내는 창의력이 필요하다. 이런 지식을 경험과 합쳐 지혜로 만들어서 문제를 해결할 수 있어야 한다. 세계경제포럼인 '다보스 포럼'에서 2020년 발표한 '직장인들이 가져야 할 역량' 1위가 '복합적 문제해결 능력'이고, 2위는 비판적 사고, 3위는 창의성이다.

지식이 만들어지는 과정은 앨런 켄트로(Allen Kentro)의 지식삼각형(Knowledge triangle)으로 설명할 수 있다. 이 삼각형을 피라미드라고 생각했을 때, 1층은 데이터, 2층은 정보, 3층은 지식, 4층은 지혜다. 데이터, 정보, 지식, 지혜는 비슷해 보이지만 자세히 들여다 보면 그 의미가 모두 다르다. 데이터(data)는 의미 없는 기록이다. 데이터를 의미 있게 분석한 것을 '정보'Information)라고 부른다. 그것을 모으고 구조화 해서 이용할 가치가 있게 되면, 이것을 '지식'Knowledge)이라고 한다. 지식이 경험과 만나 통찰력이 생기면 마침내 '지혜'(wisdom)가 된다.

  우리는 많은 경험을 통해 나름대로 자신만의 빅데이터를 축적하고 그것을 정리하면서 패턴화된 지식을 갖게 된다. 지식과 경험이 쌓이면 그것이 지혜가 되어 어떤 문제 상황에서도 해결방법을 찾을 수 있다. 지혜를 가리켜 해결방법을 제시할 수 있는 패턴화된 지식이라고 하는 것이다. 가령, 피자집을 운영하는 사장이라고 가정하면, 매일 쌓이는 영수증은 의미 없는 숫자일 뿐이고 각각의 데이터에 불과하다. 하지만 하루 매출 데이터가 모이면 피자집 하루 평균 매출이라는 정보가 도출된다. 이 피자집 하루 평균 매출은 50만원인데 어제 매출은 100만원이었다. 갑자기 왜 2배가 되었을까? 분석해보니, 어제는 눈이 와서 직장인들이 점심시간에 피자를 많이 시킨 결과였다. 이후 눈 오는 날에는 10% 할인하는 '스노 쿠폰'을 발급하여 매출액이 2배 늘어나는 결과를 얻었다. 이러한 결과를 토대로 피자집 사장은 매출 상승 요인을 생각하다가 날씨와 영향이 있다는 것을 알고, 벚꽃계절에는 '벚꽃 나들이 쿠폰'을 지급하는 등 계절마다 피자 특별 수요를 파악하고 지혜롭게 대응하여 연간 매출을 크게 올릴 수 있었다.

제조업 기업에서 보면, '하루 생산량 2,700톤, 불량 건수 10건, 전력 사용량 110mkh' 등은 생산라인에서 생성되는 단순한 숫자, 데이터 기록이 된다. '전월 대비 생산량 10% 증가, 불량률 0.37%, 설비 가동률 91%' 등으로 데이터를 가공하면 상황 파악을 할 수 있는 정보가 된다. '불량률은 야근 교대조에서 더 높다. 여름철 전력 사용량이 급증하면 설비 트립(Trip)이 자주 발생한다.' 등은 정보를 분석해 원인과 패턴을 이해하게 되고 지식이 되는 것이다. '야근 불량 공정에 숙련자 배치 후 불량률 20% 감소, 여름철 피크 전력 관리 체계화로 설비 안정 가동' 등은 지식을 바탕으로 혁신활동의 전략적 의사 결정으로 연결된다.

요즘 세상에 정보와 지식은 차고 넘친다. 4차 산업혁명 시대, 빅데이터 시대라고 하지만, 수많은 정보 자체가 중요한 게 아니다. 정보는 네이버와 챗GPT로 얼마든지 찾을 수 있다. 중요한 것은 생각을 잘 선별하고, 정리하고, 연결해 새로운 지식을 만들어내고, 문제를 해결할 수 있는 지혜를 얻을 수 있는 능력이 바로 '생각정리스킬'이고, 누구든 갖추어야 할 역량인 것이다. 일상 생활에서 가치창출을 더하는 '데이터-정보-지식-지혜'의 '생각 정리 프로세스'를 이해하고, 그 역량에 따라 사회에서 인정받는 사람이 되고, 삶의 질이 달라지게 된다.

12.
Clean 작업장, Clean 마인드

　사람의 변화는 쉽지 않다. 교육을 한다고 행동의 변화까지는 어렵다. 특히 지식과 경험이 많은 사람일수록, 가치관이 강한 사람일수록 변화는 쉽지 않다. 사람은 교육을 받으면 생각이 열리고, 실행하면서 진짜로 변한다. 즉, 교육은 변화의 시작이고, 실행은 변화의 완성이다. 교육은 사고의 틀을 넓히고, 자신을 돌아보게 한다. 하지만 머리로 아는 것과 삶을 바꾸는 것 사이엔 커다란 간극이 있다. 아무리 좋은 강의, 책, 워크숍을 통해 들어도 행동하지 않으면 변화는 인식에 그친다. '운동을 해야 건강하다'는 사실을 아는 사람은 많지만, 실천하는 사람은 적다.

　실행은 실제 변화를 만든다. 실행을 통해서 사람은 몸으로 배우고, 경험으로 내면화한다. 시행착오, 피드백, 반복 속에서 진짜 변화가 시작된다. 이 과정에서 가치관, 신념까지 바뀐다. 실행이 없는 교육은 조리법만 배우고 요리를 안 하는 것과 같다. 사람이 실행하고 변화하려면, 혼자의 힘만으로는 어렵다. 주변 분위기, 시스템, 문화가 실행을 끌어내고 유지시킨다. 가령, 모두가 청소하는 회사에선 청소가 습관이 된다. 문제를 솔직히 공유하는 문화에선 감추기보다 개선을 선택하게 된다. 교육, 실행, 환경이 새로운 이해와 실행 속에 습관화되고 변화하게 된다. 즉, 'Learning by doing', 실행하면서 배우고 변화된 결과에 비로소 학습이 되는 것이다.

'Clean 작업장, Clean 마인드'는 청소나 정리 수준을 넘어 조직문화와 업무 방식의 핵심 가치로 적용될 수 있는 개념이다. 특히 제조업, 생산현장, 또는 혁신 지향형 조직에서는 이 두 개념이 성과와 안전, 품질, 효율을 동시에 향상시키는 기초 역할이다. Clean 작업장은 단순히 깨끗한 물리적 공간이 아닌, 정돈된 시스템과 규율이 살아 있는 작업환경을 의미한다. 즉, 언제나 누구나 문제없이 일할 수 있는 시작과 끝이 있는 표준화된 상태를 말한다.

Clean 작업장을 만들기 위한 핵심 조건은 5S 활동의 철저한 실행이다. 필요 없는 것을 버리고, 필요한 것을 정돈하는 등 청소를 해서 깨끗한 작업장을 만드는 일이다. 도구의 위치, 작업 절차, VM(Visual Management) 등이 시각적으로 명확하게 하는 표준화된 작업환경이다. 낭비를 줄이는 Lean Thinking 사상으로 불필요한 물건, 불필요한 공정 제거로 생산 라인을 최적화하는 것이다.

Clean 마인드는 명확하고 건전한 사고 방식, 즉 책임감 있고 긍정적이며 자기통제력이 있는 마음가짐을 뜻한다. '내가 하는 일에 애정을 갖고 남 탓보다 나부터 돌아보는 태도'라고 할 수 있다. 실행

조건은 첫째, 책임의식과 자기관리이다. 실수나 문제를 숨기지 않고, 스스로 개선하려는 태도를 말한다. 둘째, 긍정과 존중의 소통이다. 불필요한 비난 대신 건설적인 피드백을 주고 받는 문화를 말한다. 셋째, 자기 성찰과 개선 지향이다. '왜?'라고 묻고, 더 나은 방법을 찾으려는 의지를 말한다. 넷째, 타인과 조직을 위한 행동이다. 이기심이 아니라 공동체의 이익을 고려한 행동을 말한다. 다섯째, 감정 관리와 일의 집중이다. 감정에 휘둘리지 않고 목적 중심으로 일하는 것이다.

교육은 마음을 열게 하고, 실행은 몸에 익게 만들고, 환경과 문화는 그 변화를 굳게 만든다. Clean 작업장과 Clean 마인드는 조직 변화의 시작이다.

13.
1조 달러 행정, 2조 달러 전략

　국가 경영에는 국민들의 바람을 담은 미래의 성장 비전과 목표가 있어야 한다. 꿈이 있는 민족이 새로운 도전을 낳고 선진국으로 가는 지름길이 되는 것이다. 국가 지도자는 자국의 상황을 제대로 분석하여 국민이 공감하는 미래의 비전과 목표를 제시하고, 각 부처는 전략과 전술로 실행해 나가야 한다. 비전과 목표 없이 전략과 전술만 있으면 어디로 가야 하는지 방향을 잃은 선박처럼 좌초하고 말 것이다. 우리나라의 성장 비전과 목표는 무엇이 있을까?

　한국은 2011년 무역규모 1조 달러를 달성하며 세계 10대 경제강국이 되었다. 6.25 전쟁의 잿더미에서 60여 년 만에 한강의 기적을 이루었고, 그 비결은 가난을 벗어나고 부강한 나라로 가기 위한 국민적 염원과 '수출만이 살길이다'라는 구호 아래 정부와 민간이 하나가 되어 수출 최우선 경제정책을 펴 나간 결과가 아닐까 한다. 국가 기간산업이 열악한 상태에서 경제개발 5개년 계획 등 체계적인 사회적 기반과 경제성장을 동시에 추진한 결과라 할 수 있다. 옛부터 쇠를 잘 다루는 민족이 강한 나라를 만든다고 했던가. 돈이 없어 민족의 피의 대가인 대일청구자금으로 제철소를 지어 철강을 생산하고, 한반도의 동맥이며, 물류 운송의 기반이 된 경부고속도로를 건설했다. 큰배를 제조할 수 있는 기반도 없이 도크를 만들며 동시에 배를 건조하는 꿈의 도전이 계속되었고, 기초 산업을 기반으로 자동차까지 생산하는 등 대기업 중심으로 무역 1조 달러 시대를 만들어냈다.

MB 정부 시절에는 사회적인 이슈가 경제발전이었다. 특히 '동반성장'이란 이름으로 대기업과 중소기업이 함께 성장하는 것이 사회적 이슈가 되었고, 대기업은 중소기업을 지원하기 위해 출자를 하거나 경영 자문, 교육지원, 혁신 컨설팅 등 지원에 나서기도 했다. 필자도 2009년부터 인천 남동공단 중소기업 20여 개 사를 대상으로 건강한 조직, 낭비 없는 생산 현장을 만드는 지원을 했다. 그중에 생산 프로세스 개선과 성장기반까지 만든 탑금속(현, 서연탑메탈)에서 정부와 대기업이 산업 3.0 발대식을 개최하는 등 동반성장의 성공 모델이 되기도 했다.

2조 달러 무역 시대를 만들기 위해서는 대기업만으로 한계가 있다. 중소기업 중심 경제성장을 이룬 대만처럼, 국내 중소기업을 중견기업으로 성장시켜서 규모의 경제 체계로 발전시켜 나가야 한다. 박근혜 정부 시절, 현역 지식경제부 장관이 대학에 와서 '1조 달러 행정, 2조 달러 전략'이란 제목으로 강연을 했고, 수일 전 국무회의를 통과한 중견기업 탄생 소식을 전했다. (그 당시는 중소기업 중에서 직원 300인 이상, 매출 1,000억이 넘으면 대기업으로 분류되어 정부 지원에서 제외하는 환경이었다.) 그리고 중소기업이 중견기업으로 성장하는 데 법적, 행정적으로 걸림돌을 제거했다고 했다. 중소기업이 중견기업으로 성장하는 데 정부와 대기업의 지원을 지속하여 국가 경제를 견인할 수 있게 한 것이다.

  2조 달러 무역 강국이 되기 위한 전략으로 국민이 공감하는 국가 비전과 대기업과 중견기업, 중소기업이 4차산업과 미래 성장산업에 역할을 하여 부강한 나라, 경제 선진국의 길로 거듭나게 될 것이다.

제2장

혁신이란 무엇인가

'혁신은 가치있는 새로운 변화'
혁신은 거창한 이론이나 큰 변화보다, 작은 생각의 변화에서 행동의 변화, 사물의 변화를 주고 가치 있는 행복한 삶으로 이어진다.

혁신의 모멘텀은 조직적 요소와 기능적 요소로 구분한다. 조직적 요소는 조직구조, 분위기, 문화, 리더십 등이 있고, 기능적 요소는 기업 역량, 기술개발, 경영전략, 혁신전략 등에 따라 모멘텀은 달라진다. 혁신은 조직의 힘으로 움직이지만, 조직은 인사가 동력이 된다.

1.
혁신이란?

'혁신은 가치 있는 새로운 변화'

이 말은 23년간 혁신을 연구하고 실행한 지식과 경험을 토대로 내린 결론이다. 혁신은 과거로의 변화가 아니고 미래를 향한 새로운 변화이며, 바람직한 모습의 핵심 가치인 목표를 실현하는 것이어야 한다.

처음 혁신을 도입하는 기업이나, 도입한지 오래되어 혁신의 피로도에 젖어 매너리즘에 빠진 기업을 만나면 한 가지 질문을 한다. "혁신을 무엇이라 생각하는가?" 이에 대한 대답은 '돈 버는 것', '변화하는 것', '가치창출' 등이라고 말한다. 모두 맞는 말이다. '혁신은 편함을 바꾸는 것'이기에 거부감이 있고 저항이 따른다. 혁신은 생각에 변화를 주어 편함을 바꾸면 더 편해지고, 일의 효율성이 높아지는 원리이다. 이것이 참으로 어렵다. 첫 기업 컨설팅이 시작되고 CEO를 만나면 어떤 회사를 만들고 싶은지 질문한다. "직원이 행복한 일터를 만들고 싶다."라고 하는 경향이 높다. '행복한 일터'를 향하여, 회사에 대한 전반적인 분석과 의견수렴을 통해 하얀 도화지에 밑그림을 그린다. 속 그림은 실행의 주체인 현업과 함께 그린다. 기업의 혁신이 무엇인지, 어떻게 하면 성공하는지 탐색해 본다.

혁신은 생각이다. AI시대 생활문화, 과학 문명, 한강의 소설 등은 생각의 산물이다. 생각에 가치 더하기를 하면 혁신이 된다. 경제학자 조지프 슘페터는 혁신의 정의를 '새로운 조합의 창출'이라고 하였고, 제품이나 서비스의 개발, 생산 방식, 시장 개척, 조직 형태의 도입 등이 포함된다. 현대 경영학에서는 '가치 창출을 위한 새로운 아이디어, 프로세스 최적화, 제품, 서비스 등을 개발하고 적용하는 과정'이라고 정의한다. 또한 제조업의 혁신은 '고객이 원하는 새로운 제품 개발, 생산성 향상, 원가 절감, 품질 개선, 지속 가능한 경영 등의 목적을 달성하는 것'이라고 정의한다. 일반적으로 보면, 신제품 개발이나 기존 제품의 획기적인 개선 등의 제품 혁신, 낭비를 찾아 제거를 통한 생산 공정의 개선과 자동화, 인공지능(AI) 적용의 공정 혁신, 새로운 판매 방식, 유통 채널 확장, 서비스 결합 등의 비즈니스 모델 혁신이 있다.

혁신은 잘 나가는 기업의 생산방식을 무조건 도입하거나 모방하면 실패할 확률이 높다. 자사의 일의 속성, 설비 특성, 생산 프로세스 특징 등을 고려하여 적절한 혁신 방식을 선택하여 도입하는 것이 중요하다. 즉, 학습 진화의 관점에서 6시그마, TPS, TPM 등 혁신 기법의 수행 원리와 기능을 이해하고 자사의 생산 조건에 맞는 기법을 선택하여 문제를 푸는 것이다. 일과 생산 조건 변화에 적용성, 효과성이 있으면 혁신체계를 재정립시켜 지속성 속에 고유의 혁신 문화로 만드는 것이 성공의 길이다.

일반 가정에서 보면, 정리 정돈의 5S 방법론을 적용하면 생활의 질이 높아 진다. 옷장에 안 입는 옷을 버리지 못하고 같은 옷을 또 사는 경우가 많다. 유행이 지났거나 오래 된 것을 과감하게 버려야 가치 있는 변화의 시작이 된다. 신발장의 신발도 아까워서 못 버리는 경우가 많고, 냉장고의 냉동실에 있는 몇 달 전에 사놓은 음식 재료를 잊고 또 구입한다. 이러한 것은 생각에 정리 정돈을 못하기 때문이고, 물건에도 정리 정돈이 안 된 결과다.

변화와 혁신은 작은 것에서 시작된다. 크고 거창한 것에서 시작하려면 초기에 멈추고 마는 경우가 있다. 혁신은 거창한 이론이나 큰 변화보다, 작은 생각의 변화에서 행동의 변화, 사물의 변화를 주어야 가치 있는 행복한 삶으로 이어진다.

2.
혁신의 바이블은 무엇인가

책의 바이블(Bible)은 성경이라 한다. 그곳에 진리와 길이 있기 때문이다. 혁신의 바이블은 무엇인가? 정형화된 정답은 없는 것 같다. 혁신은 생물이기 때문에 대내외 변화에 맞게 진화하고 최적화되어 간다. 공룡은 지구의 변화에 따라 몸을 작게 진화하지 못해 지구상에서 사라지는 역사가 되었다. 혁신은 생산수준을 높여서 경쟁력 확보와 일하는 사고, 일하는 방법을 진화 발전시켜 생존하는 길이다. 세계 유수 기업들이 많지만 시대 변화에 먼저 변화하지 않아 부귀영화를 누렸던 대기업이 하루 아침에 사라지는 사례는 어렵지 않게 볼 수 있다.

디지털 카메라 시대를 예감하면서도 타이밍에 맞게 변화를 선택하지 않아 쇠퇴의 길을 걸은 후지필름이나, 100년의 부귀영화를 누리다 사라진 미국 철강도시 피츠버그시의 베들레헴제철소도 그 중 하나다. 이와는 반대로 일본전산이 1973년 사장을 포함한 단네 명이 교토의 시골 창고에서 시작해 50년 만에 직원 13만 명, 매출 16조 원의 막강한 대기업으로 성장한 비결은 무엇일까? 일본전산은 초기 '모터의 크기를 반으로 줄여 납품해 달라'는 대기업의 요청에 불가능에 가까운 일이었지만 '약점을 핑계로 변명하지 않는다.'라는 비즈니스 컨셉에 따라 긍정적인 변화와 창조로 핸드폰, PC, 로봇 등 작은 모터 전문 생산기업 세계 1위가 되는 계기가 되었다.

"즉시, 반드시, 될 때까지 한다."가 일본전산의 기업 모토로 영세한 시절, '밥 빨리 먹는 사람, 목소리 큰 사람, 화장실 청소 잘하는 사람' 등 3가지 면접으로 삼류 인재들을 등용해 세계 초일류기업과의 경쟁에서 승리한 인재 전략이 성공의 키가 되었다. 그것은 기본이 튼튼한 인재를 바탕으로 경영자가 직원들에게 꿈과 희망을 심어 주고 지속적인 동기부여를 통하여 생각하는 직원, 성장하는 기업을 만든 비결이었다. 혁신활동은 생산 프로세스 속의 문제를 개선해서 생산 최적화하는 것이고, 현장 개선활동에는 문제를 푸는 기법들이 있다. 생산 현장 작업장의 환경개선과 공구, 치구, 비품, 용품 등 일의 편리성 확보를 위한 5S(정리, 정돈, 청소, 청결, 습관) 활동이 있고, 설비 열화를 예방관리하기 위해 닦고, 조이고, 기름 치며 미결함을 중결함으로 못 가게 하는 원리인 마이머신 활동이 있다. 고급강종을 생산하기 위해 P사가 개발한 마이엠앤에스(My M&S) 기법은 설비 구조와 작동원리를 이해하며 예지조업까지 가능하게 하는 기능이 있다. 성공의 길은 혁신 기법의 수행 원리와 기능을 이해하고 활용하는 데 있다.

  기업의 생리와 혁신의 원리로 반추해 보면, 기업 혁신은 '바른 방향 설정과 경쟁력 확보를 향한 문제를 푸는 기법의 최적화 그리고 인재육성' 등으로 구성된다. 핵심은 생산 프로세스 상의 문제를 푸는 것인데, 기법을 적용할 때 안전과 설비관리, 생산, 품질 등 '균형 있는 혁신 활동'이 되어야 하며 인사, 조직, 문화 등 기업전반에 걸쳐 변화를 추구해야 한다.

  일본전산의 성공사례에서도 경영자의 일관된 경영방침과 작은 모터 개발의 선택과 집중 그리고 인재육성이었다. 결국 사람이 하는 일인데, 생산하는 과정에서 문제를 풀어가는 직원들의 지속적인 동기부여와 회사의 인재 운영능력이 성공의 열쇠인 것이다.

3.
기업 혁신의 조건은 무엇인가

제조기업 통계를 보면, 기업에 혁신을 도입하여 중장기적으로 성공한 기업은 드물다. 그 이유는 분명히 있다. 기업 CEO나 조직의 수장은 혁신의 필요성을 공감한다. 그러나 어떻게 하는 것인지를 부분적으로는 알지만 종합적으로 아는 사람은 의외로 많지 않다. 혁신은 백 명으로 구성된 교향악단처럼 복잡한 구성을 갖고 있다. 한 사람만 악기를 잘못 연주해도 음악은 제 소리를 내지 못한다. 이것이 기업 혁신이다. 회사가 나아갈 방향, 자사에 맞는 혁신체계(Frame) 구성, 계층별 역할 정립, 실행 운영제도 등이 기업 혁신의 밑그림이다. 다양한 변수가 있는 혁신이기에 속 그림은 실행 과정에 발생되는 이슈를 개선하면서 현업과 함께 그려가야 한다. 이런 복잡한 기업 혁신의 조건과 성공요인은 무엇인가?

기업 혁신의 구성은 다양한 요소로 이루어지며, 일반적으로 혁신의 조건과 혁신의 성공요소로 구분할 수 있다. 먼저 혁신의 3가지 조건은 첫째, 환경적 조건을 고려해야 한다. 기술 발전, 소비자 요구 변화, 경쟁 환경 등 혁신을 촉진하는 외부 요인을 보는 것이다. 연구 개발 지원, 세금 혜택, 지적 재산권 등 정부 정책과 규제도 볼 필요가 있다. 둘째, 조직적 조건이다. 도전과 실험을 장려하는 기업 문화와 경영진의 중장기 비전 설정과 의사 결정력의 리더십이 무엇보다도 중요하다. 활동 동기부여, 혁신 인재 확보 등 인적, 재정적 지원이 필요하다. 셋째, 기술적 조건이다. 동종 업계에서 한 발 앞서 나갈 수 있는 최신 기술 도입의 투자 및 활용 효용성과 AI, 빅데이터 등 기술 활용 능력을 갖춰야 한다.

  기업이 혁신을 성공적으로 정착시키기 위한 필요한 요소는 첫째, 혁신의 목적과 방향을 명확히 설정하고 장기적 전략을 수립하는 것이다. 단기적 성과도 중요하지만 지속적인 혁신을 위한 로드맵이 필요하다. 둘째, 사내 외 고객의 니즈를 정확히 파악하고 맞춤형 혁신을 구성하는 것이다. 타이밍을 놓치지 않는 신속한 피드백 및 소통하는 애자일(Agile) 접근 방식 활용이다. 셋째, 실패를 용인하고 도전적인 시도를 장려하는 조직문화, 변화에 빠르게 대응할 수 있는 유연한 조직구조이다. 경직된 조직문화는 모든 것에 시너지를 내지 못한다. 넷째, 신속한 실행, 성과 측정 및 피드백을 통한 지속적인 개선이 이어져야 한다. 이를 위해 조직 전체의 공감대 형성이 필수 요소다.

  이 외에도 개인과 조직의 변화와 혁신에 대한 수용성과 실행력을 높이고 공감대 형성을 위한 끊임없는 변화관리가 필요하다. CEO,

임원, 직책보임자, 현장 감독자, 일반 등 하나의 생각 흐름이 이어지는 계층별 마인드와 실행에 맞는 방법을 가이드해야 한다. 변화를 거부하는 현장의 속성이 있기에, 왜 해야 하는지, 필요성과 가치성, 개인에게 무엇이 좋아지는지 등이 인식되지 않으면 움직이지 않는다. 변화관리를 멈추면 혁신도 멈춘다. 혁신은 생물이기에, 다듬어지지 않은 움직임이 있는 것이다.

기업 혁신은 단순한 기술 도입이 아니라 환경적, 조직적, 기술적 조건이 조성되고, 명확한 목표, 현업 중심적 사고 및 기획, 유연한 조직문화, 실행력과 개선 노력이 결합될 때 성공할 가능성이 높아진다.

4.
혁신의 3가지 관점과 기업문화

꿈과 비전, 목표가 기업의 조직과 사람을 움직이게 한다. 회사의 방향인 비전과 경영 목표가 직원들의 공감을 이끌어내지 못하면 실패하게 된다. 경영자가 미래를 예측하여, 통찰력을 바탕으로 현재의 상황을 제대로 분석하고 비전과 목표를 잘 설정하지 않으면 대기업도 흔들리는 사례들을 볼 수 있다. 기업에서 혁신을 어떻게 보는가? 혁신은 경영목표를 달성하는 것에 한정 짓는 것은 일시적인 지략이고, 장기적 지속 가능 경영을 위해 구성원 전원의 참여와 문제를 드러내고 개선하는 기업 체질개선에 두는 것이 현명한 선택이다. 어떤 기업은 비전과 경영목표를 현실적이지 못하고 과도하게 설정하다 보니, 실행전략에서 무리수의 연속이고, 급기야 큰 적자를 초래하는 경우를 만들기도 한다. 혁신은 올바른 방향 설정없이 실패하게 되면 고급 낭비가 된다. 실패하지 않기 위해서는 3가지 관점에서 보아야 한다.

첫 번째는 제도의 관점이다. 혁신 제도를 입안할 때, 탁상공론적이어서는 실행하지 못하거나 실패한다. 대내외 변화에 맞는 경영전략과 경영방침에 따라 혁신 전략기획을 하고, 그 초안은 철저히 현업 활동 여건과 실행으로 연결되어야 한다. 이렇게 하기 위해서는 제도 입안 초기부터 현업의 의견을 충분히 듣고 반영하여, 실행의 주체 입장에서 제도를 입안하면 실행력이 높고 지속되는 제도로 갈 수 있다.

두 번째는 운영의 관점이다. 운영의 성공 조건은 미래 비전과 목표 설정, 목표 달성을 잘하기 위한 상세 실행 안을 수립하는 것과 CEO의 지속적인 서폰서십을 받는 일이다. 혁신은 조직의 힘으로 움직이는 속성이 있기 때문이다. 다음은 일의 속성과 생산프로세스의 특징을 파악하고 적합한 혁신기법을 도입하는 것, 기업문화를 분석하고 혁신 지향형 조직 개편과 토양을 개간하는 일이다. 혁신활동을 할 수 있는 시간, 손, 제약 요소 등 개선 인프라를 만들어 가는 것이다. 그리고 제도를 시스템화하는 것도 결국 사람이 하는 것이니, 혁신 인재육성이 중요하다.

세 번째는 진화의 관점이다. 혁신활동의 진화의 요건은 도입시 기법의 이해와 필요성, 적합성, 효과성, 전략과의 연계성이 되어야 하고, 모델활동을 통한 특징과 장·단점 파악, 혁신의 토양과 적용성, 자사에 맞는 창조와 내재화를 통한 문화에 이르게 하는 일이다. 이렇듯 성공하는 기업과 문화로 가는 혁신은 세계가 인정하고 통하는 기업의 혁신웨이가 탄생하는 것이다.

국내 굴지의 기업들이 혁신에 웨이를 붙이지 못하는 것은 왜일까? 필자가 컨설팅할 때, 한 조직은 문화로 가는 혁신의 기반을 갖췄다. 그 성공 요소는 부서장의 혁신 관심도와 구성원의 공감대 형성이었다. 현업에 맞는 운영 제도와 구성원의 이해와 실행이 성공에 이르게 하고, 'Clean Factory'라는 공장 혁신의 문화를 만들었다. 혁신이 일부 조직에서만 성공하고 물거품처럼 되는 것은 기업문화로 가지 못한다. 특히 전문경영인 체제에서는 혁신활동을 인사와 매칭하여 제도화 및 시스템화하여 지속성을 토대로 기업문화로 가야 한다.

기업 혁신이 성공 요건을 갖춰 문화로 가는 길에는 많은 노력이 필요하다. 제도, 운영, 진화 등 3가지 관점의 혁신의 성공 조건과 원리를 이해하고, 실패하지 않는 길을 선택하여 꾸준히 가는 것이다.

5.
혁신의 모멘텀은 무엇인가

　혁신은 조직의 힘으로 움직이는 속성이 있고, 오랜 습관화된 편함을 바꾸는 것이기에, 저항이 따르고 우호적이기 어려운 일이다. 편함에 변화를 주면 더 편함에 이르는 것을 사람들은 여러 이유를 들어 피하려 한다. 혁신은 치아 교정원리처럼, 들어간 치아와 나온 치아를 바로잡고 철사로 묶어 3년을 보내고, 보조경을 끼워 1년 반을 보내야 제 위치에 자리잡고 흐트러지지 않는다. 일하는 사고, 일하는 방법을 체질화하려면 치아교정 원리처럼 많은 시간이 걸리는 셈이다.

　최근 필자가 컨설팅하고 있는 P사의 부서에 혁신의 전문성을 갖춘 임원이 부임했다. 혁신활동의 지침이 남다르고, 부서 혁신의 동력을 걸며 함께 활동하는 조직의 분위기를 만들어 나가고 있다. "일에 영혼을 불어 넣어라! 문제의 본질을 보고 원인을 규명하라! 스토리를 만들어야 역사가 된다. 질문의 리더십으로 생각하고 행동하라! 작업을 표준화하라!" 등 현장에 생각이 움직이고 있다. 가뭄의 단비처럼 좋은 현상이고, 현장 개선력의 자양분이 되고 있다. 기업의 혁신활동은 대내외 변화에 맞는 방향설정과 현황 분석 후 목표를 정하고 실행계획을 수립하여 조직 전체가 공감하고 움직이는 모습이 되어야 한다. 혁신의 모멘텀은 무엇인가?

혁신의 모멘텀은 조직적 요소와 기능적 요소로 구분한다. 조직적 요소는 조직구조, 분위기, 문화, 리더십 등이 있고, 기능적 요소는 기업 역량, 기술개발, 경영전략, 혁신전략 등에 따라 모멘텀은 달라진다. 혁신은 조직의 힘으로 움직이지만, 조직은 인사가 동력이 된다.

인사는 조직내부의 혁신을 촉진하고 지속 가능한 성장을 이루는 4가지 요소를 고려하여 추진한다. 첫째, 다양성과 포용성이다. 다양한 배경과 경험을 가진 사람들이 모이면 서로 다른 아이디어와 관점을 얘기한다. 인사는 이러한 다양성을 유지하고 관리하며, 다양성을 존중하고 포용하는 문화를 조성함으로써 혁신을 촉진하게 되는 것이다.

둘째, 인재육성과 성장이다. 혁신적인 아이디어를 갖춘 인재를 발굴하고 육성하는 것은 조직의 성장과 발전을 위해 중요하다. 인사는 인재육성과 성장을 촉진하는 프로세스를 구축하고, 조직 내에서 인재를 발굴하고 장려함으로써 혁신을 촉진할 수 있다.

셋째, 학습과 개발이다. 혁신은 새로운 아이디어와 기술로 이루어진다. 인사는 학습과 개발 프로그램을 제공하여 직원들이 새로운 아이디어와 기술을 적용할 수 있도록 지원한다.

 넷째, 조직문화이다. 조직문화는 혁신을 촉진하거나 반대로 억누를 수 있다. 인사는 조직문화를 조율하고 조정하여야 한다.

 위의 4가지 요소를 고려하여 인사 전략을 수립하는 것이 혁신의 모멘텀을 갖는 것이다. 혁신이 지속성을 가지고 진화 발전하는 길은 인사와 연계하는 활동이 되어야 하며 제도화, 시스템화시켜 모든 직원들의 생각과 행동이 습관화로 나타나 영속적인 기업의 일하는 문화로 가야 한다.

 글로벌 선진기업인 도요타자동차는 개인의 성장과 비전을 직속상사가 제시하며, 일과 개선의 강한 모멘텀이 되고 있고, 개인도 꿈을 갖고 도전하는 것이 조직의 혁신 모멘텀이 되는 것이다. 사람을 움직이는 것은 인사가 행위의 단초가 된다.

6.
혁신의 진화원리와 성공하는 기업

혁신을 도입하는 것은 건강한 조직, 제조 수준을 높여 수익성 확보 및 경쟁력 있는 기업으로 만들어 가기 위함이다. 기업에 혁신을 잘못 도입하거나 자사에 맞게 진화 발전시켜 문화로 가지 못하면 중도에 멈추게 되고, 고급 낭비가 된다. 미국 GE(General Electric)는 젝 웰치 회장이 6시그마를 도입하고 성공시켜 글로벌 선도기업이 되자, 국내에서도 1995년부터 L사 등 대기업을 중심으로 여러 기업이 도입했다. 한시적, 부분적으로 성공한 기업은 있지만, '일하는 사고, 일하는 방식'이 체질화까지 된 기업은 드물다. 기업이 혁신을 도입하여 중도에 멈추거나 실패하게 되는 원인은 혁신기법을 이해하지 못한 채 유행 따라 도입하거나, 자사에 맞게 진화 발전시켜 나가지 않았기 때문이다.

혁신의 진화원리 관점에서 보면 도입, 모방, 응용, 창조 등의 4단계를 거치게 된다. 도입단계에서는 혁신기법의 수행원리와 기능을 학습하고 필요성, 적용성, 효과성 및 전략과 연계성이 있는지 검토 후 도입해야 하며, 경영전략과 연계성이 없으면 경영층의 관심에서 멀어져 소멸하게 된다. 모방단계에서 모델 라인을 선정하여 혁신기법의 원리대로 실행하며, 그 과정과 결과에서 장·단점과 특징을 분석한다. 응용단계에서 혁신의 토양, 즉 기업문화, 조직 특성, 일의 속성과 생산프로세스의 특징에 맞게 응용, 진화시켜 혁신기법 최적화를 만들어 간다. 창조단계에서는 생산라인 전체 확산을 적용하며, 필요 기능과 통합, 융합을 거쳐 제3의 창조로 종합 체계화하고, 자사 고유의 혁신 문화로 정립하고 정착시켜 가는 것이다.

일하는 사고와 일하는 방법이 조직과 경영전반에 스며들어 제품 생산방식으로 정착이 되는 단계를 기업 혁신활동의 성공으로 정의한다. 필자가 컨설팅하고 있는 포스코는 국내 여타 기업처럼 6시그마를 도입, 적용하였으나, 3년 반 만에 기업혁신 전문컨설팅 '부즈앨런해밀턴'의 진단을 받고 '도입은 합격, 체질화는 미흡'이란 결과를 받았다. 6시그마 혁신 기법의 특징은 데이터로 시작해서 데이터로 끝난다는 말을 할 정도로 통계 분석을 통한 문제해결 방법론인데, 포스코의 생산 조건과 문제 본질을 보면 통계적 전문 Tools인 미니탭, 데이터마이닝 등을 사용해야 하는 대상은 적은 편이고, 기본 데이터만 분석하면 문제해결이 70~80% 되는 속성이 있다. 포스코는 자사의 문제 본질과 해결 필요 요건에 맞춰 6시그마를 진화시킨 것이 현재 활발히 활동 중인 QSS(Quick Six Sigma)활동이라 할 수 있다. QSS활동은 6시그마의 기법을 응용하여 진화시킨 것뿐만 아니라 제철소 특성상 TPM을 도입하여 설비의 최적 생산조건을 만들어 가고, TPS의 낭비제거 사상과 IE 기법의 인체공학적 일의 효율성을 추구하여 종합 혁신방법론으로 최적화시켜 20년째 현장 경쟁력 확보를 위해 지속되고 있다. 하지만 혁신은 기업의 성장 발전과 미래를 위한 경영전략에 맞는 혁신기법으로 지속적 진화 발전하지 않으면 달리는 자전거처럼 멈추면 넘어지는 속성이 있다. 경영 흐름이 쉴새 없이 변해가듯이 혁신의 기법도 기업의 생산 전략에 부응하는 기법 고도화를 끊임없이 추구해 나가야 한다. 예를 들면, 철강업의 미래 경쟁력은 자동차를 넘어 비행기, 우주산업 등 새로운 강종을 원하고, 이를 생산해내려면 혁신 기법도 고도화, 최적화되어야 한다. 변화되는 상황에 맞는 혁신의 Tools로써 기능을 다하는 진화가 필요한 것이고, 기업은 성공적인 월드 클래스로 가는 것이다.

7.
기업 혁신기법의 3가지 적용 방식

 모든 혁신기법은 시작과 과정, 마무리까지 수행 원리와 기능이 있다. 가령, 깨끗한 작업장과 일하기 쉬운 작업 조건을 원하면 5S 기법을 선택하는 것이다. 정리, 정돈, 청소, 청결, 습관화, VM(Visual Management) 등을 수행하면 Clean 작업장과 일하기 쉬운 작업 조건을 얻을 수 있기 때문이다.
 기업에 혁신기법을 도입하는 3가지 방식은 1) 보편적 문제해결 방식, 2) 원리 변형의 방식, 3) 원리 학습 진화의 방식이 있다.
 첫 번째, 보편적 문제해결 방식은 생산 공정에서 낭비를 제거하기 위한 여러 가지 도구, 또는 수단으로 보는 것이다. 품질, 원가, 생산 등 고객이 원하는 목표치를 주고 문제를 해결해 주는 방식이다. 이것은 일하는 사고와 일하는 행동에 변화를 주거나 좋은 기업 문화로 가는 것은 없다. 가령, A기업에 품질경영을 추진해 나갈 때, 생산 라인의 불량률이 높다면, 그것을 해결해 달라는 요청을 할 수 있고, 품질 불량의 인자를 찾아내는 기법을 써서 고객이 원하는 품질을 확보해 주는 것이다.

두 번째, 원리 변형의 방식은 근본적인 변형이 가능하다, 또는 근본적으로 변형해야 한다고 보는 시각이다. 가령, 혁신 기법의 원리를 응용하여 개별 조직 상황에 가장 적합하게 최적화시킨 생산기술로 분류된다. 근본적 변형 관점은 도요타에 최적화된 TPS의 원리와 도요타의 생산 모델이 다른 조직으로 이식되는 과정에서 개별 기업에 맞는 독특한 형태의 생산 모델로 변형되는 경우이다. 혁신활동을 자사 조직의 문화에 맞는 모델을 개발하는 데 초기의 참고 모델로 하는 경우이다. 예를 들어, TPS를 세계적인 자동차 생산방식 표준으로 인정하고, 그 원리를 이해하되 자사의 문화와 생산 인프라에 맞게 초기에 변형하여 적용하는 것이다. 즉, 한국의 H 자동차사는 생산라인의 '낭비 제거' 컨셉과 일부 혁신기술은 인용하지만, 1차 부품회사가 2시간 거리에 있지 않는 등으로 JIT 생산체제는 불가능하며, 자사 문화와 비슷한 포드 방식을 채택하게 된 것이다.

세 번째, 원리 학습 진화의 방식은 모방과 창조로 제3의 기법을 만드는 것이다. 어떤 혁신 기법을 도입하고 모델 라인에 적용하여 원리와 특징, 장·단점을 학습한다. 자사의 기업문화, 근무 조건 등 여러 요건을 감안하여 응용하고, 자사의 미래의 방향에 맞춰 창의적 문제 해결 기법으로 진화하고, 최적화하여 자사 고유의 혁신 문화로 재탄생시키는 방식이다.

일반적으로 기업 혁신은 원리 학습 진화에 해당된다. 수많은 기업이 자사의 설비, 인프라 등 여건에 맞는 혁신 기법을 도입하여 적용하며, 지속적으로 최적화시켜 나가는 것이다. 도요타자동차처럼 혁신 기법이나 생산방식을 만든 원조 기업은 다른 경우이다. 선진 기업의 혁신 방식을 도입하는 경우, 자사의 토양에 맞게 응용 과정, 창조 과정을 거쳐 문화로 가는 혁신이 원리 학습 진화의 방식이다.

8.
기업 혁신 [IIAC 진화 모형]

　기업의 혁신은 각 혁신 기법의 기능과 이론을 이해하고, 자사의 일의 속성과 설비의 특성, 생산 프로세스 특징에 맞는 것을 선택하여 도입한다. 도입 과정과 모방, 응용, 창조 등 4가지 과정을 거쳐 '일하는 사고, 일하는 방법'에 변화를 주어 최적화하고, 습관을 넘어 체질화하여 자사의 고유 혁신 문화로 정착한다. 기업 혁신의 올바른 길을 가기 위해 도입과 기업 문화로 정착하는 '기업 혁신 진화 IIAC 모형'을 이해할 필요가 있다. (2012. 정상철)

[기업 혁신 진화 IIAC 모형]

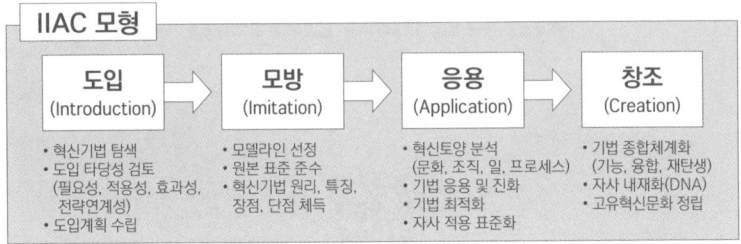

1) 도입 단계(Introduction)

기업에서 혁신을 도입하는 첫 단계에서 살펴봐야 할 내용이다. 먼저 도입하고자 하는 혁신 기법의 기본 이론과 기능을 이해해야 한다. 자사의 일의 속성, 설비 특성, 생산 프로세스 특징을 보고 지금 시기에 필요성과 적용성, 효과성 그리고 경영 전략과의 연계성을 검토한 후에 도입 여부를 결정한다.

2) 모방 단계(Imitation)

모방 단계에서는 생산의 대표성이 있는 모델 라인을 선정하여 적용한다. 혁신 기법 표준을 준수하여 적용하고 기법의 원리, 특징, 장점, 단점을 파악한다. 제조업의 ,생산 라인 특성이 다른 라인을 분류하고 선정하는 것이 중요하다. 비제조분야나 연구소의 연구 업무 등 생산 조건이나 작업 조건이 전혀 다른 곳에 제조업의 혁신 방법론을 적용하는 것은 무리이다.

3) 응용 단계(Application)

기업 혁신의 토양이 되는 것은 여러 가지가 있겠으나, 기본적으로 기업 문화를 살펴봐야 한다. 가령, 현대의 문화와 LG의 문화는 많은 차이가 있다. 이는 혁신 기법의 수용성을 감안하여 보는 것이다. 예를 들면, 일본 문화에서 탄생한 도요타자동차 생산 방식인 TPS를 그대로 적용하는 경우 실패한다. 조직 문화의 특성과 근무제도, 일의 속성과 생산 프로세스 특징을 파악한 후 혁신 활동 인프라를 감안하여 자사 특성에 맞게 기법의 원리를 응용하여 적용하고, 적용성과 효과성이 높으면 최적화하고 자사의 혁신 기법으로 표준화하는 것이다.

4) 창조 단계(Creation)

기업 고유의 혁신으로 재창조되고 문화로 정착하는 단계이다. 하나의 혁신 기법으로 자사의 생산 라인 문제를 다 풀어갈 수 없으면 여러 필요 기법을 융합하고 응용하여 제3의 기법으로 창조하여 종합 최적화하고, 장기적인 지속성 속에 자사 고유의 혁신 문화로 재탄생시키는 것이다. 기업에 혁신을 도입하여 모방과 응용, 창조를 거쳐 문화로 가는 것이 혁신 성공의 길이다. 이 진화 4단계 과정을 제대로 거쳐서 추진하면 겉도는 혁신, 실패하는 혁신은 되지 않는다.

9.
혁신기법의 8가지 변화 유형

 기업 혁신에는 8가지 변화 유형이 있다. 일반 제조업, 철강, 에너지, 자동차, 건설, 음식업 등 제조 조건의 특성은 다양하다. 자사의 특성에 맞게 혁신 체계화를 하는 데는 필요 요건을 구비하여 여러 기법이 하나로 진화되는 독립형, 융합형, 다융합형과 중도에 소멸되는 변화 등 8가지 변화 유형이 있다. (2012. 정상철)

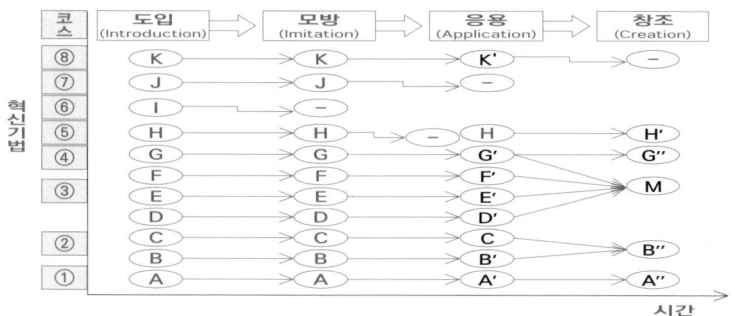

[혁신활동의 변화 유형]

1) 독립형 변화

이 경로는 혁신활동(그림, 변화 유형A)이 필요성, 적용성, 효과성, 전략과 연계성을 기준으로 기업에 도입되고, 모방(A)과 문제점 보완 및 응용(A')단계를 거쳐서 기업 문화의 바탕 위에 새로운 형태의 혁신활동(A'')으로 진화하여 재탄생하는 전 과정을 거치는 변화이다. 가령, 6시그마를 도입하여 지속적으로 활용하는 과정에 자사에 맞게 응용하여 진화시키는 것을 말한다. 미국 GE, 한국 LG전자 등이 여기에 해당한다. (예: 6시그마, TPM)

2) 융합형 변화

이 경로는 한 개의 혁신 활동 기법이 진화과정 속에서 상호 관련성과 필요성이 인식되어 다른 혁신 기법을 필요 타이밍에 부분적으로 적용하는 형태의 변화이다. 특히 한 가지 혁신활동이 주체를 이루고 자체 진화하는 과정에 필요한 다른 혁신활동이 보조적으로 흡수되는 형태의 변화하는 것(B'')이다. (예: 6시그마+TRIZ)

3) 다융합형 변화

이 경로는 3가지 이상의 혁신활동이 변화과정을 통해 융합되어 새로운 혁신활동으로 재탄생하는 변화 유형이다. 예를 들어, 낭비 제거를 통한 작업 환경 개선을 위해 도입된 혁신 기법이 진화 발전하면서 생산 프로세스 변화의 필요성에 의해 다른 기법들의 추가 적용과 통합, 융합이 일어나는 변화의 형태로 '다융합형 변화'라고 한다. 포스코의 QSS는 통계적 사고와 문제해결 방법은 6시그마 기법에서 오고, 낭비 제거 사상과 JIT 생산방식의 TPS, 설비 예방관리의 TPM, 산업공학의 IE 등을 다융합하여 제3의 혁신 기법으로 탄생되는 것(M)을 말한다. (예: QSS)

4) 자체 분화형 변화

 어떤 혁신 기법이 다른 혁신 기법과 융합되고 통합되는 혁신활동이 새로운 혁신활동(M)이 되면서, 동시에 그 자체는 여전히 남아서 독자적으로 진화 발전(G")하는 변화 유형을 자체 분화형 변화라 한다. 가령, 6시그마 기법이 여러 필요 기법과 융합되어 QSS로 탄생하고, 그중 6시그마 기법 자체는 독립적으로 기업의 필요 니즈에 맞게 진화 최적화되는 것(G")을 말한다. (예: 6시그마)

5) 소멸 후 재생형 변화

 소멸된 혁신활동이 여러 가지 이유로 다시 부활하여 재생되고 진화 정착하는 변화 유형이다. 어떤 조건의 변화로 소멸되었다가, 경영환경이나 경영자가 바뀌어 다시 필요성이 제기되어 신경영전략에 맞춰 좋은 수단으로 혁신 기법이 진화되는 변화 유형이다. 이러한 경우는 기업의 경영 환경이 변화되고 새로운 경영전략이 수립되면, 그 전략에 맞는 방법론이 다시 부각되어 자사에 맞게 일부 진화하는 것(H")을 말한다. 가령, 초기 TPS를 도입하였다가 경영층이 바뀌고 인식의 차이로 다시 도입하여 진화 최적화시키는 경우이다.

6) 진화 단계별 소멸형 변화

모방, 응용, 창조단계에서 제대로 못하여 소멸되는 형을 말한다. 모방 단계 소멸은 도입 단계에서 사전 기법 탐색과 자사의 조건 검토없이 모방 단계로 진입하여 필요성, 적용성을 잃거나, 제반 조건의 변화와 관리 운영상의 문제, 최고 경영층의 일관성과 지속성 문제로 소멸(I)하는 경우이다. 응용 단계 소멸은 모방 단계에서 실질적인 원리, 특징, 장점 등을 체득하지 않고 응용 단계로 진입했거나, 체득한 후 자사의 프로세스에 추가적인 적용성이 떨어져 소멸(J)하는 경우이다. 창조 단계 소멸은 모방과 응용 단계를 거쳐 새로운 모습의 형태를 만들어 나가는 과정에서 필요 조건 부족으로 소멸(K')하는 경우이다. (예: TOC, TRIZ)

한 기업에 혁신 기법을 도입하고 혁신 경영을 할 때, 자사의 특성에 맞는 한 가지 기법을 도입하여 진화하고 최적화하여 지속되는 경우도 있다. 가령, 제조업 장치산업에 TPM을 도입하고 내재화되어 혁신 문화로 가는 것이다. 또한, 여러 기법을 통합하거나 융합하여 제3의 창의적 기법으로 탄생시켜 고유의 혁신 문화로 영속하는 것은 혁신이 성공적으로 진화하는 길이다.

10.
혁신활동의 6가지 성공요인

　혁신활동이 자사의 독창적인 혁신활동으로 승화되고 고유의 혁신 문화로 자리잡기 위해서는 다양한 요건이 전제되어야 한다. 적절한 혁신기법이나 혁신활동을 선택하는 것이 중요하지만, 이러한 혁신활동이 경영전략 및 경영목표의 달성에 필요한 조직, 구성요건, 운영의 체계와 잘 연계되어야 한다. 무엇보다 최고 경영자의 관심과 지원, 일관된 리더십이 없으면 한시적 활동으로 끝날 가능성이 높고, 필요한 구성 요건이 갖춰지지 않으면 체계적인 추진과 성공에 이르기 어렵다.

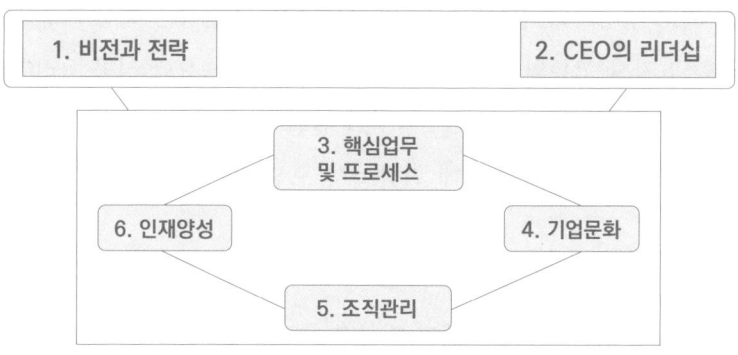

*자료원: Nadler and Tushman(1992) 수정 인용.

  혁신 활동 성공의 6가지는 1) 비전과 전략, 2) CEO의 리더십, 3) 핵심업무 및 프로세스, 4) 기업문화, 5) 조직관리, 6) 인재양성 등이다.

  첫 번째, 회사의 나아갈 방향으로 비전 설정과 비전을 실현하기 위한 경영 목표, 경영전략 수립, 경연 전략과 혁신의 연계성이다. 비전은 자사의 상황을 객관적으로 보고 미래의 바람직한 모습, 가고자 하는 길을 설정하는 것이고, 경영 내부의 종합적 흐름과 외부의 시장 환경의 정확한 분석과 자사의 강점, 약점, 위협, 기회 등 SWOT 분석을 통해 전략을 수립해야 한다.

  두 번째, CEO의 리더십이다. 최고 경영자의 실행 중심의 경영철학과 혁신에 대한 지속적인 관심과 지원, 3현주의 사상(*현장에서 현물을 보고 현상을 파악)을 바탕으로 현장중심의 경영이 그것이다. 혁신에 대한 최고 경영자의 일관된 신뢰와 지속적인 추진력은 혁신 기법의 진화와 자사 고유의 혁신 문화를 창조하는 데 중요한 성공 요인이 된다. 개선 동력을 끌어내고, 구성원 전원 참여 분위기를 조성해서 생산 경쟁력을 높이기 위해 현장에서 포상하는 것도 현장 리더십이다.

세 번째, 경영전략과 연계된 핵심적인 일과 프로세스를 구체적으로 정의하고, 그 속성을 이해하는 것이다. 핵심적인 일과 프로세스가 혁신 활동과 명확하게 연결되어 있어야 한다. 즉, 자사의 부가가치를 창출할 수 있는 핵심적인 일과 생산 프로세스가 정의되어야만 선택과 집중할 수 있고, 혁신활동의 적용성, 효과성을 높일 수 있다.

네 번째, 전략을 수행할 수 있는 혁신의 토양인 기업문화다. 회사의 규범, 핵심가치, 온라인(On Line)은 물론, 오프라인(Off Line) 커뮤니케이션, 오프라인 역할과 오프라인 파워 등이 비전 실현과 경영 목표를 달성할 수 있는 제반 여건의 기업문화가 되는 것이다. 이러한 기업 전반에 깔려 있는 문화가 혁신활동의 수용성에 지대한 영향을 미치게 된다.

다섯 번째, 혁신을 효율적으로 끌고 갈 수 있는 회사의 조직 역량이다. 조직 구성의 전체 흐름을 점검하고 혁신활동의 시너지 창출을 저해하는 조직은 재정립하여 핵심적인 일과 프로세스에 핵심 역량이 투입되도록 하는 것이 중요하다. 즉, 혁신지향형 조직재편이다. 또한 실시간 공유할 수 있는 정보시스템, 평가보상시스템, 인적자원관리시스템 등이 필요 요건이 된다.

여섯 번째, 핵심 업무와 생산 프로세스를 운영할 수 있는 혁신 인재를 양성하는 것이다. 주어진 환경에서 어떤 변화가 일어났을 때, 이를 해결하거나 풀어 갈 수 있는 능력과 어떤 환경에서도 경쟁우위 기반을 확보할 수 있는 창의성과 핵심 역량을 갖춘 인력 확보가 무엇보다도 중요한 것이다. 혁신 인재의 전문성 수준에 따라 성과의 수준이 달라지기 때문이다.

11.
혁신활동의 진화 단계별 6가지 성공요인 관계

혁신 활동의 성공 요인은 도입 → 모방 → 응용 → 창조의 진화 4단계별로 필요성과 접목 내용이 달라진다. 가령, 회사의 미래 모습인 비전 설정은 도입 단계에서 짚어져야 한다. 기업 혁신 활동의 종합적인 정착을 위한 진화 단계별 이해와 적용이 성공적으로 가는 길이다. 아래 표는 혁신활동 진화 단계별 6가지 성공요인 관계를 말한다. (2012. 정상철).

<표: 혁신활동의 진화 단계별 6가지 성공요인 관계>

성공요인		도입	모방	응용	창조
비전과 전략	• 비전 • 전략 • 목표	○			
CEO의 리더십	• 지속성 • 현장중심 경영	○	○	○	○
핵심 일과 프로세스	• 일의 속성 • 프로세스 적용성	○		○	
기업문화	• 규범, 가치 • 커뮤니케이션 • 비공식 조직 힘	○		○	○
조직관리	• 조직관리 • 운영, 정보시스템 • 인적자원관리		○	○	○
인재양성	• 업무 능력 • 인적 경쟁력	○	○	○	○

1) 비전과 전략(vision and strategy)

혁신활동은 기업이 나아가고자 하는 방향(vision)과 경영목표 설정, 경영목표 달성을 위한 경영전략 수립, 경영전략과 연계성이 높아야 한다. 즉, 혁신기법 도입단계에서, 그 시대에 유행하는 혁신기법을 선택하는 것이 아니라 자사의 일과 생산 프로세스, 기업문화, 조직문화, 경영 이슈 등을 고려하여 경영목표 달성이 가능하고(필요성), 자사의 업무 프로세스에 적용 가능하고(적용성), 자사의 일하는 방법과 사고에 녹아 들어 지속적으로 성과를 낼 수 있고(효과성), 전략과의 연계 수준(전략과의 연계성)이 파악되어야 성공 가능성이 높다.

따라서 비전과 전략 수립은 혁신활동의 도입단계에서 중요한 역할을 한다.

2) CEO의 리더십(CEO Leadership)

혁신의 성공요인 중 가장 중요한 것은 최고 경영층의 경영혁신 기법에 대한 확신과 끊임없는 관심 및 지원이다. 도입 단계부터 기업이 가고자 하는 방향과 일치하지 않는 경영혁신기법을 선택하면 당연히 최고 경영층의 관심을 잃게 된다. 기업의 실질적인 경영목표와 경영전략과의 연계성을 고려하여 혁신기법을 선택하고, 이를 추진하는 데 있어서 혁신활동을 경영 일반에 넣고 지속적인 관심과 지원이 가능하도록 경영 운영시스템에 담아 진행하는 것이 필요하다.

또한 추진하는 과정에서도 도입 단계에서 혁신기법의 선택, 선택된 기법이 자사에 어느 정도 적용성이 있는지, 현장에서 직접 보고 현상을 파악하는 현장 중심 리더십이 필요하다. 이러한 현장 중심의 경영 리더십이 실행되면, 조직원 간 소통이 가능하고, 이해와 공감대를 형성할 수 있어 실질적인 혁신활동 진화가 이루어진다. 모방과 응용 단계에서는 자사에 맞지 않다고 성급하게 중단하면 진화 발전이 불가능하다. 최고 경영층의 신뢰와 인내, 끊임없는 관심이 성공의 지름길이 된다. 혁신기법이 자사의 일과 업무에 내재화되어 재탄생의 창조와 기업문화로 정착되는 데는 많은 시간이 소요되고, 최고 경영층의 혁신에 대한 일관성과 지속성의 리더십이 필요하다. 따라서 CEO의 리더십은 모든 혁신의 진화 단계에서 절대적 성공 요인이 된다.

3) 핵심적인 일과 프로세스(critical task and process)

회사의 비전을 실현하고 경영목표를 달성하기 위해서는 자사의 핵심적인 일과 프로세스가 무엇인지에 대한 정의가 선행되어야 한다. 또한 일과 프로세스의 속성에 맞는 혁신기법을 선택하는 것이 중요하다. 도입 단계에서 혁신기법이 자사의 일의 속성과 생산 프로세스의 흐름에 적합한 선택이라면 응용 단계의 적용성이 좋고, 기업 문화를 바탕으로 진화되어 자사에 맞는 혁신기법으로 최적화될 것이다. 따라서 핵심 업무와 프로세스를 정의하는 일은 혁신활동의 도입 단계에서 매우 중요한 역할을 한다고 할 수 있다. 또한 혁신활동이 모방의 단계를 거쳐 새로운 형태로 내재화되는 적용 과정에 일과 프로세스의 속성을 명확하게 이해하고, 상호 연계되어야 한다. 이러한 내재화 과정을 제대로 거친다면 혁신활동은 자사 업무에 최적화되고, 기업에 특화된 표준화를 만들어 조직 내에 확산될 수 있다.

4) 기업 문화(culture)

기업 구성원의 습관이나 사고, 전통적으로 내려오는 문화, 핵심 가치 등이 혁신활동 진화과정에 영향을 미치는 것은 확실하다. 특히 도입 단계, 응용 단계, 창조 단계에서 기업문화는 큰 역할을 할 것으로 본다. 기업문화가 폐쇄적이고 수동적일수록 도입 단계에서 혁신활동이 소멸할 가능성이 높다. 반면 열린 문화, 능동적인 분위기로 형성된 기업문화는 새로운 혁신을 보다 적극적으로 수용할 수 있다.

기업문화는 혁신활동의 변화과정 중에서 응용과 창조 단계에서 보다 큰 영향을 미치게 된다. 일반적으로 의사소통 네트워크의 흐름이 원활하지 않고 단절되는 문화일수록 새로운 아이디어를 위한 창의성, 참가자가 다양하게 행동할 수 있는 자율성, 정형화된 관습을 파괴할 수 있는 유연성이 발휘되기 어려워 응용과 창조로 가는 변화가 어렵기 때문이다. 혁신활동의 진화단계에서 초기에 구성원의 저항이 수반되는 것은 필연이므로 닫힌 강한 조직문화는 혁신의 수용성이 떨어진다.

이후 본 활동에 진입해서도 조직 간 불협화음이 크거나 소통이 안 되는 경직된 기업문화인 경우는 응용과 창조 단계로 발전하기 어려운 토양이 된다.

5) 조직관리(organization)

혁신활동을 추진하는 데 있어서 효율적인 조직 운영은 모방과 응용, 창조 단계에서 중요한 역할을 한다. 먼저 모방 단계에서 조직 운영이 체계적이면 원하는 혁신기법의 원리와 특징, 장·단점을 올바르게 분석해 낼 수 있다. 응용 단계는 혁신기법의 원리와 특징을 자사에 접목하는 과정으로 조직 구성이 불합리하면 혁신지향형의 조직 개편이 필요하다. 예를 들어, 적절한 시기에 적절한 교육을 하거나, 자사 적용과정에서 다양한 변수들에 대한 적기 대응 등은 체계적인 조직 운영이 필수 요소가 된다. 따라서 조직의 전반적인 참여를 높이고 혁신활동이 확산될 수 있도록 하기 위해서는 조직과 운영시스템을 체계화시켜야 한다. 이것은 창조 단계로까지 연결되어 자생적 진화를 만들어 내는 기반이 될 수 있다. 혁신활동이 전사 확산이 되도록 하기 위한 조직개편이 필요할 경우도 있고, 기존의 조직 간 벽을 깰 수 있는 시스템 개선이 요구되기도 한다. 이러한 경우 정보시스템, 평가와 보상시스템, 인사관리제도 등 다양한 운영적 체계가 필요하다.

6) 인재양성(People)

최고 경영층의 리더십과 더불어 혁신활동을 위한 핵심 인력은 성공적인 혁신 활동 진화의 필수요소이다. 인재양성은 혁신 활동 변화 단계에 관계없이 가장 중요한 혁신의 성공 조건이며, 혁신의 수용성이나 혁신활동의 조직적인 리더십은 인력에서 시작되고, 인력의 전문성 수준에 따라 성공과 실패의 결과로 귀결된다. 최고 경영층에서부터 중간 관리자, 실행의 주체인 현장 직원에 이르기까지 혁신 교육을 통해서 왜 혁신이 필요한지, 하면 무엇이 좋아지는지 등의 상황인식이 혁신활동의 단초가 된다. 올바른 상황 인식의 단계를 넘지 못하면 방향과 목표설정이 불명확하게 되고, 결단과 실행이 어려워진다. 혁신 인재양성은 조직이 혁신을 올바로 이해하고 추진하는 필수요건이 된다. 최고 경영층이 혁신에 대한 명확한 가치관을 가지고 일을 추진한다고 해도 필요한 부문에 핵심인재를 양성하지 않는다면 올바른 혁신활동이 일어나지 않고 결국 확산이 어렵게 된다.

혁신활동의 인재양성은 인적자원관리(human resource development: HRD)와 밀접한 관련을 갖고 있다. 따라서 도입부터 창조단계까지 성공적인 혁신 활동 진화를 위해 인재를 양성하고 성장시키는 운영시스템의 병행이 매우 중요하다.

12.
전략적/운영적 관점, 혁신 성공의 11제언

 기업의 생존을 위한 확실한 길은 끊임없는 변화와 혁신을 통해 경쟁력을 확보하여 지속 가능한 기업을 만들어 가는 일이다. 수많은 기업들이 생존과 경쟁력을 확보하기 위해 혁신을 도입하지만, 성공하는 기업은 일부에 불과하다. 실패하거나 부분적으로 성공한 기업들은 한시적이고, 가치 있는 새로운 변화와 지속적인 기업 혁신 문화로 가는 기업은 드물다. 생산라인에서 개선 활동이 '일하는 사고, 일하는 방법'으로 습관화, 내재화되어 영속적인 혁신 문화로 가는 전략적 관점과 운영적 관점에서 성공을 위한 제언을 하고자 한다.

 기업 혁신의 도입부터 모방, 응용, 문화로 정착되는 과정까지 전략적 관점에서 5가지 성공 제언은 첫째, 혁신 기법의 사전 탐색으로 기능을 이해하고 자사의 필요성, 적용성, 효과성, 전략과의 연계성을 검토하여 도입하고, 유행에 따라 도입하면 실패한다. 둘째, 모방을 통해 혁신활동의 원리를 이해하고 특징과 장점, 단점이 인식되어야 자사의 토양에 맞게 진화 발전할 수 있다. 셋째, 혁신 활동의 토양인 기업문화, 조직 특성, 일의 속성과 프로세스 특징을 토대로 원리 기반 학습을 통해 자사에 맞는 혁신기법의 진화와 운영 최적화가 이루어져야 한다. 넷째, 혁신활동이 변화와 융합, 재탄생의 새로운 모습으로 진화하면 일하는 사고와 일하는 방법에 내재화되어 기업문화로 정착된다. 다섯째, 혁신활동은 진화과정에서 소멸, 통합, 융합, 진화 및 내재화, 필요에 따라 재도입 등이 일어난다.

혁신 방법론이 자사의 고유의 툴로써 완성이 되면 운영을 잘해야 한다. 효율적인 운영을 위한 운영적 관점의 6가지 성공 제언은 첫째, 혁신의 바른 진화를 위해서는 단기 성과에 집착하지 말고 CEO의 신뢰와 지원 속에서 지속적인 학습과 진화가 필요하다. 둘째, 혁신활동이 회사의 비전, 경영전략과 연계하면 CEO의 관심을 얻어 지속적인 진화와 성과 창출이 가능하다. 셋째, 최고 경영층의 혁신에 대한 신뢰와 지원, 현장 중심의 리더십이 혁신활동의 진화와 발전에 중요한 역할을 한다. 넷째, 혁신활동이 성공적으로 진화하기 위해서는 혁신 수용성이 높은 기업문화의 변화가 동시에 이루어져야 한다. 다섯째, 혁신활동의 진화 발전을 위한 혁신 지향형 조직 재편, 성과평가시스템, 인적자원관리 등 혁신지원시스템의 변화가 이루어져야 한다. 여섯째, 혁신활동의 지속성과 일과 혁신의 일체화를 위해 핵심 인재양성과 인사와 연계된 활동시스템이 이루어져야 한다.

혁신의 성공을 위한 전략적 관점 5가지와 운영적 관점의 6가지 제언은 기업 혁신이 실패하지 않고 성공하기 위한 제반 과정의 바람직한 길이다. 혁신을 도입한 기업이 나름대로 잘 운영하고 있다고 생각하지만, 의외로 전체를 아는 경영자는 드문 편이다. 기업 혁신을 종합적 관점에서 보아야 한다. 도입 과정 아니면 진화 과정, 창조적 과정에 하나만 잘못되어도 흔들리는 속성이 있고, 실패로 가거나 중도에 멈추게 된다.

혁신의 성공의 정의는 기업에 혁신을 도입하여 생산 프로세스 상의 문제를 제대로 풀고 경쟁력 확보, 수익성을 실현할 수 있는 '일하는 사고, 일하는 방식'의 변화와 조직과 사람의 몸에 내재화 되고, 누가 지시하지 않아도 스스로 행동하는 문화로 가야 한다. 경영자의 변화에 흔들리는 것이 아니라 50년, 100년 가는 자사 고유의 일하는 방식이 되고, 글로벌 시장에서 통하는 생산 프로세스가 되어야 한다.

제3장

혁신활동 기법의 이해와 활용

혁신기법은 수행 원리와 기능으로 구성되어 있다.

기업 혁신을 하는 이유는 생산 프로세스 수준을 높여서 경쟁력 확보, 수익성 실현이다. 생산 조건 상의 설비, 재료, 방법, 환경 등 문제의 속성에 따라 적합한 혁신 기법을 활용하여 개선하는 것이다.

1.
3定 5S 활동:
Clean 작업장과 일하기 쉬운 조건

　기업의 혁신 활동에는 수많은 문제 해결 기법이 있다. 이 중에서 3정(定) 5S 활동은 기업의 숨쉬기 활동이라고 할 정도의 가장 기본적인 활동이다. 학제로 보면 유치원 단계의 활동이다. 사람이 움직이는 공간, 일하는 곳은 어디든 적용 대상이 된다. 즉, 제조업 생산 현장, 이를 지원하는 사무실, 자재 창고, 건설현장, 음식 제조 및 식당 등에 적용하면 사람에겐 깨끗한 환경과 일을 쉽게, 편리하게, 안전하게 할 수 있는 작업장이 만들어진다. 경영자의 입장에서는 직원들이 스스로 문제를 찾고 개선하는 선순환 열린 조직문화를 형성할 수 있고, 지속적인 개선으로 일의 효율성을 높여 생산성을 향상한다.

　5S 활동은 정리(整理), 정돈(整頓), 청소(淸掃), 청결(淸潔), 습관화(習慣化)를 의미한다. 일본 기업에서 만든 것으로 정리(Seiri), 정돈(Seidon), 청소(Seisou), 청결(Seiketsu), 습관화(Shitsuke) 등 앞 글자를 따서 5S라 하

며, 안전(Safety)을 추가하여 6S로 활동하는 경우도 있다. 직접적으로 작업장의 환경과 작업 조건을 개선하고, 간접적으로는 재고관리를 통한 원가개선, 품질과 생산성 향상에도 기여한다. 5S 활동은 작업 현장의 정리, 정돈을 통해 불필요한 동작을 줄이고 작업의 효율성을 높인다. 3정(定)은 정위치(定位置), 정품(定品), 정량(定量)을 의미하고, 정해진 물품을 정해진 위치에 정해진 양만큼 두어 작업장에 가볍고 편리한 작업 조건을 만들어 일의 효율성을 높이는 방법이다. 즉, 불필요한 물건을 과감하게 버리는 정리 작업을 하고, 3정(定)에 입각하여 필요한 물건을 필요한 위치에 필요한 양만큼 정돈을 하는 것이다. 청소는 작업 환경을 깨끗하게 하고 문제를 발견하기 위한 점검 청소를 하는 것이며, 청결은 앞의 3S 활동을 잘 유지하는 것이고, 일상 작업에서 체질화하고 습관화하는 것이다.

　5S 활동은 기본적인 활동이지만 쉽게 되는 것은 아니다. 모든 기업들이 도입하여 적용하고 있지만, 제대로 정착되었다는 기업은 드물다. 오랜 시간 했음에도 정착이 안 되는 것에 포기하거나 매너리즘에 빠져 지지부진하는 모습을 보이는 경우도 있다. 가장 쉬운 기법이고 기본적인 활동이 성공하지 못하는 것은 무엇 때문일까? 그것은 정확한 개념을 이해하지 못하고 제대로 실행하지 않기 때문이다.

　5S 활동은 정리 단계에서 50%의 승패가 결정된다. 불필요한 것을 과감히 버리는 것과 덜 필요한 것을 분류하고 필요한 타 부서에 나누어 주는 것이다. 일상생활에서도 우리들의 옷장을 보면, 입지

않는 오래 된 옷을 아까워서 못 버리면 제대로 정리하지 못하고 옷을 찾을 때 어려움을 겪는다. 정리가 제대로 된 후 바로 정돈으로 진행하면 실패한다. Space Management 차원에서 버린 공간을 활용하여 작업장에 최적의 Layout을 설정하고 정돈에 들어가야 한다. 작업 통로가 없어 넘어 가고 돌아가고 건너가는 작업장이면 정돈을 잘해도 가치가 없는 것이다. 가령, 봄/여름/가을/겨울 등 공간을 설정하고 계절에 맞게 옷을 정돈하면 늘 쉽게 활용되는 옷장의 이치와 같다.

5S 활동의 첫 번째 성공의 키는 Layout 설정이다. A라는 작업장에 불필요한 물건을 정리하였지만, 작업 조건이 작업자가 돌아가고 넘어 가는 조건이면 정돈을 잘해도 효율적인 작업장이 되지 못한다. 작업장에 필요한 이동 용접기나 환풍기 등 물건의 최적 위치 설정과 작업 통로를 확보하는 작업장의 Layout 설정이다. 그다음 필요한 위치에 필요한 물건을 필요한 양만큼 정돈을 하면 된다.

두 번째 성공의 키는 두는 방법이다. 여기에 생각과 아이디어가 필요하다. 큰 것, 작은 것, 무거운 것, 가벼운 것, 자주 쓰는 것, 가끔 쓰는 것, 물건의 모양에 따라 위치와 보관 방법은 달라진다. 슈퍼마켓의 캔류 진열대와 같이 사용자가 편리하고, 관리 효율성이 좋아야 한다. 작업장에서 스패너는 어깨 위치, 치구는 허리 위치 등 인체공학적 보관함을 설계하여 설치하는 것이 중요하다. 또한 찾아쓰기 쉽고, 돌려놓기 쉽고, 돌려놓으면 자동적으로 정돈되는 보관대 설계 구조이다. 여기에 아이디어가 들어가고 5S의 성공의 키(Key)

가 있는 과정이다. 작업자들이 쉽게 활용하고, 정돈 체계가 지속되어 유지관리가 필요 없는 것이 중요하다.

　이렇듯 5S 활동은 가장 쉬운 개선 기법이면서 가장 어려운 기법이기도 하다. 땀흘려 했는데 일이 편리해지거나 쉬워지지 않고, 활동한 것도 흐트러져 포기하고 멈추게 되는 것이다. 5S 활동의 성공의 키는 필요 없는 것을 버린 다음에 작업 통로가 있는 Layout 설정과 작업장에 필요한 공구/치구/비품/용품 등을 쓰고 돌려놓으면 자동 정돈되는 보관대에 있음을 이해하고, 제대로 하면 Clean 작업장과 일하기 쉬운 작업 조건을 만들 수 있는 것이다.

2.
TPS(Toyota Production System) 활동: 낭비 없는 생산라인 구축

도요타의 생산방식(TPS)은 크게 자동화(自働化)와 JIT(Just In Time)로 나눈다. 자동화는 VM(Visual Management), 안돈, Fool Proof, 5S, 7대 낭비, 표준화 등으로 구성되어 있고, JIT는 평준화, 동기화, 간판, 후공정 인수(Full 생산시스템), 다기능화 등으로 구성되어 있다. 자동차 조립 라인의 특성상 수작업이 많고, 고객의 안전을 위해 단 1의 불량이 생산되지 않는 체계와 고객이 원하는 제품을 원하는 때에 원하는 양만큼 생산 공급하는 체계이다. 원료, 공정 재고, 완성 재고를 적정량 관리체계화로 낭비 없는 생산 라인으로 운영하는 것이다. 재고를 최소화하고, 고객 대응 및 생산 효율성을 극대화한다. JIT 방식은 생산 과정을 보다 유연하게 만들며, 고객의 수요 변화에 빠르게 대응할 수 있다.

1) 자동화(自働化) 생산 방식

자동화(自働化) 생산 방식은 조립 생산 라인에 인간의 자율신경계를 접목한 사람 인(人)변 자동화(自働化)의 생산체제로 불량 기미가 보이면 생산 라인이 자동 스톱 되게 시스템화한 불량 제로 생산방식이다. 자동화(自働化)의 생각은 도요타의 시조인 도요타사키치의 자동직기에서 파생되었다. 도요타식 자동직기는 날실이 한 가닥 끊어지거나 씨실이 제대로 들어가지 않았을 때, 곧 바로 작동을 멈추도록 설계되었다. 옷감이 다 짜진 후 실이 끊어진 것을 발견하면 수정이 어렵기 때문이다. 도요타는 이 생각을 기계뿐만이 아니라 작업자가 있는 생산라인으로 확대 적용했다. 즉, 이상이 발생하면 작업자가 생산라인을 멈추어 자동화에 의해 불량품의 발생을 방지하고, 과잉생산을 억제할 수 있으며, 생산현장의 이상을 자동으로 감지할 수 있는 시스템이다. 자동화의 효과는 이상이 생기면 즉시 정지하는 자동화 설비는 별도의 감시 인원이 필요 없음으로 기계에서 작업자를 독립시켜 가치 있는 일을 할 수 있도록 배려할 수 있으며, 고장발생 시 원인 파악이 쉽고, 불량품을 절대로 후 공정에 보내지 않도록 하는 효과가 있다.

2) JIT(Just In Time) 생산방식

JIT(Just In Time) 생산 방식은 고객이 필요한 제품을 필요한 때에 필요한 양만큼 생산하는 방식이다. '팔리는 속도로 생산하는 방식'으로 적자를 발생시키지 않는 생산체계이다. 도요타자동차 창시자인 도요타 기이치로가 미국 출장 길에 목이 말라 마트에 들러 콜라를 하나 꺼내니 꺼낸 수만큼 공급이 되는 것을 보고 고안했다고 한다. 2만 개의 부품을 조립하는 자동차 생산 라인의 특성에 따라 조립 과정에서 바퀴, 문짝, 엔진, 실린더, 유리 등 공정마다 작업 시간을 다양한 기술을 적용하여 동기화(同期化)하고, 물량의 평준화(平準化)를 이룬다. 공정마다 2시간 분량의 부품을 두는데, 부품 공급사 1차 밴드가 2시간 거리에서 공급하기에 창고 없이 생산이 가능하다. 타 자동차사가 대형 부품 창고를 운영하는 것에 비하면 큰 원가 절감 효과가 있고, 가격 경쟁력이 확보된다.

또한 고객이 원하는 시간에 납기 준수와 신뢰를 향상하기 위해 두 종류 이상의 차종을 생산하는 혼류생산 방식이 있다. 혼류생산이 가능한 것은 차종에 따라 모듈 세트 교체 시간이 3시간에서 3분으로 개선하였기에 가능한 일이다. 한 생산 라인에 같은 차종만 생산하는 것은 대량 생산에는 유리하지만 팔리는 보장이 없이 재고만 늘어나는 단점이 있어 불경기에는 비효율적인 생산 방식이다. 수많은 부품을 조립하는 과정으로 실시간 부품 공급 정보를 빈틈없이 알려주는 간판 방식을 사용한다. 하나의 부품만 결품이 되어도 불량이 되고, 이를 조치하는 생산 장애 시간이 발생하는 것이다.

3) 눈으로 보는 관리(VM: Visual Management)

눈으로 보는 관리란, 시시각각으로 변하는 생산 현장의 상황을 손쉽게 파악하여, 문제점이나 이상 상태가 발생하면 즉시 조치함으로써 정상상태로 유지하는 예방관리 수단이다. 현장 설비와 생산시스템을 대상으로 생겨난 관리방식이지만, 물류나 공정 간의 재공수, 설비의 가동상태, 품질 수준 등 공정관리에도 적용되고 있다. 눈으로 보는 관리에서 중요한 것은 이상의 조기발견에서 정확한 처리에 이르는 표준화된 프로세스를 구축하는 것이다. 눈으로 보는 관리의 활용분야는 현장관리, 생산관리, 품질관리 등으로 나눌 수 있다. 현장관리는 작업 현장의 5S 상황을 토대로 안전하면서 효율적인 생산활동이 이루어지도록 알려주는 것으로 정리정돈, 안내 표시, 표준 작업, 구획선 등에 쓴다.

생산관리는 생산 상황이 계획대로 진행이 되고 있는 것인지, 아니면 어떤 이상이 발생하고 있는 것인지를 알 수 있도록 하는 것으로 납기 이상 표시, 물류 및 적정 재고, 자재, 작업 현황판 등에 활용된다. 품질관리는 품질 상황을 포함해 현장의 정보를 모두 공개하여 전원이 공동의 목표를 향해 동참할 수 있도록 하는 것으로 클레임, 품질 비용, 목표 달성 등 상황을 표시한다.

4) 평준화 생산

평준(平準)이란 단어에는 '사물을 균일하게 조정한다'라는 의미가 있지만, TPS에서의 평준화는 '개선이라는 방향성을 가진 균일화'이다. 평준화 생산은 재고 방지와 비용발생 방지라는 개선을 통해 원가 감소와 이윤 극대화라는 효과를 올리는 것과 동시에 1개당 생산 시간을 고르게 함으로써 작업자가 높은 집중도를 발휘하게 해준다. 평준화 생산은 생산 대상 품목들을 섞어서 만듦으로써 다품종 소량생산체제를 확립할 수 있게 해주는데, 이 때문에 제품의 종류나 양에 있어서 고객의 다양한 요구에 즉각적으로 대응하여 제때에 공급하는 것이 가능하다.

간판시스템의 생명은 생산의 전 과정에서 차질없이 간판이 돌도록 하는 것임으로 시간과 수량을 정확히 지키는 평준화 생산방식이 간판의 순환에 결정적인 도움을 주고 있다

5) 간판(Kanban)

간판이란 결품 방지와 과잉생산의 낭비를 방지할 목적으로 현품표에 인수/운반 지시와 생산 지시의 정보 기능을 부여한 것으로, 간판을 활용하여 공정상의 문제를 현재화시키고 이상 정보를 파악, 문제를 해결하는 도구로 사용한다. 간판의 기능과 역할에 대하여 살펴보면 아래 표와 같다.

〈간판의 기능과 역할〉

구 분	주 요 내 용
기능	- 현품 표로서의 기능 - 운반지시로서 기능(무엇을, 언제까지, 어디로 운반하는가?) - 생산지시서로의 기능(어떤 품종을 지금 몇 개 생산할 것인가?)
역할	- 과잉생산의 방지와 적시 생산이 가능 - 인수 및 생산지시 정보의 전달 - 눈으로 보는 관리의 도구 - 개선의 Needs를 도출하여 체질개선의 도구로 활용

도요타에서 자동차를 만드는 데 관련된 모든 사람들은 간판에 적힌 정보대로 부품이나 완제품을 만들므로, 간판에 잘못된 정보가 적힌다거나 간판이 분실된다 든가 하면 생산 공정에 큰 차질이 생길 수밖에 없다. 반면에 간판에 적히는 정보가 정확하고 간판시스템에 문제가 없다면 생산 공정은 한치의 빈틈도 없이 후 공정 인수를 뒷받침한다.

6) 안돈(行灯)시스템

안돈(行灯)시스템은 '눈으로 보는 관리'의 대표적인 예로, 생산현장에 걸린 '라인 스톱 표시판'이다. 즉, 관리자 및 감독자가 항상 눈으로 현장의 상황을 알 수 있도록 각 기계 또는 공정이 가동되고 있는지, 정지하고 있는지, 정지의 원인을 색, 램프 등으로 표시한 것이다. 안돈에는 호출 안돈, 이상 안돈, 가동 안돈, 진도 안돈이라는 4가지 종류가 있다. 호출 안돈은 특별한 용무로 감독자를 호출하거나 부품을 요구하는 것을 말한다. 이상 안돈은 불량발생이나 시간 내 생산이 어려울 때 사용하는 것이다. 가동 안돈은 기계의 가동 상태를 나타내며, 가동, 고장, 준비 교체, 계획 정지 등을 표시한다. 진도 안돈은 생산계획 수량과 실 생산 현황을 실시간으로 알려주는 것을 말한다.

도요타의 현장에 있는 안돈은 각 작업 위치에 그저 놓여 있는 것이 아니라 사전에 프로그램화된 생산의 흐름, 품질 등의 문제가 발생되면 현장의 작업자에게 라인을 정지시킬 수 있는 권한을 부여하고 있다는 점이 특징이다. 스위치 하나만 누르면 전체 라인이 정지되는 시스템으로, 그만큼 현장에서 철저한 품질관리를 하고 있다는 것이다.

[① 운전 중은 녹색이 점등한다. ② 작업자가 호출하여 보턴을 누르면, 그 공정의 황색 지역이 점등한다. ③ 라인이 정지하면 황색이 꺼지고 적색으로, 그리고 정지 원인 항목이 점등하고 라인의 녹색이 꺼진다.]

안돈시스템은 생산과정의 진행 상황을 문자, 숫자, 불빛 등을 이용하여 그대로 눈으로 볼 수 있도록 하여 안돈을 보면 현장에서 발생할 수 있는 모든 문제의 파악을 용이하게 함으로써 '눈으로 보는 관리'를 가능케 한다.

이 외에 작업 방법의 지속적인 개선 테이블인 표준화, 안전한 작업장을 위한 Fool Proof, 7대 낭비 등 여러 자동차 부품을 조립하는 과정에 불합리를 찾아 개선한다. 작업 방법의 낭비가 있거나 도구, 치구, 조립 설비의 비효율성이 있으면 작업자가 낭비를 발굴하고, '자주연(自主研)'이란 개선 전문가들이 설계를 하고 제작하여 바로 개선한다. 이것이 도요타의 '끊임없는 개선 문화'라고 할 수 있고, 도요타자동차 직원들은 '개선하러 출근한다'라고 하는 것이다. 이런 내면에는 모든 일의 과정과 결과에 대한 인사 평가시스템이 돌아가고 있고, 직원들은 평가와 승진을 위해서 지속적으로 개선하며 습관화되고, 체질화되어 오랜 시간 흘러 문화가 된 것이다.

  TPS 기법은 자동차 조립 생산 과정에서 끊임없이 낭비를 찾아 개선하고, 수많은 부품 공급의 결품을 예방하는 간판 방식을 개발하는 등 생산 방식을 최적화하였기에 자동차 조립 생산 라인에 적용하기 좋은 생산방식이 되었다.

  국내 자동차사도 초기에는 미국 포드 생산 방식을 선택했지만, 제2공장부터 도요타의 JIT 생산방식을 선택하여 불황에도 적자를 내지 않는 팔리는 속도로 생산하는 체제를 갖추어 나가고 있다. JIT 생산체제를 갖추려면 부품 회사(1차 밴드)들이 시간적으로 2시간 내의 거리에 있는 인프라를 갖춰야 가능하다. 불황에도 적자를 내지 않고 지속 가능한 경영방식으로 공감이 된다.

3.
TPM(Total Productive Maintenance): 설비/생산/품질 보전

기업 혁신 TPM(Total Productive Maintenance; 전사적 생산보존)은 제조업 등 산업 현장에서 설비 효율화를 극대화하고 생산성을 향상시키기 위한 전사적 개선 활동이다. TPM은 8본주(8pillars)로 구성되어 있고, 설비의 종합적인 효율 향상을 목표로 하는 체계적인 활동이다. 8본주는 자주보전, 계획보전, 품질보전, 초기관리, 교육훈련, 안전보건 환경, 사무 간접부문, 품질/효율보전으로 구성된다.

자주보전은 현장 작업자가 스스로 설비를 점검, 청소, 윤활, 조정하여 설비의 이상을 조기에 발견하고 예방하는 활동이다. 작업자의 설비에 대한 자주관리 능력을 높여서 설비 기술자의 의존도를 줄이고, 자율적인 설비관리 체계를 구축하는 것이다. 따라서 설비를 가동하는 운전 입장의 활동이며, 7Step으로 구성되어 있다. 설비의 고장, 불량, 재해 제로(Zero)를 목표로 설비관리를 넘어서 품질, 납기, 안전, 원가 등 경영 전반의 혁신으로 확장한 형태이다.

1950~60년대, 미국에서 활동하는 PM(Preventive Maintenance; 예방 보전)을 일본에 도입하여 설비 고장 예방 활동으로 시작되었다. 1971년에, 동양적 문화와 사고를 담아 전원 참여(Total)를 붙여 '전사적 생산 보전'으로 정립되었다. 1980년 이후 품질과 원가 경쟁이 심화되면서 전반적인 경영혁신의 툴로 진화 발전하였다.

　활동 과정은 7Step로 전개되는데, 1Step은 설비 점검 청소이다. 먼지와 오일이 범벅이 되면서 가려진 설비의 상태를 점검 청소를 통해 녹이 쓸어 열화되거나 볼트, 너트 나사가 풀렸거나, 여러 설비의 4대 불합리를 찾아 개선 계획을 세운다. 미결함, 오일/누유, Air/누기 등 발생원, 청소/점검/급유의 곤란 개소, 의문점 등 4대 불합리는 찾고 미결함은 즉시 개선한다. 설비의 의문점은 OPL(One Point Lesson)으로 알아간다. OPL은 설비 의문점에 대한 짧고 간결하게 10분 이내 학습이 가능하게 만든 1장 분량의 설비 학습장이다.

　2Step에서 발생원, 곤란 개소를 정비 전문가와 함께 개선한다. 발생원은 근원적인 문제를 발굴하여 개선하는 것으로, 가령 오일(Oil)이 새면 연결부 실링 재료 손상이 원인이 됨으로 분해하고 교체하여 개선한다. 또한 설비 고장, 품질 불량, 환경 문제 등 구조적 분석을 통해 근본 원인을 찾고 전문가와 함께 개선하는 단계다. 그리고 청소, 점검, 급유에 대한 곤란 개소를 발굴하여 청소하기 쉽게, 설비 점검이 가능하게, 급유하기 쉽게 개선하는 것이다.

　3Step에서는 급유, 급지 Map을 학습하고 현물을 점검한 후 불

합리를 발굴하고 조치하며, 이상과 정상을 알 수 있는 관리체계인 VM(Visual Management)으로 마무리한다. 그리스 공급 라인의 미급지나 과급지 등의 요인을 찾아 분배변을 복원하거나 조정하여 해결한다. 1~3Step 활동이 마무리되면 복원된 상태가 유지되게 일상 점검기준서를 만들어 점검 활동이 되게 한다.

4Step은 설비 총점검이다. 설비가 가동되는 6개 장치에 대한 구조, 작동원리, 정상 조건을 학습하고 총점검을 통한 불합리를 조치하는 설비 종합 예방관리 방식이다. 장치(Unit)의 구조와 작동 및 제어 원리를 이해하고, 장치 속의 조립품을 총점검하는 것이다. 이것은 정상적인 조립품의 기능과 장치의 성능이 되어 생산을 잘하게 하는 데 목적이 있다. 가령, Roll 구동장치는 모터, 커플링, 감속기, 스핀들 등 4가지의 조립품으로 구성되어 있고, 각 조립품의 점검 항목 이상 유무를 점검하여 장치의 성능이 제대로 나오게 하는 것이다. 일반적으로 한 장치에 점검 및 복원이 4개월이 소요되고 6개 장치, 총 24개월의 시간이 필요하다.

5Step은 프로세스 총점검이다. 생산 라인에서 각 공정의 생산조건을 점검하고 불합리를 조치하는 방식이다. 즉, 가공점을 중심으로 설비, 재료, 사람, 작업 방법, 환경 등 종합적으로 정밀 점검하고 불합리가 발견되면 원인을 분석하여 생산 조건 최적화를 추진하는 것이다. 이를 통하여 생산 장애를 줄이고 작업률을 높여 생산성을 향상한다. 본 단계는 프로세스의 생산조건에서 생산, 품질, 원가, 안전, 환경 등의 개선이 이루어진다.

6Step은 품질보전이다. 생산 조건에서 품질 인자를 이해하고 불량을 일으키는 인자를 찾아 개선한 후 정상 제품을 생산하는 활동 단계이다. 제품 불량률이 생산 라인의 품질 수준이며, 고객에게는 제품에 대한 신뢰수준이 되는 것이다. 생산 과정에서 발생하는 이물흠, 설비의 이상 상태로 발생되는 긁힌흠, 온도의 영향을 받는 물성적 불량 등을 개선하여 고객이 원하는 다양한 품질 조건을 만족시키는 활동이다.

7Step은 자주관리이다. 여기는 자주 안전을 포함한다. 생산 라인의 설비 환경과 설비 구조적 이해 및 불합리 개선, 생산 장애와 품질 인자까지 발굴 개선하고, 작업 표준화를 통해 스스로 생산관리를 하는 의미의 자주관리 활동이다. 제조 기업의 생산 조건인 설비의 안정화, 불량을 생산하지 않는 품질 인자 이해와 관리, 내 작업장의 위험 요인을 찾아 개선하여 안전을 확보하는 등 생산의 제 활동을 스스로 관리하는 활동이다.

설비가 있는 생산 조건의 제조 프로세스는 운전원이 TPM의 자주보전 활동을 통해 설비, 품질, 안전, 환경 등의 최적 조건을 만들어 가는 일상 활동이며, 생산 경쟁력을 높이는 길이다.

계획보전(Planned Maintenance)은 설비의 고장 제로화를 위해 정비 전문가 주도 정기 점검, 예지 보전, 예방 보전, 계획 수리 등의 활동을 수행한다. 설비 수명주기에 기반한 데이터 분석을 통해 최적의 보전 시기와 방법을 결정한다. 품질보전(Quality Maintenance)은 설비의 상태와 품질 문제의 연관성을 파악하여 불량 제로를 추구한다. 설비 이상이 품질에 영향을 미치지 않도록 원인 분석 및 표준화 활동을 수행한다. 초기관리(Early Equipment Management)는 신규 설비나 제품을 도입할 때부터 고장이 없는 설계, 청소와 점검이 용이한 설비 구조를 목표로 초기부터 품질과 유지보수성을 고려한다. 설계단계에서부터 노하우를 반영하여 조기 안정 생산이 가능하도록 한다.

이 외에 작업자, 기술자, 관리자 모두의 기술 수준과 문제 해결 능력을 향상시켜 무능력 손실 제로를 실현하는 교육 훈련이 있다. 직무별 역량 매트릭스를 기반으로 체계적인 훈련 프로그램을 운영한다. 이 8본주는 상호 연계되어 움직인다. 예를 들어, 자주보전이 잘되면 계획보전의 부담이 줄고, 교육 훈련이 강화되면 전반적인 개선 속도가 빨라진다.

4.
6시그마(6Sigma): 품질 혁신, 공정 개선

　6시그마 기법은 생산 라인에서 품질 개선 및 공정 개선 방법론으로 결함과 편차를 줄여 생산 효율성을 높이는 방법론이다. 생산 제조 조건에서 발생되는 다양한 데이터를 분석하고, 품질 편차를 줄이거나 생산 최적 조건을 제시한다. 즉, 통계와 데이터로 문제를 찾아내고, 과학적으로 개선하여, 품질과 효율을 극대화하는 체계적 혁신 방법이다. 품질 편차를 줄이고 생산 라인의 고질적인 문제를 풀어가는 효율적인 기법이다. 데이터를 가공하기 위해 미니텝 툴(Tool)을 사용하고, 만 개 이상의 데이터인 경우 데이터마이닝을 활용하여 분석하고 최적 생산조건을 제시하는 기법이다. 생산 조건이 데이터로 관리되지 않으면 적용하기 어려운 기법이고, 기본적으로 신뢰성이 있는 데이터 관리가 필요하다.

　6시그마는 백만 개의 제품 생산 중 3~4개의 불량을 허용하는 품질 편차를 줄여 불량을 개선하는 기법이다. 1986년 미국 모토롤라(Motorola)의 빌 스미스와 마이클 헤리가 QC(Quality Control)기법을 응용하고, DMAIC 문제해결 프로세스를 정립하여 개발하였으며, GE(General Electric)의 잭 웰치(Jack Welch)가 성공시키면서 알려졌다. 국내에도 1995년 LG전자와 삼성 SDI가 도입하여 성공하게 되면서 여러 기업이 적용하게 되었다. 포스코의 경우 최고 경영자의 의지로 2002년 5월, 6시그마 경영을 도입하였다. 도입 배경, 진화 발전과 소멸하는 과정을 살펴본다.

6시그마의 방법론으로는 생산 조건의 문제 해결 방법인 DMAIC가 있고, 수작업 자동화나 새로운 설계를 통한 장치 개발 등은 DFSS 방법론을 사용한다. 문제 해결 방법(DMAIC; Define – Measure – Analysis – Improve – Control)은 생산 조건에서 발생한 설비 장애, 생산 장애, 품질 불량, 원가 개선 등 종합 문제를 분석하고, 문제에 대한 원인을 찾고, 원인을 줄이거나 제거하는 개선안을 도출하여 적용하고 개선하여 표준화 하는 것이다. 새로운 프로세스 설계나 수작업의 자동화 등의 설계 방법(DFSS; Design For Six Sigma)은 어떤 상황에 대한 바람직한 모습의 이미지를 그리고, 설계하고, 제작하여 시제품을 만들고, 테스트 및 본 실행을 거쳐 완성한다.

가. P사 도입배경

6시그마 기법은 생산 과정에서 일어나는 다양한 데이터의 정합성을 확보하기 위한 활동이었던 프로세스 혁신(PI: Process Innovation)을 완료한 시점에 도입되었다. 1999년 1월부터 2001년 6월까지 진행된 프로세스 혁신 활동은 정보 기술을 바탕으로 통계적 사고와 혁신 인프라를 구축할 수 있었으나, 품질향상이나 일하는 사고, 일하는 방법의 변화까지 이어진 것은 아니었다.

최고 경영자는 '일하는 사고와 일하는 방법'의 변화에 많은 관심을 가졌다. 당시 6시그마는 잭 웰치 회장이 이끄는 GE의 성공으로 세계적 관심을 받던 혁신 활동이었고, 국내에서도 대기업들이 도입하여 주목을 받고 있었다. 포스코는 PI 1기 활동을 통해 ERP시스템 구축을 완료하였기 때문에 수주에서 생산, 지원 부문까지 완전한 데이터 관리체제를 만들 수 있었다.

따라서 문제를 분석하고 대안을 제시하는 데 필요한 데이터 관리체계를 구축했고, 이를 활용하여 실질적인 성과를 낼 수 있는 추가적인 혁신활동이 필요한 시점이었다. 포스코는 품질개선과 일하는 사고, 일하는 방법을 바꾸고자 2002년 5월에 6시그마를 전면 도입했다.

나. 진화과정

6시그마를 도입했던 초기에는 통계와 기법에 능숙한 엔지니어 중심으로 혁신활동을 추진했다. 현장 조업 운전자, 정비 중에서 학습 능력이 우수한 직원을 선발, 그린벨트(GB) 과정을 이수하게 하여 6시그마 기법을 현장에 확산하고자 했다. 도입 초기에는 다른 혁신활동의 도입기와 마찬가지로 6시그마에 대한 지식이 부족한 부분은 외부의 도움을 받았다.

컨설팅 전문회사의 지원을 받았고, 내부 인력양성을 위해서 그린벨트(GB) 과정, 블랙벨트(BB) 과정, 마스터 블랙벨트(MBB) 과정을 운영하기 시작했다. 현장에서 6시그마를 활용한 개선 프로젝트를 수행하도록 했고, 이를 지원하기 위하여 '시그마로'라는 시스템을 구축하여 6시그마 프로젝트의 등록, 진행관리, 성과 측정, 사후관리를 돕도록 했다.

6시그마 활동은 3년 이상 지속되었다. 이 혁신활동은 크게 생산 부문, 사무 부문, 엔지니어 부문, 연구개발(R&D) 부문으로 나뉘어 확산되었다. 부문별로 6시그마 활동이 잘 정착되어 진화된 곳도 있는 반면, 잘 수용되지 않은 곳도 있었다. 먼저, 생산 부문에서는 기존의 품질관리 차원에서 30여 년간 진행되어 온 자주관리 분임조를 6시그마 형태로 전환하여 6시그마 서클(six sigma circle: SSC)로 개편하였다. 이 새로운 분임조는 포항, 광양 제철소에만 500여 개가 넘었다. 생산현장에서 학습능력이 우수한 인재를 선발하여 벨트 제도 교육을 받도록 하였지만, 생산현장의 경우 기존의 문제해결 관행을 바꿔 통계 기법을 이용해 체계적으로 문제에 접근하도록 하는 것에는 어려움이 있었다. 데이터에 대한 신뢰성의 한계나, 과제 수행 절차의 복잡성 등 현실과 거리감이 생기면서 6시그마는 틀에 맞추는 활동으로 인식되어졌다.

무엇보다 현장의 문제는 주로 작은 낭비 제거 활동이 많았는데, 일일이 DMAIC(Define/Measure/Analysis/Improve/Control)의 기법과 절차를 지키는 것이 필요한가에 대한 의문이 대두되었다. 현장의 경우 작은 문제는 바로바로 쉽게 해결하는 것이 필요해졌고, 낭비 제거와 같은 사소하지만 많은 문제 해결을 위해서 도요타 생산방식(TPS)의 일부 개선 기법을 활용하게 되었다.

이러한 과정을 통해 생산 부문에서 6시그마는 낭비 제거 혁신 활동인 TPS를 접목하여 문제를 보면 바로 개선하는 QSS(Quick Six Sigma)로 진화되어 왔다.

사무 부문은 현장보다 6시그마를 체화하는 데 더 어려움을 겪었다. 무엇보다 현장보다 축적되어 있지 않은 데이터 부재와 데이터 신뢰성이 문제였다. 문제를 파악해도 수치 분석을 제대로 할 수 없는 경우가 많았고, 분석결과도 신뢰성이 떨어지는 경우가 많았다. 6시그마는 사무 부문에 제대로 정착되지 못했고, 결국 소멸되어 갔다. 시간이 지나면서 쉽게 문제를 드러내고 해결할 수 있는 혁신 활동에 대한 필요성이 높아졌고, 포스코에서 자체 개발한 워크 다이어트(work diet)와 기존의 VSM(Value Steam Mapping) 등의 방법으로 대체하게 되었다.

엔지니어 부문은 6시그마를 잘 활용한 파트이다. 6시그마 분석 기법을 활용하여 품질 편차 개선 등 생산 프로세스 내의 고질적인 문제 해결과 최적 생산 조건 정립, 공정 간 대형 과제를 해결할 수 있었다. 생산라인에는 PI를 통해 체계적으로 관리되는 신뢰성이 높은 데이터가 밑바탕이 되었고, 통계 기법에 익숙한 엔지니어들이 6시그마 기법의 활용도 및 성과 제고에 역할을 했다.

연구개발 부문은 6시그마를 적용하는 초기에 상당한 어려움을 겪었다. 연구의 진행 과정이 6시그마에 잘 맞지 않는다는 인식이 강했고, 어떻게 적용해야 하는지에 대해서도 지식이 부족했기 때문이다. 전반적으로 새로운 제품을 개발하고 연구하는 부문에서 6시그마는 고전을 겪었으나, 생산 프로세스 공정기술을 연구하는 부문에서는 DMAIC 문제해결 절차를 응용하여 적용되었고, 이는 엔지니어의 평상시 업무와 유사한 점이 많았기 때문이다.

새로운 생산 프로세스 설계 시, 설계 절차인 DFSS(Design For Six Sigma)방식을 선택하여 적용했다.

다. 결과

6시그마는 포스코에 도입되어 통계적 사고를 체질화시킨 것은 큰 성과로 평가되며, 또 다른 포스코 고유의 혁신 방법론으로 개발되는 밑그림 역할을 한 것은 의미가 있다. 전반적으로 보면 부분적인 성공으로 평가된다. 초기에 도입한 의도는 6시그마 혁신활동을 전사적으로 체질화하여 '일하는 사고와 일하는 방식'에 변화를 주기 위한 것이었다. 엔지니어 부문과 생산 프로세스, R&D 부문에서는 핵심 문제를 풀어가는 전략적 과제수행 방법론으로 성과를 내었으나, 생산 현장 적용에는 데이터 부재와 통계적 기법의 활용에 어려움을 겪었고, 사무 부문에서는 진화 발전하지 못했다. 6시그마 혁신 활동 자체도 진화과정에서 다른 경로를 밟아왔다.

예를 들어, 엔지니어 부문에서는 독립형 변화 경로를 밟았으나,

사무 부문에서는 새로운 기법이 채택되었다. 생산 현장은 6시그마의 문제해결 기법과 다른 혁신 기법인 TPS 및 TPM이 융합되어 QSS로 발전하는 다융합형 경로로 발전했다. 연구개발 부문에서도 6시그마의 틀에서 생산을 고려한 설계 DFM(design for manufacturing) 혁신 기법을 가미하여 DFSS로 변이한 융합형 변화 경로로 진화하기도 했다.

5.
IE(Industrial Engineering; 산업공학):
일의 효율성과 최적화

산업공학(IE)은 사람, 자본, 정보, 장비, 에너지 등 다양한 자원을 효율적으로 통합하여 시스템, 프로세스, 조직을 설계하고 개선, 운영하는 것을 말한다. 산업공학은 설비와 사람이 만나 최적의 생산 조건을 찾아 생산성과 품질을 높이고, 비용과 시간을 절감하는 일의 효율성과 운영을 최적화하는 기법이다.

산업공학의 구성 요건은 1) 시스템 사고(System Thinking)이다. 프로세스 관점에서 전체를 보고, 전후 공정 간, 일의 종합적 시각으로 보며 상호 작용을 이해하는 것이다. 2) 최적화 기법(Optimization Techniques)이다. 수학적 모델, 시뮬레이션, 선형계획법 등으로 최적 솔루션을 도출한다. 3) 사람중심 설계(Human Factors and Ergonomics)이다. 일하는 작업자의 편의성과 안전을 고려하여 최적의 효율성을 제공하는 것이다. 4) 품질 관리(Quality Management)이다. 6시그마, TQM(전사적 품질관리) 등의 품질관리 기법을 활용해 설비, 사람, 운영 관점의 품질을 향상하는 것이다. 5) 프로젝트 관리(Project Management)이다. 시간, 비용, 범위를 조율하는 관리 능력을 말한다.

산업공학을 활용하여 성공한 사례는 도요타(Toyota)의 린 생산(Lean Production)이 있다. 생산 라인 낭비를 줄이고 품질을 극대화하는 도요타 생산시스템(TPS)을 통해 전 세계 자동차 산업에 혁신적인 생산 방식을 접목했다. 이 외에 로봇과 알고리즘을 활용해 창고, 배송 프로세스를 극한까지 효율화한 아마존 물류 최적화, 20세기 초 헨리 포드가 산업공학 원리를 적용해 대량 생산(Mass Production) 시대를 열었던 것 등이 있다.

제조업이나 제철소에 산업공학을 적용하여 일의 편리성과 효율성을 높이는 사례는 많다. 기본적으로 설비, 도구와 사람이 만나 가장 효율적인 작업 조건을 만들어 '일하기 쉽게, 편리하게, 안전하게'를 구현하는 활동이다. '팔만 사용하고 다리는 사용하지 말라!'라는 동작경계의 원칙이 있다. 가령, 수작업장에 공구, 치구, 비품, 용품이 필요하면 어깨와 허리 위치에 배치하고, 쉽게 쓰고 사용 후 돌려놓기 쉽게, 늘 유지되는 작업 조건 상태를 구현하는 것을 말한다.

산업공학은 인체공학, 안전공학, 품질관리 등 다양한 물리적, 기술적 기법을 최대 활용하여 일의 '효율성과 운영 최적화'를 통해 생산성을 극대화하는 기법이다. 이 기법의 성과를 창출하기 위해서는 프로세스 전체를 보고, 데이터를 분석하고, 최적 솔루션을 찾아 실행할 수 있어야 한다.

6.
QSS(Quick Six Sigma): 현장 경쟁력, 개선 문화

　QSS는 생산 라인에서 직원들이 전원 참여하여 끊임없이 낭비를 발굴하고 제거하여 부가가치를 창출하는 포스코 고유의 현장 개선 활동이다. 2005년 9월, 일본 도요타자동차의 TPS를 도입하여 낭비 제거 사상과 3정 5S를 적용하고, 제철소 거대 장치산업의 특성상 설비관리의 TPM, 문제 해결 방법론의 6시그마, 일의 효율성의 IE(산업공학) 등 각 강점을 융합해서 제철소 개선활동으로 설계하고 수차례의 진화를 거쳐 오늘의 QSS로 탄생했다.

　활동 방향을 보면 Quality, Stability, Safety 등 품질 불량, 설비와 생산 장애, 재해 제로의 목표를 설정하여 3대 Zero화를 향하여 추진한다. 생산라인에 전원이 참여하여 꾸준히, 제대로, 지속적으로 낭비 제거를 통하여 부가가치를 창출하고, 현장 경쟁력을 높이는 활동이다. 먼저, 작업장의 환경과 작업 조건을 쉽게 하기 위해 3정 5S 활동을 진행하고 있다. 3정 5S 활동을 통해 현장의 작업 환경을 쾌적하게 만들어 가고 있고, 일하기 쉽고 편리하고 안전한 작업장으로 변모해 간다.

 활동 기법의 진화 과정을 보면, 거대한 장치산업의 특성에 맞게 설비 수명 사이클을 이해하고, 오래 된 설비의 열화와 고장이 발생되지 않게, TPM의 1~3Step 단계를 마이머신(My Machine) 이름을 걸고 닦고 조이고 기름 치며, 설비 환경과 이상과 정상을 판단할 수 있는 '눈으로 보는 관리' 체계를 만들어 간다. 25~35년 된 설비들은 점검 청소를 통한 열화된 곳을 찾아 복원하고, 미결함을 개선하여 중결함으로 못 가게 함으로써 고장 예방과 설비 수명을 늘려가고, 안정적인 설비의 생산 조건을 만들어 간다.

 TPM의 4~5Step 단계를 'Best Plant' 이름으로 설비 총점검과 프로세스 총점검을 한다. 설비의 6개 장치에 대한 구조와 작동원리를 학습하고, 설비 속의 문제를 발굴하고 개선함으로써 장치의 성능을 제대로 나오게 한다. 설비 6개 장치의 각 계통도를 그리며 구조를 이해하게 되고, 작동원리 대로 안 되면 해당 설비 부품을 점검하고 조치하는 등 운전원의 설비를 가동하는 수준을 높여 간다. 즉, 설비의 속을 알고 사전에 조치하는 예지 조업이 가능해져 생산 장애를 줄여 가는 것이다.

 QSS 활동체계는 일상활동, 과제활동, 솔선활동, 인재양성으로 구성된다. 일상활동은 5S 활동을 통한 Clean 작업장, 작업 조건 만들기 활동을 하고, 마이머신 활동을 통해서 설비 기본 갖추기 활동을 한다. 닦고 조이고 기름 치는 활동을 하며 설비 환경개선과 생산을 할 수 있는 설비의 조건 개선 활동을 추진한다.

과제 활동은 생산 라인의 공정별 품질, 생산, 원가, 납기, 안전, 환경 등 생산 조건의 문제를 과제화하여 DMAIC 방법론으로 문제를 분석하고 문제를 풀어간다. 개선리더 과제활동은 3~4명이 팀을 이루어 오프 잡(Off Job)으로 생산 라인의 고질적인 문제를 공장장으로부터 탑다운(Top Down)으로 받아 4개월간 활동한다. 여기에는 운전, 정비 인원이 선발되어 컨설턴트 코치를 받으며 큰 문제를 풀어간다. 생산 라인의 고질적인 문제들을 기술적인 분석을 통해 다양한 문제를 해결한다. 여기에는 대상 설비에 대한 사양, 구조, 작동 원리, 정상 조건 등을 학습하며, 설비의 구조적 문제를 분석하고 기술적 개선을 한다.

솔선활동은 '부하직원들은 상사의 등을 보고 배운다.'라는 속담이 있듯이 직책보임자들이 먼저 빗자루를 들고 설비 환경 청소나 솔선활동으로 모범을 보임으로써 '스스로 참여하는 분위기 조성'을 한다. 또한 일상활동 등 테마형 솔선활동을 통해서 현업에서 활동하는 과정을 이해하고, 멘토링을 제대로 하기 위함과 직원들과 진정한 소통을 위한 활동을 한다. 직원 상하 간 벽을 허물게 하고, 개선 활동을 통한 신뢰를 쌓고 긍정 조직문화를 만들어 간다.

인재 양성은 공장에 필요한 교육, 훈련 프로그램이다. 일반 직원을 대상으로 설비 전문 부서나 공장 자체 프로그램으로 설비 이해 및 용접, 용단 훈련 등을 실시하여 개선력을 향상시킨다. 또한, 교육과 과제를 수행하는 개선리더 양성과정을 운영한다. 공장별로 선발하여, 큰 문제를 과제로 풀어가면서 문제 해결 능력을 체득하게 하여 현장 혁신 인재를 양성해 간다. 2005년부터 현재까지 4개월 과정, 매년 3기수, 총 54기수, 기수 별 양 제철소 각 70~120명씩 선발하여 인재를 양성해 왔다. 인재 양성은 이 외 부서 혁신을 진행하고, 운영 기획하는 QSS 마스터(5개월 과정), 사내 컨설턴트 양성이 있다.

최근 QSS는 20년 동안 진화 발전시켜 오면서 'QSS2.0'이란 이름으로 활동체계를 재구성하여 출발한다. 근무조건과 여러 활동 인프라를 감안하여 신(新)유지관리 활동의 개념을 정립하고 Clean 작업장, 설비의 기능, 성능을 복원하는 설비강건화 활동에 초점을 두고 추진하고 있다. 생산 라인의 생산 조건 문제는 6시그마 기법을 진화시킨 문제해결 방법론을 적용하여 과제 활동으로 풀어간다. 즉, 생산, 품질, 원가, 안전, 환경, 납기 등 제철소의 생산라인 최적화를 통해 경쟁력을 높여가고, 미래를 향한 Intelligent Factory로 가기 위한 생산의 전반적 기반 갖추기 활동을 추진하는 활동체계이다. 이 외 혁신계획이 잘 실행되도록 활동 기법의 최적화와 구성원에 대한 마인드 향상을 위해 지속적인 변화관리가 되어야 하고, 생산 책임자 주도 혁신회의체와 코칭, 격려 활동이 필요하다.

QSS는 제조업이나 건설, 에너지, 식당, 세탁업 등 다양한 산업에 적용이 가능하고, 생산 라인에 여러 문제를 개선하여 경쟁력을 향상시킬 수 있다. 또한 전원이 참여하는 '일하는 사고, 일하는 방법'

에 변화를 주고 습관화, 체질화하여 일하는 문화로 가는 특성이 있다. 개선을 통한 소통하는 문화, 소통을 통해서 긍정 조직 기반이 조성되고, 직책자의 솔선 활동과 Top의 현장 직접 소통 등 좋은 기업 문화를 형성하는 데 큰 기능을 한다.

7.
TRIZ(트리즈): 문제 해결 아이디어 도출

TRIZ(트리즈)는 문제 해결을 위한 체계적인 혁신 방법론으로, 러시아의 발명가 겐리히 알츠슬러(Genrich Altshuller)가 1946년에 창안했다. 다양한 산업 분야에서 창의적으로 문제 해결을 도와주는 도구로 활용되고 있다. TRIZ는 창의적 문제 해결 이론(Theory of Inventive Problem Solving)이고, 핵심 개념은
  - 모든 창의적 문제는 반복되는 패턴이 있다.
  - 기술 시스템은 진화의 법칙을 따른다.
  - 모순(Contradiction)을 해결하는 것이 진정한 혁신이다.

TRIZ는 방대한 특허들을 분석해 발명 원리와 문제 해결 패턴을 정리하여, 창의적인 해결책을 도출할 수 있도록 도와준다.
TRIZ를 효과적으로 적용하기 위해서는 다음 조건들이 중요하다. 첫째, 무엇이 진짜 문제인지 문제를 정확하게 정의하는 것이다.

둘째, 기술적 모순 또는 물리적 모순을 도출하는 것이다. 개선하고자 하는 요소와 동시에 악화되는 요소의 상충 관계를 명확히 해야 한다. 셋째, 적절한 TRIZ 도구 활용이다. 40가지 발명 원리, 모순 매트릭스, 이상 개념, 자원 분석, 트랜드 분석 등이다. 넷째, 조직의 창의적 분위기와 실행력이다. 도출된 아이디어가 실현 가능하도록 협업 환경과 실행의지가 필요하다.

TRIZ의 기섭(技攝)은 기존 기술 또는 구조에 새로운 아이디어나 원리를 삽입해 기술적 도약을 이루는 것을 의미한다. TRIZ에서 모순 해결이나 새로운 발명 원리를 적용한 사례들이 많이 있다.

- 예시

전기 면도기: 기계적/ 피부 안정성 모순 해결
- 문제: 면도를 더 깨끗하게 하려면 날이 더 날카로워야 하는데 그럴수록 피부에 상처를 낼 위험도 증가하는 것이 문제다.
- TRIZ 적용: '분리 원리'와 '중간 매개체' 원리를 적용해 날과 피부 사이에 보호 망을 삽입함으로써 날카로움을 유지하면서 피부 접촉을 최소화한다.
- 기섭 효과: TRIZ 도구 기능을 활용하여 피부의 안전성 확보와 제대로 면도하는 성능을 동시에 해결하는 것이다. (예, 자동 면도기)

제조 기업에는 TRIZ 기법을 어떤 문제에 어떻게 적용하는가. 철강/금속 산업에서 보면,

- 문제: 고온 압연 중 롤 마모와 제품 표면 결함
- TRIZ 적용: 이상적인 최종 결과 개념과 자원활용 원리로 냉각수 분사방식 개선
- 성과: 생산 수율 5% 향상, 롤 교체 비용 절감

자동차 산업에서 보면,
- 문제: 엔진 진동으로 인한 소음과 부품 마모
- TRIZ 적용: 모순 행렬과 40가지 발명 원리를 활용해 진동을 흡수하는 새로운 엔진 마운트 구조 개발
- 성과: 소음 및 진동 15% 감소, 부품 수명 20% 증가

 TRIZ 기법으로 고객이나 소비자의 니즈를 해결하려면, 기업에서는 현실적으로 모순에 빠지는 경우가 많다. 가령, 소비자가 원하는 냉장고의 외형 디자인과 기능을 향상하려면 제조 원가가 많이 든다. 이를 TRIZ 기법을 적용하여 해결하는 방법은 냉장고 기능과 디자인성은 높이되, 두께를 줄여 원가를 낮추는 것으로 해결한다.

8.
TOC(Theory of Constraints): 제약 공정 문제해결

TOC(Theory of Constraints)는 엘리 골드렛이 만든 경영 이론으로, 생산과 시스템의 성과는 소수의 제약(Constraints)에 의해 결정된다. 생산 프로세스 상에서 제약 공정을 찾아내고 집중해서 개선해야 전체 프로세스 수준이 높아진다. 즉, '모든 걸 다 고치려 하지 말고 가장 큰 병목 현상만 고쳐라!'라는 접근 방식이다.

기업에서 보면, 낭비 제거를 통한 생산 프로세스 수준을 높여서 경쟁력을 향상시키기 위해 개선하는 데 시간, 손, 재원 등 리소스의 한계로 한정된 재원을 활용하여 제약 공정을 개선하는 가장 효율적이고 경제적인 문제 접근 방식이다.

TOC에는 5단계 문제해결 프로세스가 있다. 1) 제약을 찾는다. 전체 생산 흐름을 방해하는 가장 큰 병목을 찾는 것이다. 제조업 생산 프로세스에서는 생산 기술 데이터를 통해 문제 공정(Neck)을 찾는 것이다. 2) 제약 공정을 분석한다. 생산 공정에서는 제약 공정을 생산 조건관점에서 분석하여 상세한 문제를 찾아낸다. 3) 개선안을 도출한다. 문제를 분석한 다음, 원인을 찾고 개선안을 도출하는 것이다. 4) 제약 부분을 개선한다. 제약 공정을 개선하고 전체 프로세스 상에서 제약을 제거함으로써 생산 프로세스 수준을 높이는 것이다. 5) 새로운 제약을 찾는다. 가장 큰 제약 요소를 제거했으면, 생산 프로세스 상에서 두 번째 제약(Neck) 공정을 찾아 개선하는 것이다. 'Neck Around 방식'으로 지속적인 제약 요소를 찾아 개선해나가는 방식이다. 즉, 문제 공정의 부분 최적화를 통해 생산 라인 전체 수준을 높여 경쟁력을 향상하는 활동이다.

TOC가 성공하기 위한 조건으로는 생산 프로세스의 전반에 대한 이해가 필요하다. 전체 프로세스 흐름과 목표를 명확히 알아야 제약(neck) 요소를 정의할 수 있는 것이다. 두 번째는 정확한 병목 분석이다. 프로세스 목표를 기반으로 어디가 병목인지, 데이터를 통해 찾고 분석하는 것이다. 세 번째는 조정 능력이다. 생산, 품질 등 편차를 알고 정상 조건으로 조정할 수 있어야 한다. 사무, 마케팅 업무는 일의 특성에 맞게 제약 요소를 찾아 제거하는 것이다. 네 번째, 제약이 바뀔 때 유연하게 대응하는 준비가 필요하다. 사람의 심리를 알고, 생산 라인의 제약 공정을 이해하고 수용하는 것에서 시작되기 때문이다.

TOC는 기업의 경제적인 입장에서 최소의 자원으로 생산력과 제조 경쟁력을 단계적으로 높이고, 적기에 경쟁력을 향상시켜 나가는 데 적절한 기법이다.

9.
VP(Visual Planning):
업무계획과 자율 목표 달성

VP(Visual Planning)는 구성원이 자발적으로 업무 계획을 수립하고 스스로 실행하는 활동 체계를 의미한다. 상사의 지시나 명령없이 각자가 자신의 일에 대한 정의와 스스로 목표를 세우고, 계획을 수립하여 실행한다. 중간 과정을 점검하고 목표를 달성하는 자율형 업무관리 기법이다. 기업에서는 팀 목표를 달성하기 위해서 개인의 업무가 분류되고, 팀 목표에 맞춰 구성원 각자가 일의 목표를 설정하고 일정을 수립하여 보드 판에 명시하고 추진하는 일이다.

VP 활동의 절차는 1단계, 목표 설정이다. 개인 또는 팀 단위로 올해/이번 달/이번 주 목표를 스스로 설정하는 일이다. 2단계는 실행계획 수립이다. 목표 달성을 위한 세부 액션 플랜(Action Plan)을 작성하는 것이다. 3단계, 자율 실행이다. 본인이 세운 계획을 스스로 추진하는 것이다. 4단계는 모니터링이다. 주기적으로 피드백 미팅을 통해 본인 또는 상사와 점검을 한다. 진행 과정에 이슈 사항을 공유하고 해결하는 것이다. 5단계, 결과 리뷰 및 개선이다. 결과를 평가하고 필요한 경우 계획을 조정하고 개선하는 것이다.

VP의 성공 운영 요건은 '무엇을 달성할 것인가?'를 명확히 정의해야 한다. 가령, 팀 목표(KPI; Key Performance Indicator)를 기준으로 구성원의 각자 일과 목표가 명확해야 하는 것이다. 또한 상사가 세세하게 간섭하지 않고 구성원이 스스로 결정할 수 있도록 팀 분위기를 만들어 가야 한다. 그리고 결과를 객관적으로 측정할 수 있는 지표(KPI)가 있어야 한다. 정기적인 점검과 피드백이 이루어지는 피드백 시스템 형성과 스스로 추진하는 만큼 결과에 대한 책임도 지는 책임과 권한의 균형을 이루는 일이다. 마지막으로 실패를 처벌하기보다는 학습 기회로 여기는 조직 문화가 필요하다.

VP 활동의 효과는 스스로 세운 목표이기에, 동기부여와 업무에 대한 몰입도가 높고, 스스로 문제를 정의하고 해결하는 과정에서 빠르게 자기주도의 성장이 된다. 일에 대한 결과의 책임감이 명확하고 하위 직원도 일을 스스로 관리 운영하는 힘을 기른다. 그리고 현대의 수평 조직 특성에 맞게 상명하복하는 경직된 조직 대신, 자율적 운영으로 조직 운영의 유연성을 확보함으로 좋은 기업문화의 기반이 된다.

회의가 많은 조직, 보고가 많은 기업에서는 VP 활동을 통해 회의/보고의 시간을 20% 이하 획기적으로 줄여 실행 중심의 일로 전환하고, 상명하달식 수직 조직에서 대화와 토론이 성숙되는 수평 조직의 기업문화로 탈바꿈 할 수 있다.

10.
VSM(Value Stream Mapping):
사무 업무 최적화

사무 혁신 툴인 VSM(Value Stream Mapping)은 제조 분야에서 사용되던 가치 흐름 분석 도구를 사무/비즈니스 프로세스에 적용한 것이다. 사무/정보 흐름 상의 가치 창출 과정과 낭비 요소를 시각적으로 표현하여, 전체 업무 프로세스를 개선하기 위한 분석 도구이다. 제조업에서는 제품 흐름을, 사무 분야에서는 수주, 구매 등 일의 가치/낭비 흐름과 의사 결정 흐름을 대상으로 한다.

추진 방법은 1) 일과 프로세스를 선정하는 일이다. 반복적이고 비효율이 많은 업무를 선정한다. 개인의 업무 중 가장 시간이 많이 소요되고 전체 업무 중 비중이 높은 것을 선택한다. 2) 일의 현재 상태(Current State)와 시작과 과정, 마무리의 맵(Map)을 작성하는 일이다. 정보의 흐름, 프로세스 단계 및 일의 정의 등이다. 3) 대기 시간, 처리 시간, 담당자 등을 시각화하고 비효율성의 낭비를 찾아 내는 것이다. 낭비는 사무 낭비 8가지를 기준으로 정의한다. 낭비 8가지는 과잉 처리, 불필요한 이동, 정보 대기, 중복 입력, 불명확한 책임, 승인 지연, 불필요한 회의, 오류 재작업 등이다. 4) 개선 및 표준화이다. 브레인스토밍을 통해 최적 개선 아이디어를 도출하여 개선하고, 성과 측정 및 표준화하는 일이다.

제조기업의 사무 업무에는 여러 가지가 있겠지만, 현업에 필요한 자재를 공급해 주는 일일 경우, 자재 품종에 따라 과잉 재고되거나 수량이 부족하여 일이 끊어지는 것이 발생한다면 그 문제와 원인을 찾기 위해 업무 맵을 그린다. 일의 마디를 구분하여 정의하고, 시간을 측정하여 불필요 낭비와 빠진 일이 있는지를 찾아 개선한다. 그러면 업무의 프로세스 리드 타임이 줄어 들고, 불필요한 일을 제거하여 부가가치 업무가 높아진다. 일하는 방법을 개선하여 일도 편리해지고, 업무 표준화로 누구든지 일을 해 나갈 수 있게 된다. 또한 총 일하는 시간(리드 타임)이 표준화되어 사무 업무 특성상 여러 일을 스케줄링하는 데 편리해져 다양한 업무를 추진하는 데 효과적이다.

VSM은 저가치 업무를 줄이거나 제거하여 가치창출 업무를 높이고, 각 업무의 리드 타임을 줄이는 일이다. 일의 효율성과 시간을 단축하여 사무 생산성을 높이는 일에 효과적이다. 사무 업무의 바람직한 모습을 정의하고, 비가치 업무 활동을 제거하여 낭비가 없는 업무 프로세스로 표준화한다.

11.
Lean 생산(Lean Production): 생산 리드타임 단축

　Lean 생산은 제조업에서 널리 쓰이는 혁신 기법 중 하나로, 낭비를 제거하고 고객 가치를 극대화하며, 효율적인 흐름을 통해 품질과 생산을 동시에 향상시키는 생산시스템이다. 자동차를 생산하는 일본 도요타의 TPS(Toyota Production System)에서 유래했으며, 각기 다른 문화와 다른 업종에도 적용할 수 있게 진화시킨 것이며, 전 세계 다양한 산업에서 적용되고 있다. 1970년대 1, 2차 석유파동 때, 전 세계가 불황의 늪에 빠져 수많은 기업들이 도산하던 시기에 유일하게 연속 흑자를 내는 일본 도요타자동차를 미국의 기업 혁신, 경제 전문가들이 대거 투입되어 연구한 결과가 Lean 생산방식이다.

　TPS는 자동차 조립 산업 특성에 맞게 생산 과정의 대기, 정체, 검사 등 비효율성의 낭비에 대한 공정의 동기화(同期化), 정류화(整流化)하고 물(物)과 정보를 흐름화하여, 리드 타임을 줄이고 생산성을 높이는 것이다. Lean은 일반 제조업에 맞게 복잡하지 않고 심플하게 재설계하여 체계화시킨 것이다. 고객이 가치를 인정하고 기꺼이 돈을 지불하는 가치(Value)중심적 사고이며, 제품 또는 서비스가 고객에게 도달할 때까지 정체없이 연속적인 가치 흐름화하는 것이다.

Lean은 단순한 도구가 아니라 일하는 문화와 시스템 전체를 전환하는 방식이기에, 조직과 운영 조건이 있다. 조직 조건은 경영진의 전폭적인 지원과 참여가 필요하고, 현장 중심의 문제 해결 문화, 데이터 기반의 의사 결정과 문제 인식, 직원들의 참여와 지속적인 개선이다. 운영 조건은 표준화된 작업과 공정, VM을 통한 눈으로 보는 생산관리 체계로 시각화된 정보시스템, 프로세스 간 정렬 및 공정 간 흐름 확보, 리드 타임 단축에 대한 명확한 목표 설정이 있다. 생산과정 혹은 서비스 과정에서 가치와 비가치 업무를 구분하여 가치중심으로 최적화하는 것으로, 생산 혹은 업무 리드 타임으로 귀결된다.

Lean은 자동차 생산방식에서 응용하여 제조업에서 출발한 것이지만, 현재는 다양한 업종에서 적용된다. 일반 제조업과 금융, 병원 등 서비스업, 창고, 운송, 재고관리 등 물류 및 공급망 관리에도 적용이 되고 있다. 가령, 일반 제품 생산 공정의 경우, 공정 간 흐름의 최적화, 공정 재고 및 완제품 재고 적정관리, 납기 단축, 품질 안정화 등을 통해 생산성을 높여 나갈 수 있다. 실제 업의 특성과 필요 요건에 따라 여러 기법을 적용한다. 5S 기법 적용을 통한 작업 환경개선, 작업 공정 간 정보의 흐름을 알 수 있는 간판(Kanban) 방식, JIT(Just In Time), 자동화(Jidoka_이상 정지), 안돈(Andon; 시각 정보시스템), 모든 일에는 시작과 과정, 마무리까지 낭비가 없는 표준 작업 등이다.

Lean은 단기 프로젝트가 아닌 장기적인 기업 체질개선 활동이기에, 최고 경영자의 명확한 비전, 지속적인 관심, 직접 참여가 필수다. 관리자의 일관된 지원 없이는 현장 중심의 개선 활동은 흐지부지 될 가능성이 크다. 즉, Lean은 현장의 문제 개선처럼 보이지만 조직문화, 생산 프로세스 개선으로 경쟁력 확보 등 경영진의 문제 해결방식이다. 직원 참여 없이 Lean은 실행될 수 없으니, 작업자들이 문제를 스스로 인식하고 개선하도록 교육과 훈련을 지원해야 한다. 실패를 허용하고 실험하는 심리적인 안전 문화 조성이 중요하다.

개선(Kaizen)을 일회성 캠페인이 아닌 일상화된 습관으로 만들어 나가는 제도적 운영시스템이 필요하다. PDCA(Plan Do Check Action) 사이클이 조직에 내재되어 개선 활동으로 진행되고, 데이터 기반 문제 해결과 전 직원 문제 해결 역량을 길러야 한다. 생산 현장뿐만 아니라 부서, 공정 간 연계 등의 전사적 접근과 영업, 품질, 설비, R&D, 물류 등 전 부서 간 협업과 통합적 개선이 시너지를 창출한다. 그리고 활동 결과에 대한 성과 측정을 위한 리드 타임(Lead Time), 생산성, 품질 불량률, 납기율 등 정량적 지표관리, 성과 공유 및 보상체계가 필요하다.

Lean의 7대 성공 조건은 혁신 리더십, 전원 참여의 개선 문화, 지속적 개선, 가시화/표준화, 도구 활용, 전사적 접근, 성과관리 등이다.

12.
Design Thinking: 새로운 개발, 수작업 자동화

　Design Thinking은 고객중심의 창의적 문제 해결방식으로, 복잡하고 모호한 문제를 사람중심으로 탐색하고, 실험과 반복을 통해 혁신적인 해결책을 도출하는 접근법이다. 제조업, 서비스업, 공공영역, IT 등 다양한 분야에서 적용되며, 제품 개발, 서비스 혁신, 조직 변화 등 광범위한 문제 해결에 활용된다. 사용자 중심 사고를 바탕으로 공감 → 문제 정의 → 아이디어 발상 → 설계 → 시제품 제작 → 테스트 → 본제품 완성 과정을 통해 혁신적 해결책을 찾아내는 반복적 사고 방식이다. 단순한 디자인 방법론이 아니라 사고방식(mindset)이고 문제해결 프로세스이다. 인간의 직관, 공감, 실험, 협업을 중요시하며, 기술과 비즈니스적 관점과 균형을 이룬다.

　Design Thinking의 기능은 모호한 문제를 사용자의 관점에서 재정의하는 문제 정의 기능, 고정관념을 깨고 다양한 아이디어를 도출하는 창의력 촉진, 고객의 경험과 감정을 기반으로 해결책을 설계하는 공감 기반 설계, 아이디어를 빠르게 구현하고 검증하는 시제품 실험 기능, 실패를 학습으로 삼아 점진적으로 개선하는 피드백 기반 반복의 기능이 있다.

Design Thinking의 5단계 절차를 보면, 1) 공감(Empathize)이다. 사용자 관찰, 인터뷰, 감정 이해를 통한 고객 경험 리서치를 충분히 하여 공감하게 하는 일이다. 2) 문제의 정의(Define)다. 고객의 니즈와 문제를 명확히 정의하고 문제 진술문을 작성하는 일이다. 3) 아이디어 도출(Ideate)이다. 브레인스토밍을 통해 창의적 아이디어를 도출하는 일이다. 4) 시제품 제작(Prototype)이다. 도출된 아이디어를 기반으로 이미지를 디자인하고 추가 의견 수렴 및 설계하여 시제품을 제작한다. 5) 테스트(Test)이다. 시제품을 적용하고, 사용자의 반응과 의견을 종합하여 피드백으로 개선점을 최종 확인한다. 6) 완제품(Production)을 만든다. 사용자가 만족하는 완제품을 만들어 적용한다. 이 과정은 비선형(Non-linear)이며 반복적이다. 1~5단계를 자유롭게 오가며 최적의 해결책으로 개선 적용한다.

Design Thinking의 성공 조건은 1) 고객 관점의 사고가 조직에 내재화되어 사용자(고객) 중심 문화 형성이다. 2) 표면적 니즈는 물론, 숨겨진 니즈를 파악하는 심층적 공감과 관찰이다. 3) 실패를 두려워하지 않는 실험과 조직문화이다. 4) 다양한 배경을 가진 인재들의 협업이다. 5) 아이디어를 빠르게 현실로 만드는 실행력이다.

Design Thinking의 성과는 고객의 진짜 니즈를 반영한 제품/서비스 제공으로 사용자 만족도 향상, 새로운 관점의 해결책 도출과 차별화된 제품 개발 등이다. 고객의 니즈를 실시간 반영하는 체제로 혁신 가속화, 빠른 시제품과 반복 실험으로 리스크 감소와 의사결정 속도를 향상시킨다. 부서 간 협업과 공감 기반 커뮤니케이션 활성화로 팀워크, 협업 증진, 구성원들의 참여와 아이디어 제안 활성화로 직원의 창의성을 증진시킬 수 있다.

제조업에서 보면, 작업자의 안전과 생산성을 높이기 위해서 수작업 자동화 시 Design Thinking 기법을 응용하여 효과적으로 실현할 수 있다. 생산 공정 자동화나 개별 수작업 자동화가 해당이 된다. 가령, 공정 자동화는 현재 공정의 종합 상태를 정의하고, 공정 자동화의 바람직한 모습을 정의한다. 현재 상태를 바람직한 모습으로 구현하기 위해 생각을 끄집어내서 그 생각을 이미지 디자인 한다. 여기에 고객의 의견을 반영하여 설계를 한다. 설계된 시제품을 만들고, 반복 테스트와 보완을 거쳐 본제품이 완성되고, 공정 혹은 단독 수작업에 적용한다. 장기적으로 Intelligent Factory를 향한 무인 생산체계 구축 및 불량률 제로, 재해 제로를 구현 할 수 있다. 완성된 자동 장치는 운영 및 사후관리 부서를 명확히 하고, 고장이나 장애를 신속 대응 체제로 만들어 활용 지속성과 이를 통한 최대의 성과를 창출 할 수 있다.

제4장
혁신 성공하는 길, 실패하는 길

활동 인프라를 보면 혁신의 길이 보인다.
기업 혁신은 현업 활동 인프라를 감안한 기획이 되어야 한다.
전략과 기획, 실행은 일치되어야 하고, 실행력이 없는 혁신은 고급 낭비가 된다.

Top의 관심과 지원이 혁신 성공의 길로 안내한다.
21세기 Y리더십은 내(I) 관점이 아니라 상대(You) 관점에서 시작된다.
MZ세대를 실행의 주인공으로 만들어 스스로 하게 하는 것이 길이다.

1.
작은 꿈과 자기경영

새해는 늘 새로운 다짐으로 시작된다. 많은 사람이 거창한 목표를 세웠다가 몇 주 지나지 않아 좌절을 경험하곤 한다. 의지 부족 때문이 아니라 목표가 지나치게 크고 모호해서 지속 가능한 행동으로 연결되지 못하기 때문이다. 자기경영의 핵심은 거대한 변화가 아니라 작지만 꾸준한 변화를 통해 원하는 결과를 만들어내는 데 있다. 작심 3일이 안 되게 하는 것이다.

작은 변화는 부담이 적고 실천 가능성이 높다. 예를 들면, '매일 1시간 운동하기'라는 목표보다 '하루에 10분 스트레칭하기'로 시작하면 성공 확률이 높아진다. 심리학에서는 이를 '미니멀 액션(Minimal Action)'이라고 부른다. 작은 변화가 습관으로 자리 잡으면 더 큰 변화를 위한 기반이 된다. 10분의 작은 변화가 하루하루 쌓이면 한 달, 1년 뒤에는 예상하지 못한 결과를 가져온다. 이를 '복리 효과'라고도 표현할 수 있다. 예컨대, 하루 1%씩 나아진다면 총 증가

배율[(1+0.01)*365]에 따라 1년 뒤에는 약 37배의 성장을 이룰 수 있다는 계산이 나온다. 작고 꾸준한 행동은 결국 큰 성과로 이어진다. 자기경영을 잘하기 위한 실질적인 실행 방안은 어떻게 하는 것이 좋은 것인가.

자기경영의 실천 순서로서는 첫째, 꿈을 그리는 것이다. 내가 처한 상황을 분석하고 미래의 바라는 모습이나 하고 싶은 것을 꿈으로 그리는 것이다. 가령, '건강한 몸을 만들어 행복한 삶 영위하기'라고 그려보는 것이다. 둘째, 명확한 목표 설정이다. 건강한 몸을 만들기 위해 '담배 끊기, 하루 30분 걷기' 등 구체적이고 실천 가능한 목표를 세우는 것이다. 셋째, 계획과 습관 쌓기다. 하루 일과를 목표 달성을 위한 시간으로 계획하고, 새로운 행동을 기존 생활 습관에 연결하는 것이다. 예를 들어, 하루 일정으로 보면 일하기, 퇴근 후 철길 30분 걷기, 악기 1시간 배우기, 명상 30분 하기, 하루 정리 등의 일과다.

필자는 새해가 되면 매년 정하는 목표가 있다. 기업 혁신의 대학원 교재, 기업에 도움이 되는 혁신 바이블 등 책 두 권 발간하기인데, 수년 째 실행하지 못하고 있다. 이것은 주어진 하루 시간과 여건을 고려하지 않고 막연한 바람과 의지만의 꿈 때문이 아닐까 싶다. 25년 을사년(乙巳年)의 꿈은 '기업과 문화', '혁신경영' 등 칼럼 내용을 재정리하여 e-book을 발간하는 일이다. 기업 혁신 담당이나 경영자, 관심 있는 독자들이 쉽게 활용하여 도움이 되게 하는 것이고, 실행이 간단하기 때문이다. 이후에 23여 년의 기업 혁신활동 연구와 경험을 활용하여 《혁신과 성장 그리고 미래》란 책을 발간하는 일이다.

　사람을 스스로 움직이게 하는 동력은 자신이 원하는 미래의 모습인 꿈 설정에 있다. 꿈은 생각이 만드는 그림이고, 생각이 멈추면 꿈도 그려내지 못한다. 하루 하루의 작은 변화를 쌓아가는 과정에서 삶의 질이 바뀌고 꿈을 실현해 나가는 것이다. 이런 변화는 우리에게 성취감을 주고 삶을 더욱 풍요롭게 만든다. 새해 꿈을 향한 작은 변화는 좋은 습관을 만들고, 좋은 습관들은 삶의 질을 바꿔놓을 것이다. 원하는 삶의 꿈은 작은 변화와 자기경영으로 이루어진다.

2.
기업 혁신, 왜 실패하는가

　기업은 어떤 형태로든 혁신을 도입하여 추진하고 있다. 선택이 아니라 필수가 되었고, 혁신 성공 수준이 그 기업의 발전 정도를 가늠하기도 한다. 많은 기업이 혁신을 도입하지만 성공한 기업은 많지가 않다. 부분적으로 성공한 기업은 많으나 '일하는 사고, 일하는 방법'이 조직문화가 되는 정도의 성공한 기업은 드문 것이다. 기업 혁신이 실패하는 데는 여러 원인이 있지만 비전 설정, 전략 수립, 목표 설정 및 목표 달성을 위한 혁신의 방법론과 효율성을 높이기 위해 운영 제도를 최적화해야 한다. 여기서 하나라도 제대로 안 하면 어려워지고 흔들리기도 한다. 혁신을 오래 한 기업들에게 나타나는 증세는 매너리즘에 젖거나, '혁신을 위한 혁신'을 하는 경우가 있다. 이런 기업은 오래 지속되지 못하고 실패하게 된다.
　기업 혁신 분야는 제조기업이 주로 하는 프로세스 혁신, 제품 혁신, 비즈니스 모델 혁신 등이 있다. 이 중에서 생산 프로세스 혁신이 일반적인 활동이다. 기업들은 오래전부터 다양한 혁신을 시도했고, 혁신 전담 부서가 있을 정도다. 하지만 많은 기업의 혁신 성과는 기대만큼 좋지 않다고 하고, 혁신 피로감 등 저항감에 부딪쳐 실패하기도 한다. 2012년 취업포털에서 조사한 바에 의하면, 직장인의 74%가 혁신에 피로감을 느꼈다고 한다. 그 사유는 무엇인가?

첫째, 혁신을 위한 혁신이기 때문이다. 혁신의 필요성은 누구든 인정하지만, 현업에서 필요로 하는 실질적인 혁신을 하지 않고, '혁신을 위한 혁신'의 타성에 젖어 벗어나지 못하고 있는 경우다. 혁신에 대한 절박감이 없어 부가적인 업무로 취급한다. 경영자의 관심 부족과 구성원의 역량 미흡, 보여 주기식 혁신 행정이 어우러져 존재감이 없는 '혁신 쇼'를 연출하는 것이다. 혁신이 조직문화에 스며들지 못하면 반감만 키우게 된다.

둘째, 발등에 불을 끄기에 급급하기 때문이다. 장기적인 안목을 가지고 미래를 준비해야 한다는 것을 모르는 경영자는 없다. 급변하는 경영 환경에 대응하다 보면 경영 현안과 단기성과에 매몰돼 미래 준비에 소홀하게 된다. 좀 더 솔직하게 말하자면, 임원들이 단기 성과에 집착하게 되어 미래 준비에 관심이 적게 마련이다.

셋째, 한 번 실패를 용납하지 않는 조직문화 때문이다. 혁신은 쉽지 않다. 원래 본질이 그렇다. 사람의 속성도 강한 동기부여 없으면 변화에 저항하게 되고, 억지 추구하다 보면 부족하거나 실패하게 되는 것이다. 실패를 미래 성공의 밑거름으로 활용하는 끈기와 지혜가 필요하다.

넷째, 전임자의 혁신을 인정하지 않는 것 때문이다. 혁신이 제대로 성과를 내려면 시간이 걸린다. 혁신을 조직문화로 승화시키지 못하는 기업들은 CEO의 퇴임과 함께 색깔이 바뀐다. 동물적 역사를 쓰고 마는 것이다. 국내 전문 CEO들의 평균 재임기간은 3.6년에 불과하다. 전임자의 정책을 이어받는 용기가 필요하다.

이렇듯 기업의 혁신은 다양한 변수로 흔들리거나 실패하게 된다. 혁신 성공의 길은 지속성에 있다. 전문 경영인 체제에서 성공하기 위해서는 장기적인 경영 비전을 설정하고, 목표 달성을 위한 인사와 혁신을 매칭해서 제도화, 시스템화하여 반복과 지속성 속에 오랜 시간 변하지 않는 조직문화가 되어야 혁신 성공의 길로 가는 것이다.

3.
기업 혁신의 진화와 바른길

 일류기업의 특징은 혁신활동을 꾸준히 지속적으로 하면서 일의 속성과 제조 조건의 특성, 생산 프로세스 특징에 맞게 진화 발전시켜 자사 고유의 혁신 문화를 형성해 왔다. 혁신활동을 통해 최적화된 생산방식을 만들고, 생산 프로세스 수준을 높여서 최고의 경쟁력을 갖춤으로써 글로벌 시장에서 통하는 선진 기업이 되는 것이다. 혁신하지 않는 기업이 일류 기업이 되는 경우는 없다. 하지만 모든 기업이 혁신에 성공하는 것은 아니다. 자사에 맞게 진화 발전시키는 기업만이 성공한다. 기업의 혁신 진화 과정과 성공의 키(Key)는 무엇인가.
 기업 혁신은 끊임없이 변화하는 시장과 기술 환경에 적응하기 위한 동태적 과정이다. 자사에 맞는 혁신 기법을 도입하고, 진화 원리와 진화과정을 이해하여 기업 특성에 따라 어떻게 적용해 가는가에 성공과 실패가 나눠진다. 혁신 컨설팅은 기업의 닥터 역할이고,

컨설팅 기관의 진단과 처방에 따라 기업의 병을 치료할 수 있고 건강한 기업으로 거듭 날 수 있다. 세계 유명 기업이 혁신에 성공했다 하여 국내 여러 기업이 그것을 도입하지만 실패한 경우가 많다. 미국의 GE 회사가 6시그마 기법을 경영에 접목하여 성공시키자, 많은 기업이 도입하였지만 성공한 기업은 드물다. 그것은 자사의 특성을 반영하여 모방에서 응용과 창조로 진화 과정을 거치지 않았기 때문이다.

기업 혁신 도입과 진화 과정은 자사의 일이 무엇인지부터 출발하는 것이 중요하다. 자동차 생산라인은 조립공정이고 수작업이 대부분이다. 차 바퀴와 차량 문을 시간 내에 조립하는 것 등이 생산성과 직결된다. 제철소 생산시스템은 전 공정이 자동화되어 자동차 라인과는 일의 속성이 다르다. 두 번째는 설비 특성을 알아야 한다. 자동차를 조립하는 장비와 제품을 생산하는 제조업의 설비는 다르다. 작업 조건 중 설비 관리와 개선 방법에 차이가 있다. 세 번째는 생산 프로세스 특징을 알아야 한다. 기업 혁신을 하는 이유는 생산 프로세스 수준을 높여서 경쟁력 확보와 수익성 실현이다. 수많은 부품을 조립하는 자동차 라인은 부품을 제때 공급하는 것이 관건이다. 제철소 생산라인은 제조 조건과 시스템 제어가 생산성을 결정하고, 낭비 내용과 발굴 방법이 다르다. 마지막으로 시간, 손, 근무 체계 등의 혁신 활동 인프라다. 계획을 잘 수립해도 실행력이 낮은 것은 활동 인프라를 감안하지 않은 계획 때문이다.

필자가 컨설팅하고 있는 포스코의 혁신 활동은 새로운 전환기를 맞이하고 있다. 2005년 9월에 처음 도입한 현재의 QSS(Quick Six Sigma)는 2025년이면 20주년이 된다. 'QSS 2.0'이라 명명하고, 활동 인프라를 반영하여 내실화에 초점을 맞췄다. 'Back to the Basic'이라는 방향을 설정하고, 혁신활동 체계와 동기부여를 강화한 운영제도를 새로 정립했다. 'Working Life Cycle'에 맞춰 신입부터 정년까지 레벨 단계에 맞는 역량 향상 프로그램이 도입되고, 인사와도 연계를 한다. 생산 현장의 50%가 넘는 MZ세대의 특성을 반영하여 개인의 성장과 회사의 발전에 비전을 두며 혁신 활동의 모멘텀을 거는 것이다. 기업 혁신은 다양한 대내외 환경 변화와 자사 특성에 맞게 진화 발전하는 것이 가치 있는 혁신으로 가는 길이다.

4.
위기는 새로운 성장의 기회

 사람은 삶을 살아가면서 세 번의 위기가 찾아 온다고 한다. 위기는 성장과 변화의 신호이기도 하다. 두려워하기보다 새로운 기회로 받아들이고 자신의 인생에서 더 나은 방향을 찾는 계기로 삼는 것이 중요하다. 위기(危機)에는 95%의 위험과 5%의 기회가 함께 온다고 한다. 삶은 선택과 도전의 연속이고, 5%의 희망을 향해 미래를 설계하고 도전하는 것이다. 도전하지 않고 준비하지 않은 자는 95%의 위험을 안고 주저 앉게 되고, 도전하는 자는 위험의 구렁에서 벗어나 희망과 성장의 길로 향하는 것이다.

 세계를 선도하는 기업들을 보면, 경영의 위기는 필연적으로 있었고, 이를 어떻게 극복하는가에 따라 기업의 역사적 전통과 문화의 초석이 되기도 한다. 일본 교세라(Kyocera: 교토의 세라믹)와 NTT 독점기업에 도전한 통신전문기업 KDDI를 창업하고, 일본항공 JAL을 재건한 이나모리 가즈오는 "위기는 어려움과 고통을 의미한다. 경제 불황과 불경기는 날이 갈수록 심해지고 있지만 그럴수록 적극적이고 낙관적인 태도로 맞서야 한다. 전 직원이 일치단결해 곤경을 돌파해야 한다. 경험에서 얻은 결론은 불황을 성장의 기회로 삼는다는 것이다."라고 말한다. 교세라는 100여 개국에 진출한 일본의 대표적인 글로벌 기업으로, 첨단 세라믹 기술을 기반으로 다양한 산업 분야에서 활약하고 있다. 모든 판단과 행동의 기준은 '인간으로서 무엇이 옳은가'이고, 도덕적이고 정직한 경영을 의미한다. 아메바 경영을 추구하며, 조직을 작은 단위(아메바)로 나누어 각 단위가 독립적이고 자율적으로 운영되도록 하여 책임감과 효율성을 높였다. 기술 혁신과 품질을 중시하며 세라믹 기술 발전과 반도체, 태양광, 정보기기 등 다양한 산업군에서 기술력을 인정 받고 있다. 2010년 일본 JAL은 막대한 부채와 비효율적인 경영으로 파산 신청을 했을 때, 직원들의 사기진작부터 시행한 이나모리는 고객과 직원의 행복중시 경영으로 1년 만에 흑자 전환에 성공하고, 2012년에 재 상장하는 등 경영 쇄신에 탁월한 능력을 보인다.

 기업이 성장하기 위해서는 끊임없는 노력과 열정이 기본이고, 위기 상황에서도 항상 긍정적인 자세로 문제를 해결하려는 태도와 회사의 성장은 직원의 행복과 함께해야 한다는 신념이 여러 위기와 불황을 극복하는 원동력이 된 것이다. 매출보다 이익을 우선시하고, 원가 절감을 통해 수익성 강화, 직원들이 스스로 '주인 의식'을 가지고 일하는 문화 등의 경영 원칙이 위기 때마다 슬기롭게 이겨내는 기업 건강의 자양분 역할을 해왔다.

최근 철강업에도 큰 위기가 오고 있다. 대내외 경영 흐름이 어렵고, 경제 불황과 맞물려 철강 소비량이 급속히 줄어드는 경기 흐름은 피해 갈 수 없는 현실이 되고 있다. 불황이 올 때 흔들림 없는 버팀목은 기업의 수장과 직원 모두가 하나가 되는 '기업문화'라 할 수 있다. 이나모리의 사람중심 경영철학과 아메바 경영을 통한 인간 존중, 일의 효율성 추구, 회사를 사랑하는 주인 정신이 위기 극복의 단초가 될 것이다.

5.
조직문화는 경영의 승부처다

 "조직문화는 경영의 승부처 중의 하나가 아니라 승부 그 자체이다." IBM의 루 거스너 전 회장의 말이다. 조직문화를 구축하는 것이 얼마나 어려운 일인지를 말해준다. 바람직한 조직문화를 구축하는 것은 경영자의 과제 중 하나이다. 최근 기업에서 수평적 조직으로 개편하고, 직급과 호칭을 단순화하는 등 조직문화를 변화시키기 위해 많은 궁리를 하고 있다. 변화된 시대에 맞는 조직문화가 경쟁력이고, 좋은 기업으로 가는 길이기 때문이다. 조직문화는 어떤 요소로 구성되어 있고, 경영에 미치는 영향은 무엇인가 탐색해 본다.
 조직문화는 조직 내에서 공유되는 가치, 믿음, 규범, 행동 양식 등을 의미한다. 조직 구성원들이 일하는 방식, 상호 작용, 의사결정 등을 형성하는 중요한 요소이다. 조직문화는 조직의 정체성을 나타내며, 구성원들이 어떻게 상호 작용하고 업무 수행, 목표를 달성하

려고 노력하는지에 영향을 미친다.

　조직문화의 구성 요소로 첫째, 가치와 신념이다. 조직의 핵심가치와 믿음 체계는 직원들이 어떻게 행동할지를 결정한다. 고객중심, 혁신, 책임감 등이 해당된다. 둘째, 규범과 행동양식이다. 직원들이 일상적으로 따르는 규칙, 절차, 행동 기준 등을 의미한다. 정해진 프로세스나 공식적인 규정을 포함할 수 있다. 셋째, 의사소통 방식이다. 정보가 어떻게 흐르고 의사결정이 이루어지는지에 관한 방식이다. 열린 커뮤니케이션을 장려하는 문화도 있고, 수직적인 소통 구조를 가진 문화도 있다. 넷째, 조직의 상징, 언어, 전통, 의식 등이다. 조직이 무엇을 중요시하는지, 직원들에게 어떻게 전달되는지 보여준다. 다섯째, 작업환경이다. 물리적 환경뿐만 아니라 조직 내의 분위기나 업무의 진행 방식도 조직문화를 구성하는 중요한 요소이다.

　조직문화가 경영에 미치는 영향에는 여러 가지가 있다. 긍정적인 조직문화는 직원들의 협업을 촉진하고, 업무의 효율을 높이며, 문제 해결 능력을 향상시킨다. 조직문화가 시대의 흐름에 잘 맞을 때 만족도가 높고 이직률이 낮아지는 경향이 있다. 반대로 조직문화가 시대 흐름에 불일치할 경우, 불만이 커지고 이직이 증가할 수 있다. 개방적이고 창의적인 문화를 가진 조직은 혁신적인 아이디어를 수용하고 발전시키는 데 유리하다. 리더십 스타일과 의사결정 프로세스에도 영향을 미친다. 수평적인 문화는 리더들이 협력적이고 참여적인 방식으로 의사결정을 내린다. 또한 기업의 외부 이미지에 영향을 미치고, 좋은 조직문화는 고객들에게 신뢰를 주며 경쟁력을 높여 나갈 수 있다.

　기업의 CEO가 조직문화를 변화시키려 할 때, 현재 주어진 이슈에만 집중하면 조직운영에 불균형이 일어나고, 부정적인 조직문화를 초래하여 경영에 큰 손실을 가져올 수 있다. 예를 들면, 중대재해 3법이 발효되며 안전관리에 지나치게 치중하는 것은 비효율성과 부정적 문화를 갖게 함으로 주의해야 한다. 조직문화는 기업의 전략적 목표와 방향성을 지원하거나 방해하는 중요한 역할을 하며, 조직의 성장과 기업의 지속 가능성에 직접적인 영향을 미친다.

6.
혁신 인프라를 보면 길이 보인다

　기업의 혁신 활동은 여러 제약 요소로 제동이 걸리는 경우가 많다. 노조, 근무제도, 조직문화, 편중된 운영, 직원 사고 등 많은 요소들이 긍정적 혹은 부정적인 영향을 준다. 혁신 인프라는 기업이 혁신 활동을 원활하게 수행할 수 있도록 지원하는 물리적, 기술적, 조직적, 제도적 기반을 의미한다. 기업의 혁신 활동 성과에 영향을 주는 인프라 요소는 어떤 것이 있을까.
　첫째, 물리적 인프라이다. 연구개발(R&D) 시설, 생산설비, IT 시스템 등이다. 생산에 연구개발 인프라가 연계되어 있으면 미래 소재 강종개발이나 공정 기술개발로 새로운 강종을 생산할 수 있는 요건을 갖추어야 한다. 생산에서 일어나는 각종 데이터를 가공할 수 있도록 신뢰성이 있는 IT시스템이 필요하다. 둘째, 기술적 인프라이다. 품질분석시스템, 라인 자동화, 수작업 자동화, AI를 활용한 지능화 등이다. 품질 불량 등 생산 상태를 분석하고, 인공지능을 활용하여 실시간으로 공정 문제를 감지하고 해결하는 것이다. 셋째, 조직적 인프라이다. 기업 내 혁신 문화, 조직 구조, 협업 방식 등 기업의 내면에 흐르는 문화가 성과에 영향을 준다. 특히 수평적 조직 구조와 운영이 중요하고 화학, 철강 등 연속 생산라인에서 4조 2교대 등 근무제도 요건이 조직문화와 혁신 인프라 구성에 영향을 준다. 넷째, 제도적 인프라이다. 법적인 규제, 지원 정책, 특허 및 지적재산권 보호 등이 영향을 줄 수 있다.

필자는 기업 혁신 컨설팅을 할 때, 활동 인프라를 먼저 본다. 시간, 손, 제약 요소 등 개선 활동 인프라를 보고, 그에 맞는 기획을 하는 것이 중요하다. 실행력이 없는 혁신 기획은 무의미하고, 성과도 미미하면 고급 낭비가 된다. 12시간 교대 근무자에게 개선활동을 하라면 저항에 부딪치게 되고, 휴무 날 출근이나 근무 중 틈나는 대로 하게 되는데, 근무 시간에 부분적인 참여와 연속성의 한계로 개선 활동 수준은 제한적이다. 주 52시간 근무, 수리 날에는 2인 1조 활동, 안전 법규 준수 등 여러 제약 요소로 한계가 있다.

기업 혁신은 현업 활동 인프라를 감안한 기획이 되어야 한다. 회사의 방향인 비전을 설정하고 경영 목표, 전략, 추진계획, 인프라에 맞는 운영체계를 갖추는 것이 필요하다. 가령, CEO의 생각과 경영 철학을 운영 제도에 담고, 직원들의 공감대 형성과 각 조직의 Top이 정기적인 회의체를 통해 활동 현황을 공유하고 이슈를 개선해 주는 것이다. 또한 MZ세대가 대세를 이루는 요즘, 생산 흐름에 직원의 동기부여 강화가 제도적으로 필요하고, 조직 수장과 직책자의 모범적인 솔선 활동과 진정성 있는 소통, 격려, 포상이 뒤따라야 한다.

　기업 혁신 인프라는 물리적 자원, 조직문화와 제도적 요소까지 봐야 한다. 이러한 인프라가 잘 구축될수록 기업은 지속적인 개선 활동을 통해 생산성 향상, 비용 절감, 시장 경쟁력 확보 등 성과를 얻을 수 있다. 따라서 혁신의 성공을 위한 기업 활동 인프라는 최신 기술을 도입하고, 조직 구조를 혁신하며, 무엇보다도 직원들이 공감하는 제도 운영이 길을 열어준다.

　기업의 활동 인프라를 보고 운영 제도를 기획하면 성공의 길이 보인다.

7.
야생 코끼리를 움직이는 힘

 '야생 코끼리를 산 중턱 목적지까지 정해진 시간 내에 이르게 하는 것'이 조직의 변화관리이다. 미래를 향한 기업의 성장 과정은 변화관리를 어떻게 하느냐에 달려 있다. 기업의 비전이 설정되고 이를 실현시킬 전략과 목적, 목표를 달성하기 위한 계획을 실행하는 과정 속에 변화관리가 필요하다.
 변화관리(Change Management)는 조직이나 개인이 변화하는 환경에 적응하고 이를 성공적으로 이끌어 나가기 위해 필요한 일련의 계획, 과정, 도구 및 전략을 의미한다. 변화로 인한 저항을 최소화하고 긍정적인 결과를 극대화하기 위해 필요로 한다. 조직 내에서 새로운 전략, 기술, 프로세스 또는 제도나 구조 변경과 같은 변화를 관리하고 조직의 목표를 달성하기 위한 체계적인 접근을 의미한다. 조직의 변화뿐만 아니라 구성원 개개인의 행동과 마인드 셋 변화까지 유도하고 지속시키는 것이다. 변화관리는 조직의 목표 달성과

지속 가능성을 보장하는 데 중요한 역할을 한다.

　성공적인 변화관리를 위해서는 첫째, 조직의 비전과 목표 설정이다. 변화가 필요한 이유와 목표가 명확해야 하며, 모든 관련자에게 설명회를 실시하고 공감대를 형성해야 한다. 둘째, 리더의 강력한 지지이다. 변화의 성공 여부는 리더십의 지원에 달려 있다. 리더는 흔들림 없이 일관성을 갖고 변화를 이끌어야 한다. 셋째, 참여와 소통이다. 변화 과정에서 관련자의 참여를 유도하고, 지속적인 소통을 통해 그들의 불만과 바람을 풀어줘야 한다. 넷째, 자원 제공과 교육 훈련이다. 변화과정에서 필요한 자원(시간/인력/자금 등)과 함께 새롭게 도입되는 시스템이나 절차에 충분한 교육과 훈련이 제공되어야 한다. 다섯째, 점진적인 변화와 모니터링이다. 변화는 단계적으로 진행되어야 하며, 각 단계에서 성과를 평가하고, 필요시 조정이 이루어져야 한다. 변화 후 자리 잡도록 지속적인 모니터링과 피드백을 통해 문제점을 보완해야 한다.

　1980년대 GE는 변화 관리의 성공적인 사례로 자주 언급되었다. 당시 CEO였던 잭 웰치는 비효율적인 구조와 문화를 바꾸고자 강력한 변화를 추진했다. GE는 수직적이고 경직된 조직 구조를 수평적으로 유연하게 바꾸고, 직원들에게 더 많은 자율성을 부여했다. 이를 통해 품질 개선과 일의 효율성 향상을 목표로 6시그마(Six Sigma)를 도입해서 80년대부터 90년대까지 지속적인 성장과 높은 수익성을 유지할 수 있었다.

　기업의 조직과 구성원은 야생 코끼리와 같다. 야생 코끼리의 습성은 본인의 습관대로 움직인다. 배가 고프면 당근을 먹고, 물가에 가서 놀며 쉬곤 한다. 이런 야생 코끼리를 원하는 목적지에 정해진 시간 내에 이르게 하는 길은 여러 요건이 있지만, 아이(I) 관점이 아닌 유(You) 관점에서 생각하고 유도하는 것이 길이다. 기업에서는 MZ세대와 기성세대 간 생각과 문화의 차이로 시너지를 못 내는 경향이 있다. 조직에서 이를 해결하는 길은 MZ세대 생각을 반영하고, MZ세대 입장에서 해결안을 찾는 것이 현명한 방법이다.

즉, MZ세대를 실행의 주인공으로 만들어 스스로 하게 하는 것이 길이다.

8.
조직의 행동 변화와 균형 있는 혁신

우리 마음속에는 착한 늑대와 나쁜 늑대가 있다. 싸우면 누가 이기는가. 나쁜 늑대가 착한 늑대보다 힘도 세고 뚝심도 있는 것 같아 이길 것으로 보는 경향이 높다. 먹이 주는 쪽이 이긴다가 우슷이야기에 나오는 답이다. Top이 어느 쪽에 먹이를 주느냐에 따라 힘의 균형이 깨지고, 조직 운영에 영향을 준다. 조직 내에서 사람의 행동은 어떻게 결정될까? 일반적으로 사람의 행동은 환경에 의해 결정된다고 하나, 미국 심리학자 쿠르트 레빈은 조직 내에서 '개인과 환경의 상호 작용'이라 정의한다. 조직의 변화는 '해동-혼란-재동결' 단계로 변화해 가는 것이다.

제1단계 '해동(unfreezing)'은 지금까지의 사고방식이나 행동양식을 바꿔야 한다는 현실을 자각하고 변화를 준비하는 과정이다. 사람들은 원래 자신의 내면에 확립된 관점이나 사고를 바꾸는 데 저항감을 느낀다. '왜 지금까지 하던 방식으로는 안 되는 걸까?', '새로운 방식으로 바꾸면 무엇이 달라질까?'라는 두 가지 물음에 대해 설득이나 공감하는 커뮤니케이션이 필요하다.

제2단계 '혼란(moving)'에서는 예전에 갖고 있던 견해와 사고, 또는 제도와 프로세스가 새롭게 변화되는 현실에 혼란과 고통이 따르기도 한다. "역시 예전 방식이 좋았어!"라는 소리가 나오기도 한다. 이 단계를 잘 극복하려면 변화를 주도하는 측에서 구성원들을 실무적으로나 정신적으로 충분히 지원해 주려는 노력이 필요하다.

제3단계 '재동결(refreezing)'은 새로운 관점과 사고가 결실을 이뤄 새로운 시스템에 적용하는 단계로, 이전보다 나아졌다고 느끼게 되어 변화를 받아들이고 유지하려는 항상성 감각이 되살아난다. 이 단계에서는 자리를 잡기 시작한 새로운 관점과 사고가 실제로 성과를 일궈 내고 있음을 실감하게 해주는 것이 중요하다. 변화를 주도하는 측은 새로운 관점과 사고에 의한 실제 성과를 공유하고, 더 나아가 새로운 기능이나 프로세스 획득에 포상을 주는 등 긍정적인 모멘텀을 만들어 내야 한다. 어떤 사고방식이나 행동 양식이 정착되어 있는 조직은 '해동-혼란-재동결'의 과정을 거쳐 변화한다. 새로운 것을 시작할 때, 먼저 해야 할 일은 지금까지의 일하는 방식과 이별하는 것에서 시작되는 것이다. 수많은 조직의 혁신이 어중간한 상태에서 흐지부지 좌절되고 마는 것은 계층별 생각하는 차이에 있다. 경영자, 간부, 실무자를 보면, 환경변화를 바라보는 안목이 경영자는 10년 앞을 내다보지만 간부는 5년, 실무자는 1년 후의 일만 내다볼 뿐이다. 경영자는 변혁의 필요성을 늘 의식하겠지만, 눈앞의 일에 매진하는 간부나 현장 실무자는 방향과 방식을 바꾸라는 것에 충분한 해동 시간을 갖지 못한 채 혼란기로 돌입하게 되어 혁신의 큰 빙점이 생기는 것이다.

최근 기업은 중대재해 3법이 발효되면서 안전에 집중하다 보니, 제조업의 특성상 안전관리와 설비관리의 균형을 이루지 못해 부작용이 일어나고 있다. 경영여건과 대내외 변화에 맞춰 중장기 플랜을 수립하는 것에는 조직 내 사람의 행동 변화 3단계를 이해하고 시작해야 한다. 한쪽에만 먹이를 주는 편향적 조직 운영이 아니라 심리적 변화 상태를 인지하고 변화에 맞게 조직관리를 해야 한다. 조직원이 공감하는 방향과 균형 있는 혁신 활동, 합리적인 운영체계를 정립하여 현업이 함께하는 개선 활동이 되어야 한다.

9.
마이너스를 플러스로 바꾸는 능력

'레몬이 생기면 레모네이드를 만들어라'라는 영어 속담이 있다. '인생이 당신에게 레몬(신맛, 불쾌한 것)을 주면, 그것을 달콤한 레모네이드로 만들어라'라는 의미다. 어리석은 사람은 인생으로부터 레몬을 건네 받으면 단념하고, "어쩔 수 없어, 운명이다. 기회가 없어."라고 말한다. 그리고는 주위 상황을 탓한다. 하지만 현명한 사람은 레몬을 건네 받고 '이 불행을 어떻게 극복할 것인가, 어떤 교훈을 얻을 것인가, 레몬을 어떻게 레모네이드로 변화시킬 수 있을까?'를 생각한다. 예상치 못한 불운, 역경, 실패와 마주했을 때 그 상황을 활용해 긍정적이고 유익한 결과로 바꾸라는 뜻이다. 기업에서 보면, '마이너스를 플러스로 바꾸는 능력'은 여러 분야에서 다르게 불리지만, 본질적으로는 '역경 전환 능력' 또는 '전환력(轉換力)', '회복 탄력성'이라고 한다. 쉽게 말해 불리한 상황, 손실, 실패를 오히려 유리한 기회나 성과로 바꾸는 힘이다.

마이너스를 플러스로 바꾼 한 여성의 이야기를 소개하고자 한다. 뉴욕시 모닝사이드 거리 100번지에 살고 있는 '델마 톰슨'라는 여인은 "세계전쟁 당시 제 남편은 캘리포니아주에 있는 모하비 사막 근처의 육군으로 배치되었고, 남편과 함께 지내기 위해 그곳에서 살기로 했습니다. 남편은 군사작전으로 출동하여 혼자 남았고, 모래 사막과 선인장만 보이고 50도가 넘는 모하비 사막은 죽기보다 싫었습니다. 삶이 너무도 힘들고 차라리 감옥에 있는 편이 나을 것 같다고 부모님께 편지를 썼습니다. 아버지는 두 줄로 된 답장을 보내왔습니다."

[두 사람이 감옥 창살 밖을 내다보았다. 한 사람은 땅의 진흙탕을 보았고, 다른 한 사람은 하늘의 별을 보았다.]

이 단 두 줄의 글이 여인의 인생을 완전히 바꾸어 놓았다. 하늘의 별을 보기로 마음 먹고, 현재 처한 상황에서 좋은 면을 찾기로 한 것이다. 모하비 사막에 사는 인디언과 멕시코계 사람들과 사귀게 되고, 놀라운 일들이 벌어졌다. 돈을 주고 산다고 해도 팔지 않았던 모하비 사막의 매력적인 형태의 선인장과 북미 원산의 다년생 관목인 유카(Yucca)를 선물 받았다. 후에 관상용, 조경 식물산업으로 수익 창출이 되었고, 수 만 년 전에 해저였던 사막 모래에 감춰진 조개의 비밀을 연구하고, 그 연구 결과가 세상에 알려지면서 여인은 유명인이 되었다.

무엇이 이토록 상황을 변화시켰을까? 모하비 사막은 아무런 변화가 없었고, 인디언도 그대로였다. 단지, 그 여인의 마음의 태도를 바꾼 것뿐이다. 우리는 마이너스를 플러스로 바꾸고자 하는 단순한 시도를 통해 뒤가 아닌 앞을 보게 된다. 주어진 상황을 탓하며 부정적이던 생각을 긍정적인 생각으로 바꾸어 놓을 것이다. 이것은 창조적인 에너지를 발산하고, 바빠지도록 자극하여 지나간 일, 끝난 일 때문에 슬퍼할 시간과 마음이 없도록 할 것이다. 인생에서 가장 중요한 것은 얻은 것을 활용하는 것보다 손해를 이익으로 만드는 것이다. 그러려면 레몬을 레모네이드로 바꾸는 지혜가 필요하고, 그것이 현명한 사람과 어리석은 사람의 차이를 가져오는 것이다.

10.
멈춘 혁신을 움직이는 혁신으로

　미국 철강 도시 피츠버그시에 있는 베들레헴제철소는 백 년의 부귀영화를 누리다 자만과 매너리즘에 빠져 혁신을 게을리한 탓에 하루 아침에 멈췄다. 기업이 혁신을 멈추면 유지되는 것이 아니라 추락한다. 세상은 시속 100km라는 빠른 속도로 과학 기술 문명이 변화 발전하고 있다. 80km 속도로 지속가능 경영이 된다고 판단한다면, 경쟁사에 밀려 멈춤만 있을 뿐이다. 강한 기업으로 가는 길은 시속 110km로 달려서 경쟁사보다 한 발 앞서가는 변화 발전의 경영이 되어야 한다. 멈추는 기업들은 어떤 문제들이 있을까?

　혁신을 멈추면 기업도 멈춘다. 혁신이 멈추는 데는 여러 상황이 있겠지만, 대체로 다음과 같은 이유다. 첫째, 구체적이지 못한 비전과 불명확한 목표이다. 혁신의 방향성이 불명확하거나 목표가 명확하지 않은 경우, 지엽적인 활동이 되거나 소멸된다. 둘째, 리더십 부족이다. 경영진의 혁신에 대한 이해와 지원이 부족하면 현장은 혁신 모멘텀을 잃게 된다. 셋째, 조직 내 저항이다. 변화에 대한 두려움과 저항, 기존 관행에 안주하거나 매너리즘에 빠져 있는 조직문화로 개선 활동은 어려워진다. 넷째, 실행력 부족이다. 아이디어는 좋으나 이를 실현하기 위한 구체적인 계획과 전문가 협업, 개선 능력이 부족하여 변화가 없는 혁신이 되는 경우가 있다. 다섯째, 지속성 부족이다. 혁신은 지속성 속에 자사의 일과 문화에 맞게 진화 발전하고 개선 문화로 정착되는 것이기에, 과정에서 발생되는 문제들은 변화관리로 풀어가야 한다. 여섯째, 현실성 없는 전략수립이다. 현업 활동 인프라(시간, 사람, 자원, 제약 요소)를 감안한 실현될 수 있는 혁신 전략과 실행 안을 수립하고 지원해야 한다.

국내 제조업의 혁신은 사회적 제도와 각 회사의 여러 여건 등을 감안한 많은 변화가 일어나고 있다. 근무 여건이 바뀌고, 중대재해 3법 발효와 안전이 우선시되면서 혁신활동의 제약요소가 생겼다. 12시간 근무와 인적 요건 등으로 근무 중 활동이 어렵고, 공장 수리 시간에도 안전관리로 쉽지 않은 인프라다.

'모든 문제는 풀어가는 방식이 있다.'라는 것에서 보면, 운영 방법에 변화가 필요하다. 근무 중 개선이 어려우면 도요타의 자주연(自主硏)처럼 공장 개선 전문팀 운영이 대안이 될 수 있다. 자주연 활동은 현장에서 작업자가 문제와 개선 방안을 도출하고 전문가가 실행한다는 점에서 실질적이고 효과적이다. 도요타의 '지속적인 개선(Kaizen)' 문화는 자주연이 핵심 역할을 하고, 작은 변화를 지속적으로 추구하여 전반적인 성과를 향상시키는 것을 목적으로 한다.

P사는 공장 설비점검반을 중심으로 개선지원팀 운영체계화가 필요하다. 장치산업의 특성에 맞게 설비 학습을 통한 점검 결과와 현업의 Needs를 반영한 지속적인 개선이 현실적인 대안이 되는 것이다. 또한 개인화 되어 있는 MZ세대 움직임을 유도하기 위해 1인 1구역/1설비/1개선의 실명제로 운영하면 Clean 작업장과 설비 환경 개선이 지속될 수 있을 것이다.

현업 인프라를 감안한 발전방안은 움직이는 혁신이 되어 성장과 지속 가능한 기업으로 가는 길이 될 것이다.

11.
기업 혁신, 실패를 넘어 성공하는 길

　기업의 혁신은 선택이 아닌 필수다. 특히 제조업에서는 기업경쟁력과 지속 가능한 경영을 위해 혁신을 도입하고 다양한 활동을 한다. 제조기업의 혁신의 원리는 최소의 원가로 최고의 제품을 생산하여 고객에게 공급하는 것이다. 최소의 생산 원가로 가기 위해서는 생산라인의 생산 제조건을 보고 조건이 안 맞는 모든 문제를 찾아 개선하는 것이다. 혁신 성공의 정의는 한 기업에 혁신기법을 도입하여 모방과 창조를 거쳐 자사에 맞게 진화 발전시키고, 일하는 사고와 일하는 방법에 내재화되어 제품 생산방식과 경영전반에 녹아 기업 문화가 되는 것을 말한다. 국내 기업의 통계를 보면 6시그마, TPM, TPS 등 다양한 혁신의 기법을 선택해서 적용하고 있지만, 성공한 기업은 한 자리 수준이다. 그럼, 혁신이 부분 성공이나 실패하는 원인은 무엇일까?
　혁신의 기법을 도입할 때는 일의 속성, 설비 특성, 생산 프로세스 특징에 맞는 것을 선택해서 자사에 맞게 진화 발전시켜 최적화해 나가야 한다. 선진 기업이 도입하여 성공했다고 해서 유행 따라 도입하면 실패한다. 그리고 단순히 혁신 기법을 잘 선택했다고 해서 순탄한 길을 걷는 것도 아니다. 문제를 푸는 기법의 적합성과 전 조직이 공감하고 참여하여 개선하는 일하는 문화를 구축하는 것이 본질인 것이다.

기업 혁신이 실패하지 않는 조건은 첫째, 조직과 개인의 성장 비전 설정이다. 직장생활이 삶의 반을 차지하는데, 일로서 성장하고 꿈을 이루게 하는 조직이 중요한 조건인 것이다. 꿈이 없는 조직은 혁신은 물론 일도, 개선도 할 수 없다. 두 번째, 비전을 실현하기 위한 전략과 목표 설정이다. 경영 목표가 명확하고 전략이 공감된다면 실행력은 커지는 것이다. 셋째, 최고 CEO의 서폰서십과 지속적인 지원을 얻는 것이다. 혁신은 철저하게 조직의 힘으로 움직이는 속성이 있기에, 경영자의 관심은 물론 혁신이 경영 속에 녹아 기업 체질화로 가야 한다. 넷째, 생산프로세스 특징과 일의 흐름에 맞게 진화시키는 것이다. 문제를 푸는 혁신기법은 일의 속성을 이해하고 생산 제조건을 만들어 주는 것으로 진화 발전시켜 나가지 않으면 현업의 관심에서 멀어진다. 다섯째, 운영 제도의 시스템화 및 인사와 연계하는 일이다. 즉, 경영목표를 달성하기 위한 혁신활동의 지속성과 인사와 연계하여 제도화하고 동기부여를 강화시키는 일이다. 여섯째, 평가와 보상이다. 기업 문화와 세대 특성에 맞는 인증과 포상 등 제도적 뒷받침이 있어야 한다.

P사의 혁신 방법론은 지속적으로 진화 발전해 왔다. 2002년 5월, 최고 경영자의 의지로 6시그마경영을 전사적으로 도입하고 실행하는 과정에 의문점이 있었다. 3년 동안 추진하면서 문제를 잘 풀어가지 못하는 이슈와 이를 해결하는 대안 수립에 한계를 보였다. 혁신 전문가의 진단을 받고 생산 프로세스와 생산 조건 문제의 본질에 맞는 툴을 도입하고, 필요에 따라 TPM 등을 추가 도입하여 통합하고 진화시켜 6시그마에서 현장중심의 QSS로 오늘에 이르고 있다.

　최근에도 현업과 경영층의 깊이 있는 의견을 수렴하여 또 다른 진화된 모습을 준비하고 있다. 스마트 제철소를 향한 필요 요건이 변화되고 있고, 이에 맞는 혁신의 기법도 스마트 기술을 적용하는 등 한 단계 높은 방법론으로 진화하고 있는 것이다. 혁신은 사회적 문화와 기술발전 흐름에 따라 지속적으로 진화 발전하지 않으면 필요 가치창출에서 멀어져 소멸된다.

12.
철강업의 빛과 그림자

옛부터 철을 생산하는 나라가 강한 나라가 되었고, '철은 곧 국가'라 일컬어지기도 했다. 철은 인간 생활의 기초인 동시에 국가 방위, 침략의 기반이기도 하고, 우주산업과 로켓 개발 등 미래 경제의 뿌리로서 개량된 강재로 산업구조 생태계의 주춧돌 역할을 한다. 경제 강국 독일, 일본은 19세기부터 제철업이 시작되었고, 앞선 철의 기술로 1, 2차 세계 전쟁을 주도하는 국가가 되기도 했다.

모든 움직이는 생명체는 생물이다. 생물은 수명 사이클이 있게 마련이다. 철강업에도 대내외 변화에 따라 성장과 쇠락의 길을 걷게 되는데, 경영자의 인식 오류가 판단 오류를 낳아 대형 기업을 멈추게도 한다.

일본 철강산업을 보면, 경제성장과 함께 1960~70년대 고도 성장기를 거쳐 연간 1억 2천만 톤을 생산하던 시절이 있었다. 1980년대 일본 경제는 여전히 강세였지만 한국, 중국 등 신흥 철강 생산

국들의 부상으로 경쟁이 치열해지면서 둔화되기 시작했고, 1990년대 들어 거품 경제 붕괴 후 장기적인 경기침체기에 빠지면서 철강업도 쇠락의 길로 접어 들었다. 2002년 10월, 일본 철강사 3, 4위였던 가와사키와 NKK를 합병하여 JFE가 탄생하고, 2012년에는 1, 2위 였던 신일본제철과 스미토모 금속의 합병으로 지금의 일본제철이 탄생하기에 이르렀고, 최근에는 US스틸을 합병한다. 생존하기 위해 규모의 경쟁력을 확보하고, 기술혁신과 고급강 생산으로 미래를 대비해 나가고 있다.

최근 일본 철강 동향을 보면, 도쿄에 있는 건물들이 50년이 넘어 리모델링하는 시기가 왔고, 강재 수요량이 800조 엔 규모로 예측되고, 전체 제철소 투자대비 감가삼각비, 수익성을 고려했을 때, 전략적 규모로 8,500만 톤 생산체제를 만들어 가고 있다고 한다. 일본 철강업의 흥망성쇠를 지켜보며 타산지석(他山之石)으로 삼아 우리는 어떻게 상황을 분석하고 지속 가능 경영과 생존을 위해 대비할 것인지 혁신의 관점에서 생각해 본다.

기업의 혁신은 생산, 조직 및 인사, 마케팅, R&D, IT 기술 등 다양하지만, 근간이 되는 것은 제조 혁신이라 할 수 있다. 특히 제철업에서는 거대 장치산업으로서 좋은 제품과 원가 경쟁력을 확보하는 길은 생산, 품질의 70% 영향을 미치는 설비를 안정화시키고 고급강 생산조건을 확보해 가는 일이다.

최근 포스코는 안전관리에서 제조 조건의 근간인 설비 경쟁력 갖추기에 초점을 두고 구체적인 방안을 모색해 나가고 있다. 설비 수명사이클은 전문가 진단을 통해 예측할 수 있다. 중요한 것은 개선을 통해 설비 수명을 늘리고, 고급강 생산 조건을 확보해 가는 일과 설비를 움직이는 운전원이 설비 속까지 알고 'Line Stable Operation', 즉 안정적인 조업을 하는 것이다. '아는 만큼 보이고 경험한 만큼 능력을 발휘한다.'라고 했듯이 내가 다루는 설비의 구조와 작동원리, 정상 조건, 고장 이력 등을 학습하여 예지 조업이 가능하게 해나가면 장애를 줄이고 생산성을 높여 갈 수 있다.

제조 경쟁력과 기업의 수명은 경영자의 인식, 최적의 설비 조건과 작업자의 설비를 아는 수준에서 가름된다.

13.
혁신과 성장, 그리고 부강한 사회

 사람은 누구나 행복하게 살기를 원하고 그렇게 되기 위해 부단히 노력한다. 우리는 6.25 전쟁의 잿더미에서 60여 년 만에 한강의 기적을 이루며 경제적으로 성장했으나, 인륜적 가치는 무너지기도 했다. 한때 공무원은 복지부동한 자세로 정체되는 사회의 요인이 되기도 했고, 돈 봉투를 요구하는 교육자와 주지 자리를 놓고 계파 간 목탁 싸움을 벌이는 일이 불과 20여 년 전 우리 사회의 모습이었다.
 자원이 없어 '수출만이 살길'이라는 지침 아래 사회적 문화 성장에는 신경을 못 쓴 탓도 있고, 그 무엇보다도 건강한 체질을 만들어 가지 못한 요인이기도 하다.
 노무현 정부 때 청와대에 혁신비서관이 생겼고, 혁신비서관은 사회적 부조리를 혁신적인 행정체계로 변화시키며 조직을 건강한 체질로 바꿔나가는 것이다. 초대 혁신비서관은 포스코경영연구소 K

씨가 발탁되어 5년간 실질적인 사회적 혁신을 추진했다는 평가를 받는다. 포스리(POSRI) 복귀 후 포스코 혁신스텝에 '청와대 5년 혁신'에 대한 특강을 들은 기억이 난다. 청와대에서 혁신행정기획을 세우면 남쪽 지방까지 행정력이 미치는 데 6개월 정도 걸리고, 지속적인 지원과 일관된 정책이 필요로 했다. 한때 교육, 언론, 종교마저 사회적 윤리성이 무너진 적이 있다. 조직에 혁신적 사고가 스며들면서 건강한 사회로 변모한 것이다.

지방의 작은 시골 마을은 나비 축제 하나로 국제적 유명 도시로 탈바꿈시킨 함평 군수, 탐진강과 편백숲을 활용한 장흥 물축제, 한려해상 자연경관을 활용한 지역 관광지 개발과 지역발전의 선두를 달린 남해 군수 등 여러 유명 단체장이 탄생했다. 혁신리더십이 뛰어난 남해 군수는 소속 공무원들의 마인드 변화와 행정역량 향상을 위해 대학이나 전문기관의 위탁 교육 기회를 주어 복지부동에서 스스로 일하는 모습으로 변화시켰다. 그리고 비교적 혁신을 잘한다고 평가를 받은 광양제철소에 남해군 중진 공무원 8명의 혁신교육을 의뢰해와 기업 혁신프로그램으로 1주일 지원한 경우도 있었다.

불가능해 보이던 공무원 조직과 사회, 학교, 언론, 종교 기관 등이 건강해지고 성장하는 데는 '가치 있는 새로운 변화'라는 '혁신' 두 글자가 있었기 때문이 아닌가 생각된다. 공공 사회, 교육 기관, 서비스업 등에 혁신이란 두 글자가 들어가면 건강한 조직이 되고 성장한다. 이러한 데는 어떤 비밀이 숨겨져 있는 것일까?

혁신을 하는 데는 5가지 절차로 이루어진다.

첫째, 조직의 바람직한 모습, 즉 꿈을 그리며 함께 실현해 나갈 비전을 설정한다. 가끔 "당신의 꿈이 무엇인가?"라고 물어보면 "행복하게 사는 것"이라고 말하는 사람이 많다. 이것은 바람이다. 꿈은 '10년 내 5층 건물주가 되겠다.'처럼 시간개념이 설정되어야 한다. 국가에도 미래의 꿈과 경제개발 5개년 계획 등 기본적으로 시간적 계획이 있는 것이다.

둘째, 목표를 설정한다. 바람직한 모습과 현재의 차이가 목표가 되는 것이다. 경제, 산업, 과학, 문화, 교육 등 각 분야마다 이르고자 하는 모습에 맞는 목표가 있어야 하는 것이다. 즉, 5층 건물주가 되기 위해 필요 요건을 10년간 나눠 목표를 설정하는 일이다.

셋째, 목표 달성을 위한 계획을 수립한다. 계획은 목표에 대한 실행안을 도출하고, 누가 언제까지 어떻게 실행할 것인지 계획을 세우는 것이다. 계획은 여러 여건을 감안하여 구체적으로 수립해야 한다. 실행 요건을 감안하지 않은 계획을 수립하면 실행력을 떨어뜨려 목표를 제시간에 달성하지 못하게 된다.

넷째, 계획에 대한 실행이다. 실행에는 여러 변수가 발생할 수 있다. 세상은 내 마음 같지 않아 작은 것에도 반작용과 역작용이 일어난다. 변수를 줄이고 스마트하게 실행하기 위해서는 유사한 꿈을 실현한 멘토를 찾아 자문을 받는 것도 빠른 방법이다. 기업의 목표 달성을 위한 문제를 풀어가는 데는 협업없이 되는 것이 드물다. 가령, 생산 공정의 핵심 문제는 생산 장애를 시급히 해결하고자 하는 운전에서 주도하지만, 전문성을 갖춘 정비의 협력없이 풀어가기는 어렵다. 물이 바위를 뚫는 것은 물의 힘이 아니라 물이 바위를 두드린 횟수라는 것을 생각하며 협조를 끌어내는 지혜와 무엇보다도 포기하지 않은 것이 중요하다.

다섯째, 성과 분석과 포상이다. 목표가 달성되면 바람직한 모습이 실현되는 것이다. 성과에 대해서 분석하고, 인증해 주고, 포상을 하면 조직의 선순환사이클 속에 동기부여가 되어 끊임없는 성장의 조직 문화로 갈 수 있다. 의외로 공정한 평가와 보상이 안 되어 불만과 소외층이 생기면 모처럼의 성공이 조직의 불균형으로 다가올 수 있으니 눈여겨볼 일이다.

혁신 활동은 지속성 속에 진화 발전이 있고, 성장하고 문화로 갈 수 있다. 공무원, 기업, 서비스업 등 어떤 조직이든 혁신이 들어가면 건강한 조직으로 탈바꿈 할 수 있고, 성장하는 지름길이며 부강한 사회로 가는 시작이 되는 것이다.

제5장

혁신 경영과 기업 경쟁력

경영자가 조직을 이끌어가는 과정에서 보여주는 고유한 품위, 도덕적 기준, 깊이 있는 경영철학을 경영의 격이라 한다. 훌륭한 경영자는 변화의 물결을 놓치지 않고 빠르고 유연하게 판단 하고, 두려움을 이겨야 위기를 지배할 수 있는 경영자가 되고 성장 한다.

경영 수준은 경영능력이나 성과로 평가되지 않고, 경영자가 어떤 철학과 태도를 가지고 조직을 이끌어 가느냐에 따라 형성되는 기업 문화의 수준으로 결정된다.

"당신이 배를 만들어 주고 싶다면 사람들을 불러 모아 목재를 가져오게 하고 일을 하나하나 지시한 다음 일감을 나눠주는 식으로 하지 말라. 대신에 그들에게 저 넓고 끝없는 바다에 대한 동경심을 키워주도록 하라."

- 생텍쥐페리 -

1.
경영과 성장

경영자가 조직을 이끌어가는 과정에서 보여주는 고유한 품위, 도덕적 기준, 깊이 있는 경영철학을 경영의 격이라 한다. 경영 기술을 넘어 지적 깊이와 인간에 대한 이해를 바탕으로 조직을 운영하며, 추구하는 가치와 원칙, 인간중심의 태도를 말한다. 경영자의 품성과 능력은 조직을 올바른 방향으로 이끌어 가는 중요한 요소이며, 탁월한 경영자는 판단과 결정의 고수이다. 생각하는 수준이 다르고, 고독한 결단의 순간, 현실과 미래를 동시에 통찰하며 개인과 조직을 위한 결단을 내린다. 경영자는 손에 책을 놓지 않으며, 책 속에서 얻는 지식과 경험에서 나오는 지혜로 미래를 예측하고 통찰하며, 지속 가능한 기업으로 이끌어 간다.

탁월한 경영자의 6가지 역량은 첫째, 조직을 책임진 리더로서 자신의 존재 의의와 정체성을 파악한다. 경영자는 고통스러운 결단을 회피하지 않고 결정하는 사람임을 받아들인다. 자신이 최고의 결정과 최악의 결정의 경계선에 서 있음을 인식하고 결단력을 키우기 위해 애쓴다. 둘째, 냉혹하게 현실을 분석하고 인지한다. 높은 곳에 눈을 두고 있더라도 현재의 자리에 발을 떼지 않는다. 도전할 때인지, 안정을 유지할 때인지를 명확히 판단한다. 조직의 상태를 세밀히 분석하고, 전략적으로 사고하여 나아갈 기회를 놓치지 않고 섣부른 판단으로 조직을 위기로 몰아넣지 않는다. 셋째, 창의적 발상을 꾀한다. 일반적인 생각과 다수의 판단에 휘둘리지 않고 상식을 넘어서는 발상도 한다. 경영자의 의사 결정은 다수결이 아닌 경우가 많고, 드러나지 않은 가치의 원천을 발굴하여 혁신적 변화를 시도한다. 넷째, 미래의 방점을 찍는다. 위대한 경영자의 시야는 자신이 처한 좁은 울타리의 당면 과제에 머무르지 않고 시공간을 넘어 확정한다. 대내외 변화의 흐름을 인지하고 조직이 나아갈 비전을 제시한다. 다섯째, 사람을 최우선에 둔다. 조직의 핵심과 목적이 사람에 있음을 인지하고 사람을 수단이 아닌 목표로 지향한다. 인간적 가치와 도덕성을 지향하며 깊고 넓게 소통한다. 여섯째, 경영자로서 역량과 품격을 기른다. 나만의 강점을 알고 내면의 역량을 강화한다. 현실에 안주하여 머물지 않고 늘 성장하는 사람인 것이다.

  필자는 동반성장이 사회 이슈가 될 때, 여러 중소기업의 혁신과 경영 지원을 했다. 전문 경영인도 있지만 창업주, 2세 경영자의 성품에 따라 생산과 기업 문화에도 영향을 미친다. 경영자의 인식 변화로 긍정 조직문화로 바뀌고, 직원들의 좋은 움직임으로 기업 성장의 근간이 되기도 한다.

경영 수준은 경영능력이나 성과로 평가되지 않고, 경영자가 어떤 철학과 태도를 가지고 조직을 이끌어 가느냐에 따라 형성되는 기업 문화의 수준으로 결정된다. 훌륭한 경영자는 조직과 구성원의 마음에까지 선한 영향력을 미치며, 지속 성장하는 기업으로 이끌어 가는 힘이 있다. 변화의 물결을 놓치지 않고 빠르고 유연하게 판단하고, 두려움을 이겨야 위기를 지배할 수 있는 경영자가 되고 성장한다.

2.
조직 경영의 리더십

"당신이 배를 만들어 주고 싶다면 사람들을 불러 모아 목재를 가져오게 하고 일을 하나하나 지시한 다음 일감을 나눠주는 식으로 하지 말라. 그 대신 그들에게 저 넓고 끝없는 바다에 대한 동경심을 키워주도록 하라." 생텍쥐페리의 말이다. 꿈이 있는 조직은 미래가 있고 희망이 있다. 리더는 부하직원들에게 꿈과 희망을 심어주어야 한다. 리더십의 본질은 비전을 갖는 것이다. 비전은 누구나 공감하고 구체적이어야 한다.

조직 경영의 첫 번째는 비전 설정이다. 버트 나누스는 비전을 '조직의 실제적이고 믿음과 매력적인 미래 조직의 정체성과 지향점을 이해할 필요가 있는 모든 사람들에게 방향을 안내하기 위해 기술과 재능, 자원을 결합하여 시동을 거는 정략적인 아이디어'라고 묘사했다. 리더라면 비전을 명확하고 구체적으로 제시하라는 것이다. 조선 건국의 일등공신 정도전은 유배지 생활 9년 동안 나라의 비전과 구체적인 설계도를 그려서 왕재를 찾아 옹립하고 건국의 기틀을 만들었다고 한다. IBM을 창시한 톰 왓슨은 회사가 오늘에 이르게 된 데는 첫 사업을 시작할 때, 성공한 미래 모습을 그리고 있어야 한다고 했다. 나의 꿈, 나의 비전 등 구체적인 그림이 있어야 하고, 미래 모습을 위해 어떻게 실행해야 하는지 상세 계획이 있어야 한다. 실행 모니터링과 부족한 부문에 대한 피드백을 해야 한다. 미래 모습으로 가는 길이 바른지 확인해 가는 과정이며, 비전은 조직의 현재와 미래를 연결해 준다.

두 번째는 비전을 공유하는 것이다. 비전이 훌륭하다 하더라도 일시적인 구호나 유행에 그쳐서는 안 된다. 필자는 광양제철소 혁신 스텝 근무시절 제철소 비전은 '자동차 강판 전문 제철소 구현'이고, 목표는 3년 내에 일본 자동차 회사에 1톤을 납품하여 세계적으로 품질을 인정 받는 것이었다. 간절함을 담아 일반 직원들에게 제철소장이 직접 비전과 계획 설명회를 하고, 전 직원은 물론 시내에서 콩나물을 파는 할머니도 제철소 비전을 알고 있을 정도로 공유되었고, 모두가 꿈꾸는 비전이 실현될 수 있었다.

세 번째는 조직에 기를 불어넣는 것이다. 조직에 활력을 주기 위해서는 신뢰를 바탕으로 책임과 권한을 아래로 넘기는 임파워먼트와 스스로 참여하는 동기부여이다. 임파워먼트는 조직의 미션과 목표가 명확하고, 의사결정을 실무 팀에서 하게 하여 신속하고 역동적인 조직을 만드는 일이다. 동기부여는 결과를 인정하고 보상하는 시스템이다. 직원을 잘 보살피면 사업은 성공한다는 말이 있다. 구성원을 신뢰하고, 인정하고, 존중하는 문화가 시너지를 창출하는 것이다.

네 번째는 대화하고 소통하는 것이다. 혼자 생각하기보다 대화를 하면 두 배, 토론을 하면 여섯 배의 성과가 나온다고 한다. 비전을 실현시키는 것은 쉬운 일이 아니다. 조직에 두려움을 제거하고 긍정과 신뢰의 기반을 만들어야 한다.

조직 경영은 비전의 설정과 공유, 조직의 활력과 소통하는 리더십에서 성공의 길이 열리는 것이다. 혼자 꿈꾸는 것은 꿈에 불과하지만, 함께 꾸는 꿈은 현실이 된다. 꿈과 희망을 주는 리더가 진정한 리더이다.

3.
열린 조직문화로 가는 길

열린 조직문화(Open Organization Culture)는 조직 내에서 수평적 소통과 협업이 강조되고, 구성원들이 자유롭게 의견을 교환하여 혁신과 창의성이 장려되는 문화를 말한다. 조직 내 위계질서보다는 유연성과 투명성이 중시되며, 직원들의 참여와 자율성이 강조된다. 열린 조직 변화는 거창한 이론에서 시작되는 것이 아니라 구성원이 공감하고 생각이 모아지는 작은 것에서 시작된다. 가령, 생각에 생각을 더하게 하는 '가치 더하기', 개인화가 특징인 MZ세대에 '우리'라는 컨셉으로 변화를 주는 '같이한 데이', 한밤중 돌발이 걸리지 않는 '정비인의 저녁이 있는 삶' 등 현상에 대한 변화의 모티브를 주는 키워드(Key Word)이면 열린 조직문화로 가는 단초가 될 수 있다. 이러한 변화는 인내와 시간이 필요하다. 열린 조직문화로 가는 방법은 무엇이 있을까?

첫째는 수평적 의사소통 강화이다. 직급과 상관없이 자유롭게 의견을 개진할 수 있는 환경 조성과 경영진이 직접 직원들과 소통하는 '타운홀 미팅' 도입이다. 단순 대화와 소통만이 아니라 조직의 이슈를 경청하고 토론하며 의사 결정을 함께하는 것이다. 둘째는 투명한 정보 공유이다. 경영진이 회사의 비전, 목표, 주요 의사결정을 공유하고, 내부의 커뮤니케이션 도구(블로그, 학습동아리 등)를 활용하여 정보 접근성을 높일 필요가 있다. 셋째, 유연한 근무 환경 조성이다. 자율과 책임을 원칙으로 한 시간 유연근무제, 재택근무, 자율 좌석제, 특정일 자율 드레스 코드 적용 등이다. 넷째, 피드백 문화 정착이다. 한쪽에 편중되지 않고 1대 1 미팅, 다면 평가 시행과 성과 평가를 객관적이고 공정하게 하는 것이다. 다섯째, 창의성과 혁신의 장려이다. 실패를 두려워하지 않는 조직문화를 형성하고, 사내 아이디어 공모전 등을 통해 직원들의 참여를 확대하고, 창의적인 아이디어를 반영하는 것이다.

선진기업의 열린 조직문화 사례를 보면, 구글(Google)은 직원들이 자율적으로 일할 수 있도록 '20% 룰'(업무 시간의 20%를 창의적인 생각 갖기) 도입과 경영진과 직원이 직접 소통하는 'TGIF(Thank God It's Friday)' 미팅을 운영하고 있으며, 넷플릭스(Netflix)는 유연한 근무 환경조성, 성과중심의 문화 정착과 근속 연수가 아닌 기여도에 따른 보상체계를 운영하고 있다.

포스코그룹의 S사는 일류기업으로 도약하는 꿈을 가지고 열린 조직문화를 조성하기 위해 노력한다. 직원들의 생각과 행동에 변화를 주어 가치를 창출하고, 보람과 행복을 주는 '가치 더하기' 활동을 본격적으로 시작하려고 한다. 가령, 생산은 새로운 아이디어를 내어 장애가 없는 생산 라인과 좋은 제품을 만드는 데 전력을 쏟는 것이다. 기술개발팀은 창의적 사고로 생각을 더하여 소비자가 원하는 꽃무늬 컬러 강판을 개발하고, CEO와 임원은 직원들에게 꿈을 심어주고 꿈을 실현하는 데 지원을 더하는 것이다. 컬러 강판 국내 으뜸은 물론, 품질과 기업문화 면에서 월드 클래스 수준으로 거듭난다면 긍정조직을 기반으로 한 직원 개인의 성장과 회사의 발전을 이루는 행복한 일터가 될 것이다.

조직 문화는 직원이 공감하는 새로운 꿈을 여는 작은 것에서 시작된다.

4.
일에는 스토리가 있다

"일에는 스토리가 있다."는 말은 모든 일에는 그 자체의 맥락과 배경이 있으며, 단순한 작업이 아니라 과정과 의미가 있다는 뜻이다. 일은 단순한 반복적인 노동이 아니라 사람들의 경험, 목표, 감정, 가치 등이 담긴 하나의 이야기라는 의미이다. 스토리가 없는 일이나 활동들은 물거품처럼 사람의 뇌리에서 오래 머물지 못하고 사라진다. 모든 일에는 배경과 이유가 있고, 과정이 있고, 결과가 있다. 그 일이 어디에 기여했는지 가치를 인증하게 되면 좋은 인식과 기억 속에 남게 된다. 생각을 넣어 또 다른 발전적 결과를 낳을 수 있다. 일에 스토리를 만드는 필요성과 효과는 무엇이 있을까.

첫째는 동기부여를 줄 수 있다. 단순히 돈을 벌기 위해서가 아니라 자신의 일에서 의미를 찾고 성취감을 느낄 수 있다. 둘째는 팀워크 강화이다. 조직 내에서 공통의 스토리를 공유하면 협력과 소속감을 높일 수 있다. 셋째는 창의성과 혁신적 사고 유도이다. 단순한 업무 수행이 아니라 "왜 이 일을 하는가?"라는 질문을 던지면 더 나은 방식과 아이디어를 찾게 된다. 넷째는 브랜딩과 마케팅이다. 제품이나 서비스에도 스토리가 있으면 고객이 더 공감하고 신뢰하게 되는 것이다.

필자가 기업에서 컨설팅을 할 때, '1234 스토리 법칙'을 자주 이야기한다. 1은 하는 배경(이유)이고, 2는 일을 하는 시작과 과정을 말한다. 3은 성과를 말하고, 4는 그 성과가 기업의 비전과 목표, 일하는 문화 등 어디에 기여하는가 이다. 일에 스토리를 만드는 것은 조직의 가치와 문화 형성에 큰 영향을 준다. 가령, 기업이 추구하는 목표와 철학이 명확하면 직원들도 자부심을 가질 수 있다. 일이 잘 풀리지 않을 때, 스토리를 돌아보며 문제 해결의 실마리와 방향성을 찾을 수도 있다. 고객과의 관계 형성에도 긍정적 영향을 주는데, 스토리가 있는 제품과 서비스는 소비자의 정서적 유대감을 형성한다.

스토리를 잘 만드는 기업이 성공하는 사례는 많다. 애플(Apple)은 단순한 전자기기 회사가 아니라 '혁신과 창의성으로 세상을 바꾼다.'는 스토리를 가지고 있다. 스티브 잡스의 철학과 비전이 제품과 기업문화에 반영되면서 고객들에게 감동을 주고 있다. 스타벅스는 단순한 커피 판매가 아니라 집과 직장 외에 편하게 머물 수 있는 제3의 공간 제공'이라는 스토리를 내세워 고객의 생활과 연결시킨 성공한 케이스다. 일론 머스크는 단순한 자동차 회사를 운영하기보다 '화석연료에서 벗어나 지속 가능한 미래를 만든다.'는 스토리를 가지고 테슬라를 경영한다. 나이키(Nike)는 '누구나 자신의 한계를 넘을 수 있다.'는 'Just Do It'이라는 스토리를 통해 고객들에게 도전과 열정의 의미를 전달하며 스포츠 제품의 공감대를 높였다.

어떤 일이든 스토리를 부여하면 더욱 가치 있고 의미 있는 일이 된다. 가령, 단순 목공이 아니라 '나는 아름다운 집을 짓는다' 또는 벽돌을 나르는 건설 노동자도 '나는 멋진 빌딩을 짓는다'는 생각과 스토리를 만들면, 개인이든 기업이든 자신의 일이 단순한 월급쟁이 노동이 아니라 목적과 철학을 가지고 있다는 점을 인식하게 되고, 더 큰 성취와 신뢰를 얻어 발전할 수 있다.

일에 스토리를 만드는 것은 개인의 성장과 회사의 발전에 영향을 준다.

5.
사람이 새로운 미래를 연다

　지구촌의 미래는 기술 혁신, 기후 변화, 글로벌 협력, 인구의 변화 등 여러 요인에 의해 영향을 받는다. 미래 사회는 인공 지능(AI)의 시대, 과학 기술 문명이 꽃을 피우는 시대라고 한다. 가정과 직장, 사회 생활은 인공지능 로봇이 주도하는 세상이 올 것이다. AI 의사, 법률, 통신, 과학 기술 등 인간 삶의 모든 분야에서 새로운 변화가 일어나고, 결국 설계자인 사람이 하는 일이다. 지구촌의 큰 변화와 새로운 미래는 그에 맞는 인재가 필요하다. 변화되는 세상과 그에 필요한 인재상은 무엇인지 생각해 본다.
　지구촌의 미래는 AI, 로봇공학, 바이오 기술, 양자 컴퓨터 등의 발전으로 사회 문화와 산업 구조가 크게 변화될 것이다. 스마트 폰으로 연결된 워치가 사람의 수면 상태와 질을 분석하여 의견을 주고, AI가 방송 앵커로 뉴스를 전하게 되는 등 우리 생활 주변을 변화시키고 있다. 산업화 시대에 배출되는 탄소가 오존층을 뚫으며 기후변화로 40도가 넘는 폭염과 폭우가 속출하고 있다. 국내로 보면, 제주 감귤 농사가 추운 북부지방까지 옮겨가고, 열대 식물이 국내에서 시험 재배에 성공했다는 뉴스가 전해지기도 한다. 고령화, 도시화, 노령화로 노동력 감소 등 인구 변화로 인한 다양한 사회적 제도가 바뀌기도 한다. 원격 근무, 자동생산시스템, 생산과 품질의 모니터링 시스템화 등 산업과 경제적 구조도 변화를 가져온다.

미래 인재의 조건은 첫째, 창의적 문제 해결 능력이다. 기존의 틀을 벗어나 새로운 해결책과 창의적 설계 능력이 필요한 것이다. 둘째, 디지털 리터러시(Digital Literacy)이다. AI, 데이터 분석, 프로그래밍 등 기본적인 기술 활용 능력이다. 셋째, 적응력과 유연성이다. 빠르게 변화하는 환경에 맞춰 새로운 기술과 지식을 학습하는 능력이 필요한 것이다. 넷째, 협업 및 커뮤니케이션 능력이다. 다양한 문화와 협력하는 글로벌 마인드 셋이 필요하다. 급변하는 변화의 시대에 선입견을 갖거나, 내 판단이 옳다고 하는 자는 좋은 변화를 만들어 내지 못한다.

미래 인재를 효과적으로 활용하여 성공하는 기업들을 보면, 인적자원관리를 전략적으로 활용한다. 구글(Google)은 직원들의 창의성을 존중하고, 근무 환경도 창의적 아이디어를 낼 수 있게 창의 공간도 만들어 근무 중 일정 시간을 자유롭게 해주는 등 창의적 사고로 생산성을 높여 나간다. 테슬라는 강력한 미션 중심 기업 문화로 빠른 실행과 유연한 조직구조를 통해 신기술 개발에 앞서간 덕에 글로벌 선두 자리를 만들었고, 인재영입 프로그램을 통해 반도체 기술자를 제때에 영입하는 인재중심 경영으로 오늘날 삼성전자의 시대를 만들기도 했다.

성공한 기업들은 변화하는 환경에 맞춰 유연한 조직문화, 지속적인 학습 기회, 강력한 비전을 제공하며 인재를 적재 적소에 활용하고 있다. 구성원 각 한 사람의 생각이 창의를 이끌어 내고 미래를 개척한다. 지구촌은 기술 혁신을 바탕으로 이상 기후변화와 ESG 경영, AI시대 대응 등 창의적 사고와 유연성을 갖춘 인재가 미래를 만들어 간다.

6.
소통과 건강한 삶

　인생을 어떻게 사는 것이 정답일까? 인생이란 여러 가지 말로 풀어낼 수 있지만, 어떻게 정의하더라도 틀린 말이 아닐 정도로 인생에는 정답이 없다. 천재 물리학자 아인슈타인은 성공의 등식을 '성공=일+즐김+침묵'이라고 말했다. 열심히 일하고 즐기면서 자신을 성찰하는 시간을 갖는다면 누구나 성공할 수 있다는 것이다. 성공했다는 말을 들으면 좋겠지만, 반대로 주변 사람들에게 욕을 안 먹는 삶이 되면 후회되는 일은 줄어들지 않을까? 욕 먹는 경우를 보면, 말을 잘 못하여 오해를 부르고, 갈등을 만들어 다툼이 생기고, 후회를 반복하는 이가 주변에 의외로 많다. 이것은 대부분 사람 간에 소통의 문제가 원인이 되곤 한다.
　'내가 아는 지식을 전하고자 하는 상대에게 정확히 전달하는 것'이 사전적 의사소통의 정의이다. 현실은 전하고자 하는 것이 제대로 전해지지 않고 오히려 부정적 인식이 커져 불협화음과 갈등이 생기기도 한다. 부모와 자식, 형제 간에도 소통이 참 어렵다. 직장이든, 사회적 만남이든 사람 간에 좋은 관계를 만드는 것이 쉽지 않아 스트레스를 받고 힘들어하기도 한다. 한 이불을 덮고 자는 부부간에도 시간이 흐를수록 소통이 안 되어 남남처럼 사는 경우도 많다. 이러한 것은 소통방식에서 문제가 시작되는 것은 아닐까? 말은 사람의 품격을 재는 잣대다. 품격의 품(品)은 입구(口)자가 셋으로 만들어진 글자이다. 입을 잘 놀리는 것이 사람의 품위를 가늠하는 척도라는 것이다. 논어에선 입을 다스리는 것을 군자의 최고 덕목으로 꼽았다. 군자의 군(君)을 보면 다스릴 윤(尹) 아래에 입구(口)가 있다. 입을 다스리는 것이 군자라는 뜻이다. 세치 혀를 잘 간수하면 군자가 되지만, 잘못 놀리면 한순간에 소인으로 추락한다. 대문호 톨스토이가 말을 해야 할 때 하지 않으면 백 번 중에 한 번 후회하지만, 말을 하지 말아야 할 때 하면 백 번 중에 아흔 아홉 번 후회한다고 강조한다. 너무 잘 알아서 선입견이나 고정관념이 강하면 소통은 어려워진다. 특히 상대를 존중하고 인정하지 않으면 어떤 경우라도 소통은 어려울 것이라 생각된다.

미국 스탠포드대학 심리학과 실험 사례를 보면, 한 사람에게 노래 3곡을 가사, 박자, 음률 등 한 달간 연습시키고 곡명 맞추기 실험을 했다. 단, 입이 아니고 드럼을 쳐서 20m 건너편에 100명을 세워놓고 3곡의 곡명을 맞추는 게임이었다. 각 곡마다 맞춘 사람은 3명 정도였다. 나는 정확히 전달했지만, 상대의 상황에 따라 수용성이 달라져 어렵다는 것이었다.

생각이 아름다운 사람은 마음도, 인품도 아름답다고 한다. 내가 계산적이면 상대도 계산적일 수밖에 없다. 내 중심 생각과 내 입장에서 세상을 보고 상대를 만나고 소통한다면 실패한다. 상대의 상황을 읽을 수 있고, 다른 관점에서 다른 생각을 이해할 수 있다면 결과는 달라진다.

소통은 상대중심에서 생각하고, 말하고, 배려하는 것이 중요하다. 나 자신을 낮추고 욕심을 버리면 상대에게 좋은 온기가 전해진다고 한다. 삶의 가치관을 재정립하고 상대의 상황을 듣는 지혜와 진정성이 있는 말투로 대하면 진정 마음이 통하는 소통이 되고, 내 주위에 사람의 향기가 나는 건강한 삶이 될 것이다.

7.
몰입과 성장

　스키를 타고 산비탈을 질주할 때는 몸의 움직임, 스키의 위치, 얼굴을 스치며 지나가는 공기, 눈 덮인 나무에 집중한다. 조금이라도 마음이 흐트러지면 눈 속에 고꾸라지기 십상이기 때문이다. 생각이 비집고 들어올 틈이 없는 이 순간, 우리는 완전한 몰입을 경험하게 된다.
　미국 시카코대학 교수이자 삶의 질 연구소장인 미하이 칙센트미하이는 "몰입은 의식이 경험으로 꽉 차 있는 상태다. 각각의 경험은 서로 조화를 이루고 느끼는 것, 바라는 것, 생각하는 것이 하나로 이루어 지는 것"이라고 말한다. 삶을 훌륭하게 가꾸어 주는 것은 행복감이 아니라 깊이 빠져드는 몰입에서 오는 것이고, 일과 놀이가 하나로 어우러지는 것이 건강한 삶이라고 한다. 휴식이 새로운 에너지 원을 만들 듯, 일과 문제에만 몰입하기보다 놀이와 병행하는 것이 건강한 삶이기 때문이다.

몰입은 생각의 연속선이고, 선택과 집중을 말하기도 한다. 선택과 집중은 기업이든 개인의 삶이든 성공을 위한 지름길이다. 한정된 시간에 경쟁 상대를 이기는 비기(祕器)는 자원과 기술, 시간을 선택과 집중하여 원하는 성과를 창출해 내는 것이다. "마누라 빼고 다 바꾸라!"라는 모토로 전 직원이 반도체에 몰입하여 성공한 일류 기업이 오늘날의 삼성이다.

뉴턴은 "어떻게 만유인력의 법칙을 발견했느냐?"는 질문에 "내내 그 생각만 하고 있었으니까!"라고 말했다. 시인이나 수필가는 하나의 테마에 몇 달이고 생각에 생각을 이어가고, 초고가 나오면 천 번의 수정을 거쳐 명작이 탄생한다고 한다. 성공하는 스포츠인이나 기술자, 과학자 등 어떤 분야의 최고가 되는 삶의 공통점은 하나를 선택하고, 그 하나에 집중하여 몰입하는 특징이 있는 것이다.

아인슈타인은 "나는 몇 달이고 몇 년이고 생각하고 또 생각한다. 99번은 틀리고 100번째가 되어서야 비로소 맞는 답을 얻어낸다."라고 했다. 잠자는 90%의 잠재력을 일깨우는 몰입을 쉽게 하기 위해서는 목표가 명확해야 한다. 목표를 이루기 위한 핵심 문제가 설정되면 몰입할 수 있다. 문제의 난이도는 높지만, 중요해서 그것을 푸는 것이 의미가 있어야 하고, 문제를 푸는 시간을 정하면 더 몰입하여 원하는 것을 성취할 수 있는 것이다.

이제는 Work Hard에서 Think Hard의 시대다. 열심히 일하면 남들보다 2배 이상 잘하기도 힘들지만, 열심히 생각하면 남보다 10배, 100배까지도 잘할 수 있다. 성공과 행복을 동시에 거머쥐고 싶은 사람이라면 열심히 생각하는 것에 인생을 던져볼 필요가 있다. 삶의 그림이 그려지고 목표가 정해지면 그 목표를 이루기 위한 나의 문제를 설정하고, 이 문제를 풀기 위해서 생각과 연구를 거듭하여 몰입에 이르게 되면 뜻은 이루어지는 것이다.

보통의 삶을 원하면 열심히 일하고, 한 분야에 오리진이 되려면 생각해서 몰입해야 한다. 개인의 성장과 성공하는 삶은 몰입의 깊이에 달려 있고, 쓰레기통에 던져 놓았던 먼지 낀 시간들을 순도 100%의 황금빛 삶으로 바꾸는 것이다. 몰입은 최고의 나를 만나는 기회이고 미래를 읽는 시간이다. 성공하는 기업들은 미래 산업의 핵심을 읽고 선택과 집중하여 승부를 건다. 그것은 인간의 능력이 도달할 수 있는 최상의 사고 활동이 몰입이기 때문이다.

8.
마인드맵과 일의 효율성

일을 잘하고자 하는 사람이라면 누구나 마인드맵을 잘 사용할 수 있어야 한다. 세상 삶이나 회사에서 일을 처리하는 데 있어서도 대부분의 활동은 머리를 쓰는 일인데, 마인드맵은 우리의 머리를 가장 효과적으로 쓸 수 있는 툴이기 때문이다. 마인드맵을 활용하면 흩어져 있는 데이터, 정보, 지식 등을 논리정연하게 한 페이지로 정리할 수 있고, 아이디어를 구체화하여 획기적인 결과를 만들어 낼 수도 있다.

마인드맵(Mind Map)은 삶과 직장의 문제 해결이나 기획에서 사고(思考)를 시각적으로 정리하는 도구이다. 마인드맵은 한 가지 주제를 중심에 두고, 관련된 아이디어나 정보를 방사형(放射型)으로 시각화하여 창의력-기억력-문제해결 능력을 높여준다. 영국의 교육학자 토니 부잔(Tony Busan)이 체계화 한 방법으로, 두뇌의 연상 작용을 시각화 한 '생각의 지도' 라고 할 수 있다.

마인드맵의 조건은 첫째, 중심 주제의 명확화이다. 하얀 종이 중앙에 삶의 목표, 직장의 과제 등의 핵심 주제를 이미지나 키워드로 표현하는 것이다. 둘째, 방사형 구조이다. 주제에서 뻗어나가는 가지(branch)로 세부 주제를 연결하는 일이다. 셋째, 키워드 사용이다. 문장이 아니라 핵심 단어, 짧은 구로 표현해 뇌가 빠르게 연상할 수 있다. 넷째, 이미지, 색상 활용이다. 그림, 아이콘, 색깔을 써서 직관성과 기억 효과를 강화하는 일이다. 다섯째, 계층적 구조이다. 큰 가지에서 작은 가지로 점점 세분화하는 체계적인 사고 전개이다. 여섯째, 개인 맞춤형이다. 정답은 없고, 본인의 사고 흐름에 맞게 자유롭게 확장하는 것이다.

가령, '올해 인생 계획'을 마인드맵으로 서술해보면, 건강, 가족, 재무, 자기계발 등 영역별 목표를 세우는 것이다. 각 테마에 대한 종합과 목표관리를 잘 한 결과, 분산되어 있던 생각이 정리되고 실행력이 높아져 1년만에 저축 목표를 달성하는 등 생활의 여유와 삶의 질이 높아진다. 또한, 이직, 창업, 유학 등 중요한 인생 선택을 할 때 찬반 이유를 마인드맵으로 정리하여 명확히 비교, 더 나은 결정을 내릴 수가 있다. 기업에서는 신제품 개발 아이디어 회의에서 마인드맵을 활용하면, 팀원들이 각자 아이디어를 붙여 나가면서 단순 아이디어에서 구체적 기능과 마케팅 전략까지 한눈에 정리되고, 실제 성공적인 신제품이 출시되게 된다. 이외, 제조업의 품질 불량 문제를 마인드맵으로 생산 조건(사람/기계/재료/방법)관점 체계적으로 분류하면, 원인 파악이 빨라지고 개선 효과도 높아진다. GE, 마이

크로소프트 같은 글로벌 기업에서는 회의록 대신 마인드맵을 써서 의사 결정, 정보 공유 속도와 일의 효과를 높인다.

 이런 듯 마인드맵은 삶과 직장에서 '흩어진 생각을 구조화 하고 창의적 해결책을 찾는 도구'로 사용 된다. 중심 주제를 선정하고 방사형 확장, 키워드 활용, 이미지 전개, 계층 구조화 하는 일이다. 개인의 삶의 방향을 설정하는 일과 목표 달성, 그리고 기업의 기획, 혁신, 문제 해결을 하는 데 효율적이고 성과를 내는 데 효과적이다.

9.
사람 경영과 기업문화

세계 일류기업들은 독특한 기업문화가 있다. 기업문화는 창업주의 철학과 사상에서 시작되거나, 업의 특성과 창업시기의 사회적 여건에 따라 형성되기도 한다. 기업을 움직이는 힘이 문화에 달렸다는 인식이 커지면서 조직에 인사문화실을 두어 관리하는 기업들이 많지만, 기업문화에 대한 올바른 인식부족으로 문화를 거꾸로 가는 기업도 있고, 이것은 쇠퇴하는 기업의 지름길이 된다.

삼성의 창업주는 후계자가 부회장으로 승진했을 때 목계(木鷄)를 선물하고, '목계지덕(木鷄之德)'과 '경청(敬聽)'의 휘호를 써서 선물했다. 목계(木鷄)사상은 장자 외편 달생에 나오는 싸움 닭 '투계의 자세와 태도'에 관한 일화다. 닭 싸움을 좋아하던 왕이 기성자(紀渻子)라는 사람에게 맡겨서 최강의 투계를 만들도록 명하였고 열흘이 지나서 물었다. "닭이 이제 싸울만한가?" "아직 안 되옵니다. 쓸데없이 허세를 부리며 자기 힘만 믿습니다". 또 열흘 뒤에 물었으나 "간신히

참고 있지만 사나움을 감추지 못하고 있습니다." 열흘 뒤 반복해서 물었을 때, "이제 상대가 울음소리를 내어도 반응이 없고, 마치 나무로 깎아 놓은 닭(木鷄)처럼 어떤 상황에서도 어떤 상대에게도 동요하지 않고 평정을 잃지 않습니다. 이제 싸울 수 있습니다."라고 했다. 경영자로서의 덕목을 가르친 것이다. 이것은 덕의 완전성과 경청의 중요성을 말한 것이고, 사람을 이해하는 것이 경영의 시작이며, 경청은 사람을 이해하는 비기(祕技)인 것이다.

삼성의 기업경영 비밀은 인재중심의 창조 경영에 있다. 사업의 특성에 따라 다르겠지만, 냉장고, 세탁기 등 끊임없이 신상품을 시장에 내놓아야 하는 전자산업은 소비자가 원하는 디자인과 기능을 갖춘 제품을 지속적으로 개발하여 시장에 출시하고 선점을 놓치지 않아야 생존할 수 있다. 또한 미래의 산업으로 반도체를 선택했을 때, 직접 실리콘벨리를 찾아가 적합한 인재를 발굴하는 선택과 집중 전략을 통해 성공에 이르게 된 것이다. 결국 사람이 답인 것이다.

좋은 인재들이 선택하는 직장의 조건은 연봉과 기업복지, 성장 비전이라고 한다. 젊은이들의 선택에서 멀어지는 기업이 일류기업으로 성장하는 것은 불가능한 일이다. 글로벌 선진기업은 'Working Life Challenge Vision'으로 인사문화를 형성하고, 그런 좋은 기업문화에 역량 있는 인재들이 모여든다고 한다. 입사를 하면 개인별 퇴직할 때까지 성장 비전이 설정되고, 단계별 역량 향상에 도전하는 기업문화가 형성되어 있어 선망의 대상이 되고, 선진기업으로 가는 것이다. 사람 경영에는 3가지 요소가 필요하다. 첫째, 능력을 갖춘 인재 등용이다. 결국 사람이 답인데, 좋은 인재가 시장 경쟁력의 기본이 되는 것이다. 둘째, 덕을 갖춘 사람이다. 능력이 있어도 덕이 없으면 긍정적인 조직문화 형성이 어렵고, 조직의 융화와 힘을 기대하기 어려운 것이다. 셋째, 개인의 성장 비전을 제시하는 운영제도이다. 성장 비전이 제시되는 기업문화의 틀 속에 개인은 주어진 일에 최선을 다하고, 끊임없이 자신의 성장 경로를 선택하고 도전한다. 이러한 조직 문화는 개인의 성장과 회사의 발전이 함께 가는 기업문화가 되는 것이다.

기업문화는 업의 특성을 바탕으로 창업주의 철학과 사상, 후대의 경영전략에 따라 오랜 시간의 흐름 속에 형성되며, 가장 큰 요소는 결국 사람 경영을 어떻게 하느냐에 기업의 미래가 결정되는 것이다. 사람 경영과 기업문화는 선진기업의 성장과 발전의 핵심요소이다.

10.
인재 경영과 기업 경쟁력

 일류기업의 성공 비밀은 무엇이 있을까? 일류사원이 일류기업을 만든다고 한다. 기업 내 일류사원은 인재경영에서 양성되고 만들어지는 것이다. 인재경영은 조직이 전략적으로 인재를 관리하며 조직의 목표를 달성하고, 지속적인 경쟁우위를 확보하기 위한 활동을 의미한다. 인적자원관리(HRM)의 한 특면으로 조직이 적절한 인재를 확보하고 유지하며, 그들의 능력을 개발하여 조직의 성과를 극대화하는 데 중점을 둔다. 인재경영은 전략적 비전과 목표를 설정하고 채용, 교육, 개발, 보상 등의 다양한 관리 활동을 통해 조직 내의 인재를 효과적으로 활용하는 것을 목표로 한다.

 인재경영의 조건은 다양하며, 주요 조건은 다음과 같다. 첫째, 전략적 비전과 목표 설정이다. 조직은 비전과 목표를 수립하고 이를 달성하기 위해 어떤 인재가 필요한지 명확히 해야 한다. 둘째, 탄력적인 조직문화이다. 인재는 조직문화에 영향을 받음으로 탄력적이고 긍정적인 문화가 필요하다. 셋째, 능력 있는 리더십이다. 탁월한 인재경영은 능력 있는 리더십에 달려있다. 리더들은 팀을 이끄는 데 필요한 역량과 리더십 스킬을 갖춰야 한다. 최근 MZ세대가 기업의 중심을 이루어 나가고 있어, 2030세대와 기성세대 간 세대공감 조직을 만들어 젊은이의 톡톡 튀는 아이디어와 선배들의 노하우를 접목하는 통합의 리더십이 필요한 시기이다. 넷째, 효과적인 인재채용 및 선발 프로세스이다. 적절한 인재를 찾아내기 위해 효과적인 채용 및 선발 프로세스가 필요하다. 다섯째, 개발과 교육이다. 인재는 계속해서 성장 발전해야 한다. 조직은 직원들을 개발하고 교육하여 전문성을 향상시켜야 한다. 여섯째, 공정한 보상과 인센티브 시스템이다. 공정하고 매력적인 보상시스템은 인재를 유지하고 유혹할 수 있는 요소이다. 일곱째, 효과적인 의사소통이다. 열린 의사소통은 조직 내에서 투명성을 제공하며 직원들이 참여하고 소통하는 환경을 조성해야 한다. 이러한 조건들을 만족시키면 조직은 인재를 효과적으로 관리하고 유지할 수 있다.

국내외 선진기업의 인재경영을 살펴보면, 삼성전자는 창의성, 도전정신, 글로벌 역량을 강조하며, 직원들의 전문성과 열정을 존중하는 문화를 추구한다. 지속적인 학습과 성장을 장려하며, 다양성과 혁신을 통해 글로벌 경쟁에서 성공을 이루고자 끊임없이 미래를 향해 도전한다. 일본전산은 '밥 빨리 먹는 사람을 채용하는 회사'

로 유명하다. '우리는 인재를 채용하는 것이 아니라 직원을 채용해서 인재로 만든다.'는 경영철학에 따라 다양한 인재육성 프로그램으로 끊임없는 교육과 훈련을 거쳐서 자기 분야에 최고의 기술자를 지향하고, 모든 학습과 훈련의 역량 향상이 개인의 성장 비전으로 이어지게 하는 것이 특징이다.

 기업의 역량은 그 조직의 구성원과 제도, 긍정 조직문화 기반에서 시작된다. 제도는 기업의 인사실에서 어떤 선택을 하느냐에 따라 결과는 크게 달라진다. 사람과 인사조직 문화가 기업의 격이 되고, 기업의 격이 생존의 경쟁력이 되는 것이다.

11.
기업과 행복경영

사람은 누구나 행복하게 살아가길 원한다. 새해를 맞이하며 신년 운세를 보거나 사주를 보는 사람들이 많다. 필자도 신년운세를 보니 '새로운 것을 구하고자 하면 능히 구할 수 있으니, 답답해 하지 말고 밖으로 나서라, 금의환향 할 수 있고 문제들이 쉽게 풀릴 수 있다.'라니, 재미로 보는 것이지만 즐거운 시작이다. 행복은 희망과 마음가짐에서 오는 것이 아닌가.

사람이 행복을 느끼는 것에는 여러 가지 요건이 있겠지만, 개인의 가치관, 관심사, 사회적 연결, 성취감, 건강 등 다양한 측면에서 행복을 경험할 수 있다. 행복은 주관적인 경험으로 각자의 삶에서 중요한 부분에 따라 다를 수 있다. 직장생활을 하는 사람들을 조사해 보면, 삶의 시간을 일과 회식까지 연결하면 7할이 소요된다고 한다. 직장생활이 행복하지 않으면 행복한 삶이 어렵다는 것이다.

최근 기업에서는 행복경영이 화두가 되고 있으며, 금년부터 '행복중시경영'을 선언하는 기업이 많다.

　기업에서 행복경영은 조직 내에서 직원들의 행복과 만족을 중시하는 접근이다. 행복경영을 실행하기 위한 조건은 다양하겠지만 6가지 중요한 요소가 있다.

　첫째, 의미 있는 일이다. 직원들이 자신의 업무가 의미 있고 가치 있게 느끼는 것이 중요하다. 이것이 안 된다면 의견을 수렴하여 제도화하여야 한다. 둘째, 열린 의사 소통이다. 효과적이고 개방적인 의사 소통은 직원들 간의 신뢰를 증진시키며 행복을 유지하는 데도 도움이 된다. 셋째, 균형 잡힌 업무와 삶이다. MZ세대가 중심으로 가고 있는 요즘 워라벨이 중요한 요소다. 넷째, 자기계발 기회이다. 직원들에게 꾸준한 학습과 성장의 기회를 제공하여 자기계발을 촉진하는 것이 중요하다. 성장과정의 실적을 인사로 연계하는 것도 하나의 방법이다. 다섯째, 공정하고 인정받는 문화이다. 공정한 대우와 성과에 대한 인정은 직원들의 자부심을 증진시키고 행복을 유지하는 데 도움이 된다. 여섯째, 리더십의 역할이다. 리더들은 직원들을 지원하고 올바른 방향으로 이끄는 데 중요한 역할을 해야 한다.

　필자가 컨설팅을 하고 있는 P사의 행복중시경영은 '개인의 성장과 행복한 일터'를 만드는 일이다. 직원들의 생각과 바람을 파악하고, 개인의 성장과 행복한 일터를 위해 2030세대가 직원의 반을 넘어서는 변화된 조직에 맞는 '행복경영'을 추구해 가는 것이다. 세계 일류기업의 기업문화를 보면, 직원의 성장 비전을 회사가 제시해 주고, 도전하면 미래가 보이는 기업이다. 개인의 성장 루트도 직책으로는 한계가 있어 '프로 인재상' 등 회사의 특성에 맞는 인재상의 조건에 이르면 인정해 주고 성장하는 기업문화이다. 기업에서 개인의 행복한 삶을 다 만들어 줄 수는 없지만, 아침에 눈을 뜨면 출근하고 싶은 직장이 행복한 일터가 아닐까. 학습과 기회를 평등하게 주고 실적에 따라 공정하게 보상해 주는 것이다. 개인화되어 있는 MZ세대 중심 조직에서는 기성세대의 팀 활동에서 젊은 세대의 개인활동으로 제도적 변화를 모색하려는 것이 필요하다.

변화된 사회적 가치관과 개인의 삶, 행복한 직장을 열어가는 길은 시대에 맞는 제도와 개인의 생각과 도전에서 시작되는 것이다.

12.
ESG경영과 지구촌 미래

우리가 살고 있는 지구촌은 100년 후 어떤 모습으로 변화되어 있을까. 산업혁명이 시작되며 공장이 우후죽순으로 세워지면서 경제적으로 살기 좋은 세상이 되었으나, 이산화탄소 다량 배출에 의한 오존층 파괴로 유럽은 40도가 넘는 폭염과 세계 곳곳에 홍수로 물난리를 겪는 등 지구촌이 몸살을 앓고 있다. UN 기후변화 협약기구에서는 지구 환경을 살리기 위해 탄소세를 부과하고, 가장 큰 영향을 주고 있는 온실가스 배출량과 에너지 사용량을 제한하고 있다.

ESG경영은 무엇인가? 주로 기업에서 하고 있는 ESG경영은 환경(Environment), 사회(Social), 거버넌스(Governance)의 세 가지 요소로 구성된 기업의 지속 가능한 경영을 나타낸다. 환경은 탄소배출을 줄이고 친환경적인 경영을 채택하는 것이다. 또한 에너지 사용을 효율적으로 관리하고 신재생 에너지를 적극적으로 도입해야 한다. 사회적 책임은 근로자에게 안전한 작업환경을 제공하고, 조직 내에서 다양성을 인정하고 공정한 기회를 제공하는 것이다. 지역사회와 상호작용을 강화하고, 사회적인 문제에 기여하는 일을 해야 한다. 거버넌스는 이사회의 투명성과 윤리적 경영, 주주 권리 보장 등이다. 일반인의 생활 속의 지구환경살리기 활동은 플라스틱, 종이, 의류 등 재활용과 음식 폐기물처리가 있다. 특히 플라스틱은 버리면 썩는 데 100년의 시간이 걸린다고 한다. 음식폐기물은 거름을 만들거나 생물 가스로 에너지를 얻을 수 있다. 일반 시민들이 할 수 있는 일은 가정에서 쓰레기 분리 수거하는 것 등이 지구환경 살리기의 작은 시작인 것이다.

P사의 본사에서 전략컨설턴트로 일할 때, "현장 개선 활동은 안전과 환경중심으로 실시하라!"는 CEO의 지시에 기업의 통합환경관리법을 학습하며 제철소에서 법적 환경 기준과 Auditing 결과 및 조치 방안을 살펴본 적이 있다. 기업에서 통합환경관리법에 적용되는 것은 대기/수질/유해물질/폐기물 처리 등 4가지 영역에서 법적 기준보다 강화된 제철소 기준으로 관리하고 있다. 통합환경관리법은 매년 더 강화될 예정이고, 지속적 개선으로 쾌적한 작업환경을 만들어 가야 한다. 지구환경 개선을 위해 기업에서는 다양한 활동을 하고 있는데, '24년 기업 신년사를 살펴보면, 미래 경쟁력을 위해 친환경 생산체제 구축을 위한 다양한 기술을 적용하는

계획이 있다. 탄소중립은 미래세대를 위한 시대적 소명이며, 제철소는 탄소중립 생산체제를 빠르게 안정화시켜야 하고, 친환경 생산체제를 구축하지 못하면 미래시대에서는 생존할 수 없다. 전기, 수소 등의 청정 에너지를 사용하는 연료 효율성이 뛰어난 전기차, 수소차로 자동차 문화의 큰 변화를 가져 오고 있다. 생활문화에서도 선진국에서는 자동차 대신 대중교통을 활용하거나, 자전거나 도보 등 교통 수단을 바꾸어 환경오염 방지와 탄소 배출량을 줄여가고 있다.

  기업의 ESG경영과 지구환경살리기 운동, 그린 수소, AI 등 과학기술 적용으로 지속가능 경영과 미래의 지구환경을 만들어 간다. 결국, 이 시대를 살아가는 사람들의 생각, 사회적 가치와 행정제도, 실행의 산물이 지구촌의 미래가 된다.

13.
혁신과 기업문화, 선진기업에 이르는 길

선진기업에는 꿈과 비전이 있다. 꿈이 없는 개인, 미래가 없는 기업은 나침판 없이 항해하는 것과 같다. 글로벌 선진기업 일본 도요타자동차는 15만 직원이 회사에서 제시하는 성장 비전을 가지고 끊임없이 선택하고 도전한다.

1970년대 1, 2차 석유파동으로 전세계의 경제가 불황의 늪으로 빠져들고, 모든 기업들이 적자와 생존의 갈림길에 서있을 때, 유일하게 흑자를 이어왔던 일본 도요타자동차의 기업문화는 어떤 것이 있을까. 일본 나고야의 아이치현에 위치한 도요타시의 옛 지명은 고로모시이다. 1937년 도요타자동차가 설립되고 복지시설 개방과 함께하는 지역주민의 삶의 질이 향상되면서 주민들의 의지로 에도시대부터 사용해 왔던 옛 이름 대신 1959년 도요타시로 개명하고 본사가 1번지가 된다.

기업에 혁신을 도입하면 초기에는 일과 혁신을 병행하게 되는데, '일하는 사고, 일하는 방법'이 습관화되고 내재화되어 기업의 문화에 이르게 되면 성공이라 말할 수 있다. 일에 혁신을 녹여 낭비 없는 일 문화로 만들어 가는 것이다.

혁신은 조금만 텐션을 늦추면 자전거를 타고 달리는 것처럼 흔들거리고 멈추게 된다. 오래된 익숙함을 바꾸는 것이 혁신으로, 이것에는 저항이 따르기에 종합시스템화로 돌아가는 것이다. 도요타인들은 출근할 때 일하러 가는 것이 아니라 개선하러 간다고 한다. 도요타자동차의 개선 문화의 물밑에는 인사시스템이 돌아간다.

1989년 간부 인사혁신 때 도장 찍는 관리자에서 생각하는 관리자로, 인사 평가 항목에 부하직원의 성장 비전 수립을 20% 평가하는 특징이 있었다. 1999년 기능직 '프로인재개발 프로그램'이 만들어지면서 성장 경로의 다양화와 현장 직원들에게도 희망과 꿈을 갖고 자신의 미래에 도전하게 되었다. 즉, 14개 부문의 7가지 조건(자기분야 전문성, 문제해결 능력, 어학 등 '프로 인재상')을 그려놓고 최고 전문가로 인정 받는 제도로 누구든 노력하면 성장의 미래가 보이는 것이었다. 기업의 혁신이 제대로 움직이려면 혁신 프레임(Frame)과 운영시스템, 계층별 역할이 명확해야 하며, 무엇보다도 조직의 방향인 올바른 비전 설정이 중요하다.

또 다른 선진기업으로 가는 길은 지역 사회와의 공존을 중요한 경영 이념으로 삼고 지역과 함께하는 기업시민(Corporate Citizenship) 정신이다. 도요타자동차의 계열사 덴소는 아이지현에 소재한 부품 제조회사다. 직원복지뿐만 아니라 축구장, 수영장, 문화시설 등을 지역민에게 개방하여 함께하고 있다. 필자가 직접 가본 입장에서 보면, 체육시설들이 모두 울타리 없이 시민운동장처럼 열려 있었다. 대표적인 예로, 덴소 풋볼 필드 체육시설은 시민에게 개방되어 있다. 지역 청소년을 대상으로 한 기술 체험 행사, 과학 워크숍, 인턴십 프로그램 등도 정기적으로 운영하고 있다. 재해 시 대피소 개방, 비축 식량 제공 등 지역 방재 거점 역할을 수행하는 진정한 기업시민 정신이 있는 회사다.

백 년을 지속하는 미래가 있는 선진기업은 그냥 이루어진 것은 없다. 혁신을 도입하여 자사의 일의 속성에 맞게 진화 발전시켜 기업문화로 만드는 것이며, 도요타자동차처럼 전세계에서 통하는 혁신웨이를 완성하는 일이다. 이처럼 기업은 혁신을 통하여 조직 운영체계와 일하는 사고, 일하는 방법이 내재화, 문화가 되면 선진기업으로 가는 길이 되는 것이다.

제6장

혁신으로
기업의 미래를 연다

'미소는 긍정 조직문화의 토양이고, 성과 창출의 원동력이다.' 사람은 관계 속에 살아가는 동물이다. 개인의 능력으로 성공하기도 하지만, 사회나 기업에서는 좋은 인간관계 없이 성공하는 경우는 드물다.

'배운 것 버리고, 가진 것 뒤집으면 아이디어가 생겨난다.' 상상으로 놀이하고, 상상으로 경영하고, 남이 안 된다는 사고의 관점을 바꾸어 보면 실패의 늪에서 성공의 길로 거듭 나는 것이다. 한 사람의 상상력과 리더십이 세상을 바꾼다.

기업이 생산하는 것은 제품보다 새로운 지식이고, 기업의 경쟁력은 지식의 생산성에 좌우된다.

1.
혁신경영과 미래를 여는 길

  꿈은 도전을 낳고 도전은 열매를 얻는다. 삶은 선택과 도전의 연속이고 자기창조다. 인류의 역사나 기업의 생리를 보면, 지속적인 미래를 준비하고 도전하지 않은 것은 중도에 멈춤이 있을 뿐이다. 미래를 여는 혁신의 길은 현재를 제대로 아는 것에서부터 시작된다. 대내외 현황과 변화를 정확히 분석하고, 올바른 방향 설정이 무엇보다도 중요하다. 미래로 나갈 방향에 맞는 전략과 경영목표를 설정하고, 목표를 달성할 수 있는 운영체계와 실행력이 성공의 관건이 된다. 이를 혁신경영이라 한다. 혁신경영의 성공 요건은 무엇인가?

  첫째는 리더십이다. 혁신은 조직의 힘으로 움직이는 속성이 있다. 조직의 수장이 혁신의 비전을 제시하고 지속적인 관심과 지원이 성공의 우선 조건이 된다. 혁신은 경영목표를 달성하는 수단이다. 가령, 스마트 제철소 실현을 위한 수단으로 혁신 기법을 도입하고 일관성 있게 추진하는 것이 성공할 수 있는 조건이 되는 것이다.

둘째는 열린 의사소통이다. 조직의 상하관계, 수평관계에서 소통의 벽이 생기면 시너지는 한계에 이른다. Top의 경영 컨셉이 조직의 라인을 타고 흐르고, 기성세대와 MZ세대 간 소통 문화를 만들며, 조직의 동맥경화가 생기지 않도록 자유로운 의사소통이 되는 열린 기업문화를 조성해 나가야 한다.

셋째는 자원투자이다. 혁신활동을 위해서는 필요한 자원을 할당해야 한다. 예산, 시간, 인력, 기술적 지원이 되는 운영체계가 필요하다. 원가절감 방침 아래 적시에 필요한 투자를 하지 못하고 타이밍을 놓치면 여러 부작용이 발생되는 것이다.

넷째는 조직의 역량강화이다. 결국 사람이 하는 일이고, 혁신의 수준은 조직원의 능력이 좌우한다. 내부의 역량을 높이기 위해 기업이 필요로 하는 것과 세대에 맞는 교육과정을 개발하고 제공해야 한다.

다섯째는 혁신의 방법론이다. 혁신의 본질은 '문제를 푸는 것'이다. 기업은 대내외 상황변화와 올바른 방향 설정, 전략과 타이밍에 맞게 문제를 풀 수 있는 혁신방법론으로 진화 발전하지 않으면 Top의 관심에서 멀어져 실패하게 되는 것이다.

여섯째는 활동 인프라이다. 아무리 좋은 계획도 시간, 손, 동기부여 등 개선 인프라를 갖추지 못하면 우물가에서 숭늉을 바라는 격이 된다. 기업활동에 안전은 기본이나, 안전 행정이 지나쳐 조직에 힘의 균형을 잃고, 문제의 본질을 못 본다면 기업에 엄청난 손실을 가져올 수 있다.

　필자는 P사를 10여 년간 컨설팅하면서 생긴 꿈은 포스코웨이를 완성하는 것이다. 일의 속성과 설비 특성, 생산프로세스의 특징을 이해하고 전략에 따라 변해가는 생산 조건의 문제 개선을 위해 혁신의 Tools도 진화 발전해 나가야 한다. 사회와 고객이 필요로 하는 제품을 생산할 수 있도록 하는 것이 혁신의 가치인 것이다. 개인적으로는 사회봉사의 꿈이 있다. 조직에 혁신을 넣으면 건강한 조직, 경쟁력이 있는 기업으로 거듭나는 힘이 있다. 2003년 3월, 혁신스텝 업무를 맡으면서 학업과 병행하며 연구와 실행으로 얻는 지식, 경험을 건강한 사회, 부강한 나라가 되는 데 일조를 하려고 한다. 미래를 여는 혁신은 기업의 백 년을 보장하여야 하고, 그것은 자사에 맞는 혁신을 잘 선택해서 진화 발전을 통한 고유의 혁신 문화로 발전시켜 나가는 것이다. 결국, 기업의 혁신은 Top의 관심, 일관된 지속성과 진화 발전에 있다.

2.
교양과 기업문화

　세상은 우리가 생각하는 수준 이상으로 빠르게 변한다. 변화의 폭과 깊이가 큰 현대를 살아가는 우리는 무엇을 생각해야 할까. 세계사를 한 편의 영화로 본다면 원시시대부터 최근 무기가 되고 있는 드론을 발명한 시점까지 몇 초가 되지 않는다. 농업혁명과 산업혁명, 디지털 혁명 등 결정적인 변화가 이 찰나에 일어났다. 짧고도 큰 변화의 한가운데 우리가 있다. 급변하는 시대일수록 근본과 이치를 생각해야 한다. 인간으로서의 근본과 이치는 우리의 삶과 사회, 세상을 지탱하는 생각의 중심이 된다. 생각의 중심 근간은 호기심과 상상력, 창의력이다. 급변하는 시대, 교양 있는 세계 시민으로서 삶을 살아가는 지혜를 얻기 위해서는 무엇을 해야 하는가.
　현대인의 교양을 쌓는 6가지 공부는 첫째, 인문학적 사고의 지평을 넓힌다. 세계 유명 대학이 교양 커리큘럼을 바꾸는 것은 시사하는 바가 크다. 저명 교수들이 교양 개편을 통해 인문학을 그 중심에 놓았다. 인간을 이해하는 힘이야말로 최고의 교양이기 때문이다.

둘째, 세계의 역사를 공부한다. 시간과 공간의 장벽이 무너진 시대, '우리'라는 우물 안을 벗어나 사고의 폭과 식견을 넓혀야 한다. 세계 여러 민족과 나라의 흥망성쇠와 성패가 어디서 갈렸는지 이해하고 시공을 넘어서 문명사적 교훈을 얻는다.

셋째, 우리 역사를 통해 배운다. 역사를 외면하고 미래를 논할 수 없다. 과거는 오래된 미래이기 때문이다. 선조들의 삶, 번영과 쇠락, 위기와 전쟁 등을 들여다봄으로써 상황을 객관적으로 보고 대처 능력을 기를 수 있다.

넷째, 사회와 정치에 관심을 갖고 탐구한다. 사회 공동체의 작동 원리를 탐색하며, 인간 사회의 본질을 이해하고 대안과 행복의 길을 모색한다.

다섯째, 대중문화와 생활양식에 대한 사고의 폭을 넓힌다. 대수롭지 않게 보이는 우리 일상은 인류 문명의 발자취가 축적된 지식 보고이다.

여섯째, 문학과 예술을 즐긴다. 그 속에서 타인과 공감하는 마음, 따뜻한 인간애, 미학적 안목이 꽃핀다. 감성을 공유하고 아름다움을 만끽하는 것은 과학이 넘볼 수 없는 인간만의 미덕이다.

기업의 관점에서 보면, 구성원의 교양 수준은 타인을 이해하고 존중하며, 윤리적인 판단력에 영향을 미칠 수 있다. 교양이 있는 사람들은 도덕적, 윤리적 기준이 높은 경향이 있고, 이러한 판단력은 기업의 신뢰 수준을 높여 좋은 회사로 가는 길이 되고, 조직의 소통과 협력을 원활하게 하여 시너지를 창출할 수 있다. 교양 함양을 통해 다양한 문화, 역사, 철학 등을 접하면 사고의 폭이 넓어져 창의적이고 혁신적인 아이디어를 낼 수 있어 기업 경쟁력을 확보할 수 있다. 교양이 높은 구성원이 모인 조직은 서로 배려하는 마음이 깊어 갈등을 줄이고 긍정적인 근무 환경을 만든다.

교양 수준을 올리는 것은 개인의 성장과 기업의 성과와 문화에도 긍정적인 영향을 미친다. 직원들이 교양을 쌓아가는 것은 좋은 조직과 기업이 지속 가능한 성장을 위해 중요한 토양이 될 것이다.

3.
소통과 공감, 성공에 이르는 길

　사람은 아침에 눈을 뜨면 만남과 대화 속에서 하루를 보내고 삶을 영위해 간다. 소통이 잘되면 연인, 부부간에도 행복이 흐르지만, 그렇지 않으면 이별과 갈등을 낳는다. 사람은 동맥경화 현상이 생기면 혈압이 높아지고 질병이 생기듯, 기업의 생리도 마찬가지다. 상하와 수평 간에 소통이 제대로 안 되면 조직 동맥경화 현상이 나타나며, 좋지 않은 기업문화가 형성되기도 한다.
　예로부터 우리는 함께하는 문화가 많았다. 농경시대 '품앗이'라는 협업 문화가 전통적으로 이어져왔고, 추석 명절이 되면 큰 그릇에 비빔밥을 만들어 함께 먹는 우리들의 모습이었다. 밥을 먹으면서 통함이 이루어지고 정 깊은 관계가 시작되는 것이 아닐까 싶다. 선인들이 막걸리 한 잔에 풍류를 즐기며 막역지교가 형성되는 것처럼, 오늘날의 우리도 서로 건네는 한 잔 술에 속 마음을 열어 보이는 것에서 통함이 이루어지는 것이 아닌가 생각해 본다.

필자가 자주 사용하는 고사성어는 '무통불신 무신불립(無通不信 無信不立)'이다. '통함이 없으면 신뢰 형성이 안 되고, 신뢰가 없으면 작은 일도 이루지 못한다'라는 말이다. 산업화가 가속화되고, 기업은 초경쟁시대를 맞이하면서 협업보다는 개인중심의 활동이 강하고, 직원 간에 소통이 쉽지 않아 '소통섹션' 등의 조직을 만들어 대응하기도 한다.

최근 베이비붐 세대의 대량 은퇴로 신입사원도 그만큼 늘어나고, 어느 조직이든 기성세대와 MZ세대 간의 갈등이 고민거리가 되고 사회의 이슈가 되기도 한다.

조직의 리더십으로 보면, 1990년대 중반까지는 잘하는 사람은 상을 주고 못하는 사람은 벌을 주는 X이론이 대세였다. 요즘 MZ세대에게 X이론의 리더십은 공감하기 어려워졌다. 승진과 포상보다 자신의 행복과 개인의 삶에 가치를 둠으로 이들을 움직이려면 Y이론의 리더십이 필요하다. 잘하는 사람은 더 잘하게 하고, 못하는 사람은 그 부족한 점을 찾아 지원하고 함께 성장 발전하는 리더십이다.

모 기업에서 4개월간 프로젝트를 수행하는 일이 있었다. 50대, 30대, 20대 등 3명이 한 팀이 되어 시작할 때 주위에서 소통이 잘 될까 걱정했다. 첫 자리에서 50대 A씨의 '자신은 금년 18세로 두 형들과 4개월을 어찌 보낼지가 고민'이라는 말에 그저 웃기만 했다. 노래방에서 A씨는 젊은 세대 노래 2곡을 미리 연습해 와서 부르는 게 아닌가. 대선배에 대한 긴장감, 부담감이 허물어지고 이후에도 매운탕보다 피자를 먹는 등 상대의 관점에서 배려와 소통을 이어나가 성공할 수 있었다.

이렇듯 소통에도 3가지 기술이 필요한 것으로 보인다. 첫째는 상대의 관점에서 말하라. 둘째, 타이밍을 놓치지 마라. 셋째, 진정성을 갖고 임하라 등이다.

세상에 제일 어려운 일이 '내가 아는 지식을 상대 머리에 넣는 것'이라고 한다. 그보다 더 어려운 것이 상대를 공감하게 하는 일이다. 소통은 사람 간에 가교 역할을 하며 일상생활에서도 삶의 원동력이 된다. 기업에서도 조직의 동맥경화 현상없이 효율적인 조직문화로 가는 지름길이며, 일 방향이 아닌, 쌍방향의 소통에서 상호 공감대가 형성되는 것이고, 공감대가 형성되면 효율적인 팀 활동과 실행력으로 연결되어 성공에 이르게 되는 것이다.

4.
타인경영과 긍정 조직문화

"사람들이 자신의 이익과 지위를 유지하기 위하여 자기계발에 힘쓴다면 삶의 위대한 목적을 잃어버린 것이다. 우리는 더불어 사는 사람들을 위하여 봉사의 마음을 아끼지 않을 때 삶의 진정한 의미를 발견할 수 있다." 티베트의 정신적 지도자 달라이 라마의 말이다. 사람은 관계 속에 생을 영위하는 동물이고, 인간관계의 능력에 따라 삶은 성공하기도 실패하기도 한다.

미국 카네기연구소의 조사에 의하면, 경제적으로 성공한 사람들 중 15퍼센트는 자신의 기술적 지식에 의한 것이며, 85퍼센트는 사람들과 좋은 인간관계를 맺는 능력으로 성공한다고 한다. 15퍼센트의 사람들은 남들보다 나은 능력, 전문 지식이 뛰어나서 성공할 수 있다. 85퍼센트는 타인들과 잘 지내는 능력, 자신의 생각을 잘 표현하고 다른 사람의 생각을 잘 받아들여 사람들과 함께 원만하게 지내는 기술이 있기 때문에 성공한 것이라고 한다. 혼자서 일을 잘하는 사람을 전문가라고 한다. 리더는 여러 사람의 협력을 얻어 성과를 창출한다. 리더십은 여러 사람의 협력을 이끌어 내는 인간관계의 능력이고, 타인경영이라 할 수 있다. 타인경영 능력은 어떻게 증대시킬 수 있을까.

첫째, 상대방에게 관심을 표하는 것에서 시작된다. 미국의 필립스 아카데미와 필립스 엑서터 고등학교는 동문 35명 중 1명꼴로 미국의 명사 인명사전에 올라 있고, 백만장자가 되는 비율도 높으며 200년 전통을 이어오고 있다. 두 학교의 건학 이념은 '나 자신보다 상대방에게 관심을 표하라!'이다. 대화를 시작하는 효율적인 방법은 상대방과 연관 있는 사항에 대해 언급하는 것이다. 사무실 벽에 걸린 그림, 상대의 취미 도구, 방 한편에 놓여 있는 바둑판이 될 수 있다. 관심, 따뜻함이 들어있는 말에 상대는 마음을 여는 것이다.

둘째, 다른 사람을 존중해 주는 것이다. 모토롤라의 창시자인 밥 갤린은 공장의 부품 라인에서 일하고 있는 여성 근로자를 보고 이렇게 말했다. 저들은 모두 내 어머니 같아. 돌봐야 할 가정이 있고 그들을 필요로 하는 사람들이 있지."라며 그들에게 더 나은 삶을 주려고 애썼고, 여성 근로자들이 애사심과 정성을 다한 결과, 일류기업이 된 것이다. 상대를 귀하게 여기면 나도 귀한 사람이 되고, 대접 받고 싶으면 그만큼 대접하면 되는 것이다.

셋째, 미소를 짓는 것이다. 미소를 지을 수 있는 사람은 남의 마음을 끌며 유쾌하게 즐겁게 한다. 민주투사의 강한 이미지였던 DJ는 매일 아침 미소 짓는 연습을 하며 부드럽고 인자한 이미지로 변신해 나라님이 되었다. 감정이 있더라도 미소를 지으면 얼어붙은 상대의 마음도 열리는 것이다. "안녕하십니까. 좋은 아침입니다." 매일 아침을 여는 CEO는 '미소는 긍정 조직문화의 토양이고, 성과 창출의 원동력이다.'라는 것을 깨닫게 된다고 했다.

　사람은 관계 속에 살아가는 동물이다. 개인의 능력으로 성공하기도 하지만, 사회나 기업에서는 좋은 인간관계 없이 성공하는 경우는 드물다. 사람 간의 관계성을 중시하고 상사가 먼저 다가가는 타인 경영이 되면 긍정 조직문화가 형성되고, 조직 성과가 창출되는 사회와 기업이 되는 것이다.

5.
MZ세대와 인적자원관리 문화

　미래의 기업과 사회는 MZ세대가 만들어 간다. 요즘 어디를 가나 MZ세대가 조직관리의 이슈가 되고 화두가 된다. 개인의 성장과 개인의 행복한 삶을 추구하는 초개인화 삶을 사는 새로운 세대와 함께하는 과도기적 시대로 볼 수 있다. MZ세대를 변화시키려는 것은 시대의 흐름과 특징을 파악하지 못한 것이고, 이것은 미래 세대로 흘러가는 인류의 역사인 것이다.

　MZ세대는 1980년대 초~2000년대 초 출생한 밀레니엄 세대와 1990년대 중반~2000년대 초반 출생한 Z세대를 통칭하는 말이다. 이 세대가 차지하는 우리나라의 인구 비율이 17세부터 40세까지 1,700만 명으로 약 35%를 차지하고 있고, 디지털 환경에 익숙한 세대이기도 하다. 조직의 방향에 맞춰 하나의 지침을 내리면 따르는 게 일반적인 흐름이지만, MZ세대는 팀원이 5명이면 5가지 리더십이 필요로 할 정도로 개인의 취향과 개성이 각기 다르다. 2019년

20세 이하 월드컵 축구 결승 신화를 만들었던 정정용 감독은 원팀(One Team)의 수평적 리더십으로 감독, 코치, 선수가 하나 되는 새로운 문화를 만들었고, 18세인 이강인 선수를 탄생시키며 결승에 진출하는 쾌거를 이루었다.

MZ세대의 특징을 살펴보면, 경제관념이 밝고, 돈에 대한 고정관념이 없어 정보를 찾을 때는 가성비를 비교하지만, 자신을 나타내야 할 때는 플렉스(Flex)를 한다. 자신의 워라벨을 중요시하기에 1년 안에 퇴사하는 경우가 많고, 미래보다 지금 현재에 포커스를 둔다. 개념적으로 보면, 자기애가 강하고 희생보다는 내 감정, 나의 만족을 중요하게 생각하는 세대이다. 우리 사회도 코로나 팬데믹을 겪은 후 MZ세대를 중심으로 대퇴사시대(Great Regression)를 맞이하고 있다. MZ세대의 일자리 선택 기준은 연봉이 1위임에는 변함이 없지만 개인의 발전 가능성, 업무량, 출퇴근 거리가 중요하게 대두된다. 주52시간 시대에 기성세대는 잔업을 하면 돈을 벌어 좋다지만 젊은 세대는 거부하는 경향이 높은데, 돈을 벌어서 부자가 되는 것보다 삶의 질을 중요하게 생각하기 때문이다.

한 직장에서 삶의 터전을 위해 '회사 인간'으로 살아 온 기성세대와 달리, 본인의 생각과 맞지 않으면 쉽게 이직을 한다. 우리 사회도 선진국과 같이 집은 소유에서 삶의 공간으로 인식하는 등 국가 복지제도 흐름도 변해가고 있다. 달라진 세대에 뒤쳐진 조직과 사회의 흐름이 이어진다면 발전의 한계에 이르게 될 것이다. 기업에서도 MZ세대 분포가 점점 늘어나고, 주세대가 바뀌고 있어 기성세대에 맞는 인사 운영제도로는 효율적인 시너지를 내기 어렵다. 선진기업에서는 인사관리보다 인적자원관리 문화로 진화해 가고 있다. 즉, 100의 능력을 갖춘 사원이 그 수준의 능력을 발휘하게만 하는 것이 아니라 150 이상의 능력을 발휘하게 하고, Team Care보다 Individual Care로 개인의 성장을 위한 동기부여의 인적자원관리 문화로 발전하고 있는 것이다. 선진기업은 입사하면 나의 성장 비전을 내 직속 상관이 상세하게 수립해 주어 함께 움직이고 성장하는 조직체계로 운영되며, 상사는 부하직원의 성장 플랜 수립이 인사평가의 20%를 차지한다. MZ세대에 연계하여 개인의 성장과 조직의 발전에 맞는 인적자원관리 문화가 미래사회의 시너지를 창출하는 일류기업이 되는 것이다.

6.
부드러운 직선

아시아에서 미주까지 태평양 항해 길은 선장의 리더십에 달려 있다. 좌초될 수도 있고, 목적지까지 순항할 수도 있다. 기업에서 보면, Top의 리더십은 절대적이다. 목적지를 향해 방향과 전략을 수립하고, 조직원의 공감대 형성을 통해 원활하게 나아가는 것이 바른 길이다. 공대를 나온 사람의 리더십은 비포장 도로를 달리는 것과 같다. 공대 출신이 MBA(경영 석사)를 거치면, 그의 리더십은 아스팔트를 달리는 것과 같이 멀리 보고 부드럽게 리딩한다. 기업에서 경영자로 가는 코스가 되고 있다. 아는 지식과 경험으로 조직의 리더십을 발휘하는 속성 때문이다. 물론 유연한 사고로 경청을 통해 의사 결정을 잘하는 경영자도 있다. 좋은 리더십은 무엇이 있을까.

스무스 커브(Smooth Curve)는 미적분학과 기하학에서 주로 사용하는 개념으로, 주어진 구간 내에서 연속적으로 미분 가능한 직선을 의미한다. 곡선의 모든 점에서 기울기가 존재하고, 곡선이 갑작스럽게 방향을 바꾸지는 않는 특징과 매끄럽게 변화하는 성질을 갖는다. 부드럽게 자율성을 가지고 가되, 관리 범위 안에서 제어된다는 것이다. 부드러운 직선은 스무스 커브와 유사한 의미로 비포장과 포장 도로가 섞여 있는 것을 의미한다. 조직을 이끄는 필수 요소인 카리스마와 유연한 사고의 리더십이 담겨 있는 목표를 향해 항해하되, 스무스하게 효율적으로 가는 조직의 모습인 것이다.

　리더십은 사람들을 목표나 비전에 도달하도록 영감을 주고 이끌어가는 능력이다. 개인이나 집단의 행동과 태도에 영향을 미쳐 공동체의 목표를 달성하기 위한 방향을 제시하고 지원하며, 스스로 하게 한다. 이를 위해 구체적이고 효율적인 의사소통 능력이 중요하다. 팀원의 신뢰를 얻는 것과 어려운 상황에서도 결단력 있게 의사결정을 하는 능력이다. 팀원들에게 동기부여를 하고 마음껏 일할 수 있는 마당을 열어가는 것이다. 구성원들의 상황을 이해하고 공감할 수 있도록 하는 것과 리더로서의 책임감을 필요로 한다.

　현대 리더십은 비전과 카리스마를 통해 조직을 변화시키고 목표를 달성하는 변혁적 리더십, 리더가 먼저 봉사하는 태도와 구성원들의 성장 발전을 지원하는 서번트 리더십, 구성원의 감성을 터치하는 감성 리더십이 대세를 이룬다. 이제 관리의 시대는 끝났다. 리더는 일의 성과를 높이는 것 외에 구성원들과의 좋은 관계를 통해 긍정의 리더십을 보여주어야 한다. 실제 리더십 흐름을 보면, 방향과 목표 제시 없이 상황에 대한 인식 오류나 충동적 의사결정, 특정인을 케어하여 조직의 균형을 깨뜨리는 리더는 위험하다.

리더십은 조직원을 정해진 시간에 목적지에 이르게 하는 능력이며, 효율적인 리더십을 위해서 비전, 의사소통, 신뢰, 결단력, 동기부여, 공감 능력, 책임감이 필요 조건이다. 리더십의 개념은 권위적이고 카리스마적인 전통적 리더십에서 과학적 접근, 행동과 상황 이론을 거쳐 현대에는 변혁적, 서번트, 감성, 공감 리더십으로 발전해 가야 한다. 부드러운 직선의 리더십은 카리스마와 유연성으로 리더가 갖추어 가야 할 길이다.

7.
세상은 변하고 기업 수명은 짧아진다

더 이상 한국에는 샌드위치 위기론은 없다. 미국은 더 앞에, 중국은 우리를 추월하여 앞에 섰다. 1990년대에 선진국(미국, 일본, 독일)의 첨단 기술에 뒤지고 중국, 베트남 등 개발도상국의 저임금, 저가 생산 사이에 끼어 경쟁력을 갖기 어려운 상황이었다. 2000년대 초반까지 한국은 세계 전자업계의 리더였던 소니(SONY) 등 기술력, 브랜드, 고부가가치 면에서 일본에 뒤쳐졌지만 중반에 들어서면서 삼성이 소니를 추월하고 LG전자 마저 경쟁력에 앞섰다. 2000년 3월, 필자가 동경 아키하바라 전자 도시에 갔을 때 삼성전자 제품은 진열대에 보이지 않을 정도였다. 소니는 전자업계 미래 흐름을 읽지 못하고 디지털 전환에 실패하는 사이 삼성은 반도체, LCD, 휴대폰 시장에 초점을 두고 급성장하며 글로벌 선두에 섰다.

하지만 영속하는 기업은 없다. 언제든 퇴화 할 수 있는 게 기업의 생리다. 경영을 못하여 망하기도 하지만 산업이나 소비자, 시장의 변화를 못 따라가도 영속 기업은 어렵다. 외부의 경제위기나 사회적 불안정성도 기업을 어렵게 할 수 있다. 분명한 것은 기업 수명은 지속적으로 짧아지고 있다는 사실이다. 글로벌 경영 컨설팅 회사 맥킨지의 자료에 따르면, 기업의 평균 수명이 1935년 기준으로 90년이던 것이 1975년 30면, 2015년에 15년으로 갈수록 줄고 있다. 기업 수명이 짧아지는 이유는 산업 재편 속도가 빨라졌기 때문이다.

2007년 애플의 아이폰이 등장할 당시 휴대폰 세계 최강자는 노키아였다. 노키아가 시장에서 사라지기까지 불과 8년밖에 걸리지 않았다. 세계 1등도 변하는 속도에 적응하지 못하면 생존을 장담하지 못하는 시대다. 철강업에서도 일본을 앞서던 한국 기업이 중국에 밀려 경쟁 상대에서 멀어지는 흥망성쇠의 흐름이 있다.

기업의 실적을 분석할 때 매출과 영업이익 수치만 볼 것이 아니라, 신사업 분야에서 올린 매출과 이익을 따로 봐야 한다. 미래 먹거리가 계속 준비되지 않는 기업은 당장은 건재해도 내일을 장담할 수 없는 것이다. 최근 주식시장에서도 기업 평가를 할 때 총 매출, 영업이익, 순이익 등의 재무 재표만 보는 것이 아니다. 기업평가에서는 조직의 성과를 종합적으로 평가하기 위해 사용하는 전략적 성과 관리 도구인 BSC(Balanced Scorecard)를 사용한다. BSC는 재무지표 중심의 평가에서 벗어나 비재무적 지표를 포함한 재무, 고객, 프로세스, 학습과 성장 등 4가지 관점에서 조직 성과를 균형 있게 평가한다.

재무적관점은 조직의 수익성, 성장성, 생산성 등을 측정한다. ROI, 매출성장률, 순이익률 등이다. 고객 관점은 기업의 제품 만족도, 고객 충성도, 시장 점유율 등 기업의 신뢰 수준을 보는 것이다. 내부 프로세스 관점은 생산 리드타임, 불량률, 공정 개선지표, 조직 내부 운영 효율성 등 생산과정의 신뢰 수준을 평가한다. 학습과 성장의 관점은 기업의 미래, 직원 교육 시간, 조직문화 지표, 직원 만족도 등 인적 자원개발과 조직 역량 강화도 측정하는 것이다. 이런 듯 기업의 수명은 사회와 시장 변화를 예지하고 전략적 미래 비전 설정과 지속적 도전만이 영속 기업 여부를 판가름 하게 되고, 지속 가능한 기업이 되는 것이다.

8.
Design Thinking으로 여는 새로운 길

　현대를 살아가는 사람들의 행복은 무엇을 통해서 느끼는 것일까? 여러 가지가 있겠지만 소소한 일상생활에서의 작은 행복도 소중한 것이다. 일반적으로 가족, 친구, 연인 등과의 관계에서 사랑과 소통을 통해 행복을 느낄 수 있다고 한다. 서로를 이해하고 지지해 주며, 함께 시간을 보내는 것은 사람들에게 큰 만족감과 행복을 주는 요소이다. 가정주부가 전자상가에서 새로운 디자인과 기능이 있는 냉장고를 보면 고가임에도 구매하게 된다. 그것은 생활의 편리함과 행복을 안겨주기 때문이다. 기업에서 보면, 중대재해 3법이 통과되고 발효되면서 수많은 기업주들이 구속을 피하기 위한 여러 활동들이 산업현장에서 일어나고 있다. 특히 고위험 수작업 공정을 자동화함으로써 원천적으로 위험 작업장을 개선하여 사고를 방지하는 것으로 Design Thinking Tool을 활용하여 문제를 풀어간다.

Design Thinking이란 무엇인가? 현재의 상태를 더 좋은 것으로 변화시키는 것으로, '인간을 생각의 중심에 두고, 인간에 대한 공감을 통해서 새로운 문제점을 찾아내고, 개선하는 사고방식과 Tool들의 집합'으로 정의한다. 인간의 생각과 미래의 가치, 기술의 균형을 이루는 특징이 있고, 직관적 사고를 통한 숨어 있는 문제 발굴과 분석적 사고를 통한 문제해결로 구성되어 있다. Design Thinking의 문제해결 과정은 다음 단계로 이루어진다.

첫 번째, 이해와 공감(Empathize): 사용자의 니즈와 경험을 이해하기 위해 연구와 관찰을 통해 사용자를 탐색하고, 사용자와의 공감을 형성한다. 두 번째, 문제 정의(Define): 사용자의 요구사항과 문제를 명확하게 정의한다. 이 단계에서는 사용자의 관점과 필요성을 파악하여 핵심적인 과제를 도출한다. 세 번째, 아이디어 도출(Ideate): 다양한 관점과 창의성을 활용하여 아이디어를 발굴한다. 브레인스토밍, 아이디어 스케치, 아이디어 보드를 사용하여 아이디어를 확장하고 조합한다. 네 번째, 실험과 검증 단계(Prototype): 아이디어를 설계하고 실제 프로토타입(시제품)으로 제작하여 테스트한다. 사용자의 피드백을 수집하고, 프로토타입을 수정하며 개선해 나간다. 다섯 번째, 구체화와 개발 단계(Test): 프로토타입의 결과를 바탕으로 최종 솔루션을 구체화하고 개발한다. 사용자의 요구사항과 피드백을 적극적으로 반영하여 완성도 높은 결과물을 얻는다. 각 단계는 반복되며, 문제의 복잡성에 따라 여러 번 반복되기도 한다. 사용자 중심의 솔루션이 도출되고, 실패를 통해 학습하며 개선하는 반복적인 방식으로 문제를 해결한다.

　상황 이해/아이디어 발굴/아이디어 설계/시제품 개발/테스트/적용 등 이러한 과정을 거쳐 사용자 중심 니즈를 반영해서 냉장고 기능과 디자인을 새롭게 하여 삶의 편리성과 행복 수준을 높여간다. 제조현장에서도 고위험 수작업 공정을 자동화 아이디어로 설계하고, 자동화장치를 개발하여 사람을 다치지 않게 하는 사회적 욕구 수준을 향상시키는 Design Thinking Tool은 행복한 사회를 이끄는 새로운 길이다.

9.
강한 기업을 만드는 미에루카 경영

　미에루카 경영은 모든 것을 알 수 있게 구성해서 쉽게, 편리하게, 효율적으로 운영하는 것이다. 고객, 경영, 조직, 문제, 지혜 등이 보이기 시작하면 기업은 강해진다. 미에루카는 '눈으로 보이게 하다.'의 일본말이고, 도요타자동차에서 생산 현장은 물론, 모든 경영일반에까지 적용되고 있다. 사거리 교차로에 신호등이 없으면 어떻게 될까? 혼란과 혼돈으로 후진국형 교통시스템이 될 것이다. 선진국은 복잡하게 보이는 거미줄 같은 교통시스템이 구축되어, 눈으로 보이는 구조와 세 가지 색으로 심플하게 돌아간다.

　가정에서 보면, 계절이 바뀌어 옷장에 옷을 찾을 때, 불편함을 겪는 경험이 있을 것이다. 사계절 칸을 구분하고 평상복, 외출복 등을 표기해 놓으면 찾는 데 편리하고, 같은 옷을 또 사는 실수를 줄일 수 있을 것이다. 기업에서 보면, 문제를 드러내지 못하여 개선하지 못하는 잠재적 문제가 70%, 눈에 보이는 문제는 30% 정도라고 한다. 눈에 보이지 않는 문제를 발굴하는 것이 관건이다. 이것은 인식의 문제와 기술적 분석에 의한 속의 문제를 드러내게 하는 것이다.

끊임없는 개선 문화를 갖고 있는 도요타자동차는 직책간부 인사평가에서 문제발굴능력 30%, 개선력 20%를 평가한다. 생산현장뿐만 아니라 조직상의 문제도 드러내어 효율적인 구조로 개선하는 것이다. 문제를 드러내면 개선은 시작되는 것인데, 문제를 문제로 못 보는 것도 큰 문제다. 이는 학습과 훈련을 통해서 속 문제까지도 볼 수 있어야 한다. 제조업의 생산 속 문제를 드러나게 하려면, 생산의 제 조건에 대한 학습이 필요하다. 설비, 사람, 재료, 방법 등 각 상세분석에서 문제를 찾아내고 개선하면 생산 안정화를 통해 프로세스 수준을 높여 경쟁력 확보와 지속 가능한 경영을 만들어 나가는 것이다.

생산 현장에서도 5S(정리, 정돈, 청소 등)와 VM(Visual Management)을 통한 살아있는 현장을 만들어 나갈 수 있다. 예컨대, 정리를 통해 필요 없는 물건은 과감하게 버리고, 여유 공간이 생기면 흐름을 좋게 하는 레이아웃(Layout)을 설정한다. 정해진 위치에 정해진 물건을 물건의 크기, 모양, 무게, 정해진 양에 맞게 설계한 보관대 설치와 VM을 표기하면 일을 편리하게 하는 작업조건이 되는 것이다. '보이면 해결된다' 식의 단순한 문제는 점점 줄어들고 있고, 실제 기업활동에서도 이상 상태나 문제를 발견했다고 해도 그 원인을 규명하는 데는 시간이 걸리는 경우가 많다. 실질적 효과를 위해 '근본 원인의 가시화'가 중요한 것은 문제를 일으키는 이유를 알고 근본적인 대책수립이 가능하기 때문이다.

 이렇듯 미에루카 경영의 보다 중요한 점은 보이게 됨으로써 뭔가 새로운 것이 '자라나는 것'이다. 눈이 뜨이면 현상이 보이게 되고, 교육과 훈련을 통해 근본적인 문제를 풀어나가는 현장을 만드는 것이다. 보이지 않는 현장은 무너지고 오직 보이는 현장만이 살아남을 것이다. '보인다는 것', 그것은 기업의 근본적인 경쟁력이며, 강한 기업을 만드는 생명선이다. 강한 현장력은 경영자의 경영능력에서 시작된다.

10.
일류기업으로 가는 지식경영

기업의 수준은 사람이 결정하며, 직원이 일류사원이 되면 일류기업이 된다. 일류사원은 지혜를 갖춘 것이고, 지혜는 지식에서 나오며, 지식이 없는 이들이 모인 조직에서는 집단지성의 지혜가 나올 수 없다. 지혜는 지식을 활용하는 기술인데, 기업에서 보면 산적한 문제해결과 미래의 성장 발전을 위해서 필요한 것이다. 지혜로운 경영자는 미래를 예측하고, 통찰력을 가지고 전략적 경영을 수행한다. 1980년대 초 구미에 있는 삼성전자를 간 적이 있다. 전자부품 조립공장 복도의 벽에 '가방에 지갑은 놓고 다녀도 책은 넣고 다녀라!'라는 하얀 천에 쓴 붓글씨가 떠오른다. 복도 가판대에 책이 진열되어 있었고, 직원이 원하는 책은 다 비치되어 있었다. 라디오를 조립하는 일이었지만 전 직원이 늘 손에 책을 놓지 않는 삼성전자를 보고 미래 일류기업이 될 것으로 예측했다.

지식경영(knowledge management)은 사람, 문화, 제도와 조직, 시스템으로 구성되고, 그 근간은 지식 프로세스에 있다. 지식 프로세스는 지식의 변환과 활용, 새로운 지식의 창출이 연속적인 순환과정을 통해 새로운 부가가치 창출에 기여를 함으로써 고객에게 만족도를 높여주고 기업에게는 이윤을 가져다 주는 구조를 말한다. 미국의 컨설팅업체 델파이그룹이 말하는 지식경영의 요소를 살펴보면 첫째, 지식의 획득(Capturing)으로, 기업은 외부에서 지식을 획득하거나, 연구나 경험을 통해 내부적으로 지식을 창조한다. 둘째, 지식의 공유(Sharing)로, 기업이 언제 어디서든 지식에 접근 가능하도록 만든다. 지식의 공유를 통해 조직의 학습능력을 크게 증진한다. 셋째, 지식의 레버리징(Leveraging)으로, 기업의 지력을 이용하여 지식을 더 나은 제품과 서비스로 전환하는 과정이다. 넷째, 지식의 공급(Feeding)으로, 지식을 제품에 체화시켜 제품의 가치를 증진시킨다. 지식이 없는 기업의 특성은 동일한 실수를 반복하거나 업무가 중복되고, 좋은 아이디어를 공유하지 못한다. 또한 소수 인력에 의한 의존도가 높고, 신제품 출시가 늦어지는 등 기업경영 손실의 큰 요인이 되는 것이다.

　성공적인 지식경영을 위해서는 미래에 대한 개인, 조직에 대한 비전과 동기부여를 강화하고, 창조적 도전으로 인한 실패는 용인될 수 있도록 한다. 지식경영은 패러다임을 바꾸는 것으로, 결과의 분석보다는 적용하는 행동이 선행되어야 한다. 지식경영이 강한 P사를 보면, 학습동아리를 기반으로 학습조직이 구성되고, 개인의 노하우를 등록하고 조직의 지식으로 만드는 암묵지를 형식지화 한다. 가령, 설비의 구조와 작동원리를 학습하고 등록하면 온라인으로 토론이 벌어져 지식공유가 깊이 있게 되는 것이며, 분야별 전문가를 만드는 기술명장 육성 등 지식근로자를 양성하고 있다. 현장에 강한 지식근로자가 되면 깊이 있는 문제를 발굴하는 능력과 해결 가능한 인재로 육성되어 지식경영의 기반이 되고, 조직의 인적 수준이 일류기업의 측도가 되는 것이다.

일류기업으로 가는 길은 모든 직원이 지식근로자가 되어야 하고, 지식근로자가 제 기능을 발휘할 수 있도록 지식 공유와 지식 창조가 우선시되는 문화가 형성 되어야 한다. 기업이 생산하는 것은 제품보다 새로운 지식이고, 기업의 경쟁력은 지식의 생산성에 좌우된다.

11.
독서경영과 성장하는 기업

손에 책을 놓지 않은 민족은 역사적 생존과 강한 나라를 만든다. 전쟁영웅 나폴레옹은 그리스와 로마의 영웅전 등 전기를 즐겨 읽고 리더십과 전략에 대한 영감을 얻어 전쟁에서 승리했다고 한다. 우리는 한 달에 몇 권의 책을 읽는가. 일 년에 한 권을 읽지 않는 사람도 있을 것이다. 안중근 의사는 "하루라도 글을 읽지 않으면 입안에 가시가 돋는다."라는 휘호를 남겼다. 글이란 읽을수록 사리를 판단하는 눈이 밝아진다. 두 권 읽은 사람이 한 권 읽은 사람을 지배한다. 억만 장자 빌게이츠도 유년시절부터 책이 친구였고, 책과 함께하며 하버드 대학 1년 중퇴 후 기적의 역사를 썼다. 책 속에서 지식을 얻고, 지식에 생각을 더하면 지혜가 되고, 가치 있는 기업문화로 간다.

한때 기업에서 독서경영으로 바람이 불은 시기가 있었다. 포스코에 독서를 중시하는 CEO가 부임하면서 독서경영이 시작되었다.

한국독서경영연구원장 H씨를 초청해 강연을 듣고 코칭을 받으면서 체계적인 독서활동을 하게 되었다. 인문학에 경영을 잇는 직책 보임자의 인문학강좌와 부서에 독서 도우미도 생겼다. 이어령 교수의 자문을 받아 뭔가 깨달았다는 의미의 '유레카'를 응용한 포레카를 만들었고, 첫 문을 열 때 "사람은 아기가 엄마 배 속에 잉태할 때 본능적으로 웅크리는 자세의 혼자 생각하는 공간이 필요하다."라며, 생각하는 공간의 중요성을 말하기도 했다. 이후 지역마다 포레카를 만들고, 다양한 책을 비치하여 직원들이 자유롭게 휴식을 취하며 책을 읽고 지식과 지혜를 업무에 녹여 일의 효율성을 높여 나갔다.

직장인이 읽는 추천도서 20권이 권장되고, 부서마다 독서 디자이너가 도우미 역할을 했다. 적절한 책을 선정하여 읽고 토론하며 지식을 습득하고, 이를 통해 창의력과 문제해결 능력을 향상시켜 나갔다. 책을 통해 개인의 성장뿐만 아니라 조직의 발전에도 영향을 미쳤다. 부서마다 도서를 정하여 읽은 내용을 발표하고, 독서 디자이너가 요약 정리했다. 정리된 지식을 어떻게 현업에 접목할 것인지, 토론하고 운영방안을 정립했다. 현업에 적용한 후 다양한 반응에 대한 성공사례를 공유하고, 요약된 지식과 지혜를 지식경영시스템에 등록하여 공유하고, 누구든 쉽게 활용하고 일에 접목했다.

기업에서 독서경영의 필요한 조건은 경영진의 관심과 리더십, 독서를 장려하고 독서문화를 조성하는 일이다. 또한 적절한 도서 선택과 독서 활동을 지원하는 인프라가 필요하다. 성공한 기업은 독서를 통해 직원들의 지식과 역량을 향상시키며, 일에 접목하여 효율을 높이거나 문제해결에 활용하기도 한다. 독서를 일상적인 업무의 일부로 통합하고, 지식공유를 장려하여 조직 전체의 성과를 향상시키는 역할을 한다. 책을 놓지 않는 기업이 망하는 경우는 없을 것이다. 오늘날 삼성전자가 성공하는 것도 직원들의 손에 책을 놓지 않는 기업문화가 토양이 되었기 때문이 아닐까. 독서에서 지식을 얻고, 생각을 넣어 지혜를 만들고 일에 접목하는 기업은 성장하는 기업이 된다.

12.
상상경영의 남이섬 이야기

상상경영은 창의적이고 혁신적인 사고를 통해 기존의 틀을 벗어난 새로운 비즈니스 모델이나 아이디어를 실현하는 경영방식을 의미한다. 기업이 경쟁력을 유지하고 지속적으로 성장하기 위해 중요한 일이다. 전통적인 경영방식에서 벗어나 창의성과 혁신을 중시하는 접근법이다. 상상경영을 하기 위해서는 새로운 아이디어를 생성하고, 이를 실현 가능한 형태로 변환하는 능력이 있어야 하고, 기존의 제품, 서비스, 프로세스를 개선하거나 완전히 새로운 것을 도입하여 시장에서 경쟁우위를 확보하는 일이다.

필자는 모처럼 서울에서 경춘선을 타고 강원도 가평에 위치한 남이섬을 방문했다. 남이섬은 1990년대 버려진 섬을 가꾼 것이지만, 만년 적자에 취객이 흥청거리는 지저분한 유원지였다. 2000년, 아들과 놀러 왔다가 연봉 100원에 사장이 된 강우현 CEO는 남이섬을 먹고 마시는 유원지에서 문화예술과 자연생태가 어우러진 대표적 관광지로 탈바꿈시켰다. 성공비결은 상상기술이다. '국내외 수많은 관광객이 비좁은 공간에서 웃으며 사진 찍는 모습'을 상상하며 미래를 그리고 실행계획을 세웠다고 한다. 돈과 사람이 없었던 섬 동네에 주변 사람들을 취업시켜 환경을 가꾸고, 실직 위기에 처한 70대 도자기공에게 도자기를 굽게 하고, 체험학습 공간도 만들어 가족이 참여하는 스토리가 있는 섬으로 즐거움을 더하게 했다. 나이를 넘어 할 수 있는 일을 존중하고 활용한 것이다. 공원 내 차량은 전기차로 친환경체제를 갖추었고, 젊은이들이 좋아하는 공연과 이슬람교 관광객을 위한 기도실도 꾸려 놓는 등 국내외 손님에 대한 세심한 배려가 있었다. 지역과 함께 성장하는 기업, 정년이 없는 기업을 추구하며 자부심에서 나오는 밝은 표정과 손끝 서비스로 이어지는 문화가 형성되어 있었다. 응용미술과 디자인을 전공한 강 대표는 그림 미술작가답게 "구성원의 상상력 수준에 따라 가정, 회사, 국가의 미래 운명이 달라진다."라고 했다.

여의도의 5분의 1 정도의 면적에 연간 30만에서 185만 명이 방문하는 관광지를 만들었던 CEO는 '상상에는 불가능이 없고 상상을 현실로 만들면 된다. 안 된다고 생각하면 되는 것이 없고, 가능성을 믿으면 상상이 현실이 된다. 상상한 것들을 해보라. 쾌적한 환경을 상상했다면 지저분한 것은 치우고, 없으면 만들고 안 되면 다시 하고!'라는 생각으로 상상의 정원을 가꾸어 왔다.

기업에서 상상경영은 미래의 바람직한 모습을 그려놓고, 현재 수준에서 부족한 영역에 대한 전략을 수립하고, 목표와 계획을 실행하는 것에 있다. 상상경영의 조건은 개방적이고 창의적인 기업문화를 조성하고, 직원들이 자유롭게 아이디어를 제안하고 실험할 수 있도록 하는 환경이 필요하며, 리더의 역할이 중요하다. 성공을 논하는 이론가나 평론가보다 역 발상으로 '배운 것 버리고, 가진 것 뒤집으면 아이디어가 생겨난다.' 상상으로 놀이하고, 상상으로 경영하고, 남이 안 된다는 사고의 관점을 바꾸어 보면 실패의 늪에서 성공의 길로 거듭 나는 것이다. 한 사람의 상상력과 리더십이 세상을 바꾼다.

13.
올해의 혁신상, 글로벌로 통하는 혁신

포스코가 제15회 월드 스틸어워즈(WSA; World Steel Awards)에서 '올해의 혁신상', '교육과 훈련', '커뮤니케이션프로그램' 등 3개 부문 수상자가 됐다. 2025년 10월, 세계철강협회는 저탄소철강생산, 지속가능성, 전 과정 평가 등 포함 6개 부문으로 나누어 벨기에 브뤼셀에서 시상식이 진행됐다.

'교육 훈련' 부문에서 'QSS(Quick Six Sigma) 트레이닝 프로그램'이 인정받았다. 신입사원에서 경영진까지 모든 사원을 대상으로 비능률, 설비, 품질 등의 주제를 다루며, 생산성과 근무 환경의 문제를 찾아 개선할 수 있는 방식을 배우게 했다. 학습 모듈은 철강 생산프로세스의 낭비 제거를 위해 낭비발굴 능력과 개선 능력 향상을 통한 생산성, 경쟁력 확보가 가능하여 세계철강협회의 다른 회원사들도 적용할 수 있는 점이 높이 평가되었다.

불황에도 흑자를 내는 기업 일본 도요타자동차의 생산방식이 전

세계에 통하여 지금도 TPS(Toyota Production System)가 벤치마킹 대상이 되는 것처럼, 포스코의 제조현장 낭비 제거 활동인 QSS는 전세계 철강사는 물론, 일반 제조업에서도 혁신 방법으로 적용할 수 있다. 국내 철강, 건설, 에너지 등에 적용하여 성공한 기업들이 많은 것이 이를 증명한다.

세계철강협회가 인증했듯이, 도요타자동차의 생산방식에 웨이를 붙이는 것처럼, 포스코의 혁신도 웨이를 붙일 수 있도록 노력할 필요가 있다. 생산 프로세스의 낭비를 발굴하고 개선하는 것이 일상화되고, 습관을 넘어 체질화되어 일상 개선이 문화가 되는 것이 포스코웨이로 가는 길이다. 경영자의 비전 제시와 현재의 모습과 차이를 경영 목표로 세우고, 전략과 전술로 비전이 실현되는 기업을 문화로 가는 혁신이라 할 수 있다. 문화 혁신은 조직 내 기존의 가치, 행동 방식, 규범, 관습 등을 개선하거나 완전히 새로운 문화로 변화시키는 과정을 의미한다. 기업의 성과와 지속 가능한 성장을 지원하며, 직원들의 동기부여, 창의성, 협력 등을 촉진하는 데 중요한 역할을 한다.

기업 혁신이 문화로 가기 위해서는 첫째, 리더의 강력한 의지다. 변화는 리더십에서 시작되며, 경영진이 먼저 새로운 문화를 수용하고 본보기를 보여야 한다. 둘째, 명확한 비전이다. 조직 전체가 이해할 수 있고 공감할 수 있는 변화의 비전이 필요하다. 변화가 왜 필요한지, 어떤 목표를 달성할 것인지를 명확히 해야 한다. 셋째, 구성원의 참여. 직원들의 적극적인 참여와 동의가 필수이다. 변화는 위에서 강요하는 것이 아니라 구성원이 자발적으로 받아들여야 한다. 넷째, 지속적인 커뮤니케이션이다. 변화 과정에서 발생하는 혼란을 최소화하고, 구성원의 불안감을 해소하기 위해 개방적이고 투명한 소통이 필요하다. 다섯째, 인센티브시스템이다. 변화된 문화를 실현하는 직원들에게 적절한 보상과 인센티브를 제공해 동기부여해야 한다.

조직 내 모든 구성원이 변화의 필요성에 공감하고, 리더의 의지와 체계적인 운영, 지속적으로 진화될 때 문화혁신으로 가는 지름길이 된다.

제7장

업종별 기업 혁신의 성공 비밀은 무엇인가

인사는 조직 내 혁신과 성과에 큰 영향을 미칠 수 있다. 좋은 인사정책은 직원들의 창의성과 열정을 촉진하고 혁신을 유도한다.

'모든 일에는 프로세스가 있고, 프로세스는 낭비가 숨어 있다.'
혁신은 시작과 과정, 결과가 있는 프로세스 수준을 높이는 일이다. 프로세스 상의 낭비를 정의하고 발굴하여 개선하는 것이 개선활동이다.

1.
끊임없이 진화하는 혁신
[철강]

한 기업의 혁신은 생산 가동하면서 시작된다. 일반적으로 혁신 기법을 도입하는 유형은 3가지로 나눌 수 있다. 혁신 기법 원리를 그대로 적용하는 문제 해결방식, 혁신 기법 원리 변형의 방식, 원리 학습 진화의 방식 등이다.

첫 번째, 문제 해결방식이다. 혁신 툴을 써서 원하는 문제를 해결하는 방식이다. 예를 들면, 품질 불량이 많아 해결 요청이 오면, 진단과 QC(Quality Control) 등 필요한 기법을 적용하여 해결한다. 단순 문제 해결방식으로는 '일하는 사고, 일하는 방법'에 변화를 주어 기업의 문화로 가는 일은 없다.

두 번째, 원리 변형의 방식이다. 기법 원리를 이해하고, 자사의 기업문화와 일의 특성에 맞춰 초기부터 변형해서 적용하는 경우다. 울산 현대자동차는 일본 도요타자동차 생산방식 TPS(Toyota Product System)의 원리를 변형하여 적용한 케이스다. 건설 초기 도요타의 기술 상무 아라이의 기술지도를 받았으나, 현대의 기업 문화에 맞게, 대내외 자동차 산업 여건에 맞게 대량생산 체계인 미국 포드 방식을 선택한 것이다. 현대자동차의 제2 생산공장은 불황에도 흑자를 내는 팔리는 속도로 생산하는 체계인 도요타자동차 생산방식을 적용했다.

세 번째, 원리 학습 진화의 방식이다. 세계적으로 검증되고 인정받은 혁신 기법을 도입하고, 기업의 문화를 토대로 학습과 진화를 통한 자사의 고유 혁신 문화로 재정립하여 추진하는 방식이다. 포스코는 세 번째 방식이다. 1973년 첫 쇳물을 생산하면서 불량이 30% 이상 되자, 'Zero Defect' 문제해결 기법을 도입하여 자주관리 분임조 방식의 운영체계로 30여 년 활동하였다. 2002년 5월에 6시그마 기법과 경영방식을 도입하면서 제2의 변화가 시작되었다.

6시그마 기법은 1986년 미국 전자통신 업체인 모토롤라의 품질관리 엔지니어 빌 스미스가 개념을 창안하고, 1988년 마이클 해리가 방법론을 구체화 하여 정립한 것으로, QC(Quality Control)를 응용하여 제품 백만 개 생산 중 불량을 3~4개만 허용하는 개선 방식이다. 통계적 사고로 데이터를 분석하고, 데이터로 최적의 생산 조건을 제시하고, 데이터로 지속 관리해 주는 방식이다. 따라서 생산 과정에서 일어나는 데이터를 가용할 수 있는 신뢰성을 확보하는 것이 전제가 된다. 이것이 안 되면 적용할 수가 없다.

6시그마 기법의 수행 원리와 기능은 생산 과정에서 다양한 문제를 찾아 과제화하고, DMAIC 기법을 적용하여 풀어가는 방식이다. M단계 분석에서 다양한 데이터를 가공하는 미니탭 툴(Tool)을 사용하고, 데이터가 10만 개 이상인 경우는 데이터마이닝 툴을 사용한다. 분석 과정이 어렵고, 해결 방식도 온도, 압력, 속도 등 여러 가지 변수의 최적 생산 조건을 찾아내는 RSM 툴을 사용하는 등 전문 엔지니어가 아니면 쉽게 사용하기 어려운 단점이 있다.

새로운 강종을 개발하고, 생산라인 공정기술을 개선하는 기술연구소도 6시그마 기법을 전면 적용할 때 적용성, 효과성에 한계가 드러났다. CEO의 의지로 도입한 6시그마를 3년여 적용하는 동안 문제 해결방식에 한계를 인정하고, 미국 부즈 알렌 해밀턴(Booz Allen Hamilton) 기업 경영 전문 컨설팅 그룹을 초대하여 진단 받고, 문제의 속성에 맞는 기법을 개발하여 적용하는 것으로 처방전을 받았다. 즉, 2005년 9월부터 제철소 생산라인의 다양한 설비, 생산, 품질, 원가, 환경, 안전 등의 문제는 6시그마란 어려운 기법보다 3정 5S, TPS, TPM 방식을 융합하고, 산업공학 기법인 IE(Industrial Engineering)를 접목한 QSS(Quick Six Sigma)를 개발하여 적용하기에 이른다.

QSS는 초기 3정 5S 기법을 활용하여 Clean 작업장과 공구, 치구, 비품, 용품 등 작업에 필요한 것을 쉽게 사용할 수 있는 작업조건 개선이다. 거대 장치산업의 특성상 설비 환경과 설비 예방관리를 위해 TPM(Total Preventive Maintenance)을 도입한다. TPM 7Step 중 생산 현장에 필요한 1~3Step(닦고, 조이고, 기름 치고)을 '마이 머신(My

Machine)'이란 이름으로 10여 년을 적용하여 생산 조건의 70%인 설비 환경과 기본 갖추기 등에 큰 성과를 거두게 된다. 제철소의 일반 강 생산에는 해결되었으나, WP(World Premium) 고급 강을 생산하는 문제해결 기법에는 한계가 있어 50/1000에서 1/1000의 정밀관리 생산 조건을 구현하고자 TPM의 4~5Step을 응용한 My M&S(일명, 회 뜨는 칼)를 개발하여 적용하기도 했다.

2025년도 QSS2.0시대를 열면서, 또 한 번 최적화되고 진화한다. 근무 조건과 대내외 변화된 요건에 맞게 개발했다. 즉, 3정 5S, 설비 기능, 성능을 복원하는 툴체계를 신(新)유지관리란 이름으로 최적화했다. 생산 현장에 4조 2교대 근무 조건이 바뀌고, MZ세대가 생산의 주류를 이루는 여건에 맞게 심플한 혁신체계로 구성하며, 또 한 번의 진화와 툴 최적화를 이룬다. QSS2.0활동은 시대에 맞게 QSS(Quick Smart Solution)로 정의하고, 20년의 혁신 경험과 노하우를 토대로 현업에서 원하는 문제에 대한 솔루션을 제때에 제대로 제공하는 방식으로 추진된다. 더 많은 효과와 효율성, 그리고 시너지를 기대한다. 포스코의 혁신은 끊임없이 진화한다.

2.
기술연구소의 R&D형 혁신
[연구소]

"기술연구소도 혁신을 하는가?"라는 질문을 많이 받았다. 기업 혁신은 생산, 서비스, 사무 간접 등이 일반적이지만, 연구소 실험 프로세스를 혁신하는 곳은 많지 않았다. 필자는 P사 기술연구소 혁신 컨설팅을 13년부터 10여 년간 긴 시간 지원했다. 포항, 광양, 송도 3개 지역에서 600여 명의 공학박사들이 제철소 공정기술 개발과 신(新) 강종 개발에 집중하고 있다. 예를 들면, 수소분석기를 통한 녹이 슬지 않는 강종 개발 분석이나, 자동차 휠을 알루미늄에서 철로 바꾸는 기술이 접목되어 성공하는 사례도 나왔다. 이러한 것들은 가볍고, 단단하고, 내구성이 강한 비행기 재료 같은 강종을 개발하는 것이다. 세탁기, 냉장고에 들어가는 스테인리스 강도 더 가볍고, 내구성이 좋게, 컬러 강판은 소비자가 원하는 디자인과 표면 상태를 개발하여 생산 공장으로 기술 전이하고 소비자를 만족할 수 있게 한다. 기술연구소 실험 공정 혁신의 방향과 방법론은 무엇이 있는가.

　기술연구소는 철의 강종(고강도, 고인성 강재) 개발을 효율적으로 혁신하기 위해 3가지 방향 설정이 필요하다. 첫째, 고성능화 및 친환경성이다. 기존 강종 대비 강도와 인성을 향상시키고, 친환경적인 신소재 개발에서 경량화와 탄소배출 절감을 목표로 해야 한다. 둘째, 지속 가능한 시험 프로세스 개발이다. 재료 생산과정에서 에너지 효율성을 높이고, 탄소 배출을 줄이는 방향으로 생산 공정을 최적화 해나가야 한다. 현업의 개선 활동은 실험 프로세스의 실험 조건을 개선한다. 셋째, 스마트 제조기술 도입이다. AI와 빅데이터 기술을 활용한 스마트 제조 및 품질관리시스템을 구축하여 개발 과정의 불합리를 줄여 효율성을 극대화한다.

　연구소에 혁신 방법으로 6시그마를 도입한다고 했을 때, 연구원들의 이견이 있었다. 그것은 연구원의 고유 연구 방식이 있기 때문이다. 혁신 기법은 일의 속성과 설비 특성, 프로세스 특징을 이해하고 맞는 방법을 적용하는 것이 옳은 일이다. 일괄적 동일 방법으로 도입하는 것은 실효 가치가 적어 지속되지 못한다. 연구소의 혁신 방법론은 연구소 실험 과정에 맞게 개발하여 모두가 공감하는 것으로 실행 효과가 있어야 한다.

　연구 특성에 맞는 R&D형 혁신방법론을 개발하고자 설계를 하고, 시범 모델 7팀을 꾸렸다. 공정기술 개발, 강종 개발에 물리적 실험, 화학적 실험, 자동차 강판 실험, 강구조 실험 등 팀을 구성하여 1년간 진행했다. 설계의 내용대로 실험하며, 다양한 변수를 개선하고, 실험 정확도, 실험 스피드 향상에 초점을 둔다. 연구 프로세스의 실험 조건을 세분화하여 구조적 문제를 개선하는 등 혁신 방법론을 최적화한다. 실험 품질은 실험결과 데이터의 편차가 없고 재현성이 확보되어야 한다. 공정기술, 신강종 개발의 물리적, 화학적 실험 프로세스 7개 모델을 1년간 적용하고, 검증을 거쳐 기술연구소에서 인정하는 R&D형 혁신 방법론을 정립했다.

 기술연구소는 실험의 정확도와 스피드를 높이기 위해 고급기술 인력의 전문성을 강화하는 것과 첨단 분석 장비와 실험 환경의 인프라가 있어야 한다. 신 강종이 실제로 산업현장에서 어떻게 사용될지, 고객 니즈에 맞는 강종 개발을 위해 정립 된 R&D형 혁신 방법론을 적용하며 지속적으로 진화 발전하게 된다.

3.
인사가 혁신에 선한 영향력을 준다
[제조업]

　인사는 조직 내 혁신과 성과에 큰 영향을 미칠 수 있다. 좋은 인사정책은 직원들의 창의성과 열정을 촉진하고 혁신을 유도한다. 효과적인 리더십과 인재 관리는 직원들의 역량을 향상시키고, 기업의 성과를 높이는 것이다. 인사는 조직의 문화와 성과에 직접적으로 영향을 미치며, 잘 구축된 인사 전략은 기업의 경쟁력을 강화시킨다. 세계 선진기업들은 경영 비전과 전략에 맞춰 개인과 조직의 성장을 인사에서 제시하고, 기업 발전의 원동력이 되는 혁신의 모멘텀도 인적자원관리에서 기인되며, 시스템화되어 기업 문화로 간다.

　최근 4차 산업혁명에 전기차가 부상하면서 자동차 배터리 생산에 관심이 쏠리고 있다. 여기에다 수소차가 친환경 공법의 미래 차로 떠오르면서 두 차의 동력으로 배터리가 중요해졌다. 필자가 4년간 컨설팅했던 포스코퓨처엠은 배터리 원료를 생산한다. 포항에 본사를 두고 있고, 제철소 용광로 내벽에 들어가는 내화벽돌을 만들어 공급하고, 구미와 세종에서는 양극재와 음극재를 생산하여 LG 화학에 전기차 배터리 원료로 공급한다.

혁신은 생산 공정에 낭비를 줄여 생산 프로세스를 최적화하고, 경쟁력을 확보하여 지속가능 경영을 만들어 나간다. 포항 청림에 위치한 내화물 사업부는 물류 개선과 공정별 생산 조건 불합리를 찾아 지속적으로 개선하고 있다. 내화물사업실장은 연초부터 7가지 혁신 전략을 밝히며, 4개 공장 각각의 특징에 맞춰 실행 안을 수립하고, 직책 간부 변화관리와 현장 진단을 통해 개선 지원을 했다. 구미 양극재 공장은 좁은 공간에 창고가 부족하여 생산 물류 흐름의 효율성이 약했다. 새로운 품종을 생산하기 위해서는 고객사인 LG화학의 3번의 평가를 통과해야 했다. 그때마다 다량의 원료와 중간재를 옮기는 낭비가 발생했다. 이를 개선하기 위해 6주간의 물류 분석과 개선안을 도출해 해결했다. 포항 광양 로재사업부는 수작업이 대부분이고, 열악한 작업장은 많은 위험이 노출되어 있었다. 일의 편리성과 효율성, 안전한 작업장을 만들며 즐거운 문화가 될 혁신 명품 12선을 선정하기도 했다.

퓨처엠은 16개 공장, 부서의 혁신활동을 7월 중간 진단과 11월 최종 진단을 한다. 그 결과에 따라 승진, 유지, 보직 이동 등 인사에 영향을 준다. 조직의 혁신 모멘텀이 인사에서 시작되고, 이를 바탕으로 전 직원이 스스로 참여하여 아이디어를 내고 개선하는 조직문화가 형성되어 갔다. 혁신활동이 잘되는 기업은 시너지를 창출하게 되어 시간이 흐를수록 성장하는 기업이 된다. 이것은 혁신에 인사를 매칭하여 제도화하고, 시스템화하여 조직과 기업 문화의 모멘텀 역할을 해준 성과라 할 수 있다.

인사가 만사이고, 일류기업은 일류사원이 만든다. 전 직원이 자기 생산공정에 생각을 넣어 끊임없이 낭비를 찾고 개선하지 않으면 기업의 미래는 없다. 선진 기업은 그냥 만들어진 것이 아니다. 일본 도요타자동차처럼 개인의 성장 비전은 직속 상사가 수립하고, 인사에서 제시된 일을 일반 직원은 실행하여 평가받는다. 일 자체가 개선이고, 개선이 일이고, 그것이 평가로 이어진다. 수면 아래에 인사시스템이 돌고, 수면 위에 일이 진행되는 시스템이다.

인사시스템이 '개선하러 출근한다.'라는 문화를 낳는 것처럼, 일과 혁신이 일치화되고 평가로 이어지는 시스템이 되면, 혁신의 지속성과 성과를 낳을 수 있다.

4.
건설공정에도 AI시대 열린다
[건설산업]

건설산업에도 혁신이 필요하다. 건설공정의 4요소는 공기 단축, 비용 절감, 품질 향상, 안전 확보와 친환경 공법 적용 등이다. 초고층 빌딩과 다양한 건물들이 전문 디자인 및 건설 설계를 통해 여러 모습으로 우리 곁에 나타나고 있다. 이러한 일은 건설 공정, 기술, 조직, 프로세스, 제품 등을 근본적으로 변화시켜 경쟁력과 지속 가능성을 확보하는 전략적 활동으로, 건설산업에서도 혁신이 일어난다. 건축 공법에는 과거 안전사고 데이터와 실시간 센서 데이터 분석 등 AI 기반 위험을 예측하거나, 개인 보호 장비에도 스마트 헬멧, 웨어러블 기기를 활용한 심박수, 낙상 감지 등을 실시간 모니터링한다. 높은 건축 과정의 구조물 상태는 고위험 개소 접근없이 드론으로 점검하며 첨단 기법이 적용되고 있다.

인천 송도 K건설은 일과 장비, 작업공정의 특성과 니즈에 맞는 혁신 기법 CQSS(Cost Quality Safety Schedule)를 적용했다. CQSS 기법은 공사 품질, 공기, 안전, 비용을 통합적으로 개선하기 위한 건설 프로젝트 성과관리시스템이다. 단순한 건설공정 절차가 아니라 데이터 기반 실시간 모니터링 시스템과 표준화된 시공 프로세스를 정립하여 지속 개선하는 것이다. CQSS 주요 구성요소는 원가 계획, 실적 분석, 낭비 요소 제거 등의 비용(Cost), 표준시공 절차, 품질 점검 체계, 사전 분석 등의 품질(Quality), 스마트 안전관리 시스템, 위험성 평가, 교육 등 안전(Safety), 3D~4D를 통한 시뮬레이션, 주간 일일 공정관리 등 공정(Schedule)이다. 즉, 건설공정 프로세스의 시작과 과정, 마무리까지 분석과 낭비를 발굴하고 제거하여 최적화하는 활동이다.

필자가 송도 고층 건물 건설 현장의 혁신 진단을 할 때, 독일 FERI사의 거푸집 방식인 자동 클라이밍 시스템(ACS, Automatic Climbing System)을 도입하여 유압식 자동 상승 장치를 이용해 타워크레인 없이 거푸집이 자력으로 상승하게 하고, CQSS 활동을 통한 작업 프로세스 상의 항목별 낭비 제거 활동으로 건설 공기, 안전, 품질, 생산성 등 적용 효과를 최대화했다. 포스코의 고유 혁신 기법인 QSS를 건설 특성에 맞게 변형하여 성공적으로 적용한 사례라 할 수 있다.

건설 공정의 CQSS 활동은 여러 활동의 성과이지만, 자동 상승 장치인 ACS 도입 등 한 층 시공 시간 단축, 작업자의 생각과 아이디어를 접목한 양질의 콘크리트 품질 확보, 장비 효율화와 첨단 기술 적용으로 현장 인력 20~30% 감소의 원가 개선, 첨단 장비에 AI

를 연결하여 안전관리 체계 정립, 무엇보다도 중요한 성과는 1회성 건설 프로젝트 개념의 한계를 극복한 작업자의 마인드와 건설사의 열린 조직문화 개선이다.

건설 산업의 혁신은 첨단 기술 적용과 작업자의 지속적인 낭비 제거 활동이다. AI, 로봇공학, 웨어러블, 빅데이터 활용 등 첨단 건설 기술에 CQSS로 종합 혁신운영체계와 건설 작업자의 낭비를 보는 눈, 낭비 발굴 및 제거 방법을 인지시켜 안전하고 최적화된 건설 공법을 통한 지속적인 진화 발전과 경쟁력 있는 건설사로 거듭날 수 있는 것이다.

5.
전력 생산조건을 알면 개선은 시작된다
[에너지산업]

　인천 소재 P사 에너지 사업장은 전력을 생산하는 프로세스다. LNG 복합화력발전으로, 천연가스를 연료로 사용하여 전력을 생산하는 일련의 생산공정이다. 전력 생산의 효율을 극대화하기 위해 가스터빈과 스팀터빈을 조합한 복합 화력 방식을 사용한다. 전력 생산 프로세스의 각 공정을 이해하고, 전력 생산 조건의 불합리를 찾아 발굴하고 개선하여 최적 생산체계를 구축하는 것이다.

　전력 생산 프로세스를 보면, 첫 번째 공정은 연료 공급 및 준비과정이다. 저장 탱크에서 마이너스 162도 상태의 LNG를 꺼내 기화기에서 기체 상태로 전환한다. 기화된 천연가스를 압축기에 고압으로 압축한 후 가스터빈 연소기로 공급한다. 두 번째 공정은 가스터빈 발전으로 1차 전력 생산과정이다. 압축된 공기와 천연가스를 혼합하여 연소기(Combustor)를 통해 연소시켜 고온 고압의 연소 가스를 생성한다. 연소가스의 힘으로 터빈 블레이드를 회전시켜 1차 전력을 생산한다. 이 때 회전력은 발전기(Generator)를 구동해 전기를 생산한다. 세 번째 공정은 폐열 회수 및 증기 생성과정이다. 가스터빈에서 나온 500~600도의 배기가스를 버리지 않고 HRSG(Head Recovery System Generator)로 보내 HRSG 내부에 설치된 열교환기를 통해 물에서 고압 증기로 전환되어 생성된다. 네 번째 공정은 생성된 고압 증기로 스팀 터빈을 회전시켜 2차 전력을 생산하는 과정이다. 다섯 번째 공정은 복수기(Condenser)를 통해 냉각 및 응축 과정을 거치고, 마지막 공정으로 가스터빈, 스팀터빈의 1, 2차 전력 생산량을 변전 설비를 통해 계통에 연결하여 한국전력으로 송전하는 총 공정이다. 제철소에 전력을 공급하고, 한전을 통해서 수도권의 필요한 곳에 전력을 공급하는 역할도 한다. 전력 생산 공정에서 보듯이, 전문적인 능력이 없으면 기술적인 개선은 어렵다. 하지만 설비, 작업방법, 연료 등 각 공정별 가스 생성 조건, 전력 생산 조건 등에서 문제를 찾고 개선하여 전력 생산공정을 최적화함으로써 일의 효율성과 생산성을 높여 나가는 것이 개선 활동이다. 전력 생산 조건에서 설비의 안정화와 작업 방법의 최적화는 일반 작업자들이 전원 참여하여 지속적으로 개선할 수 있는 것들은 많이 있다. 예를 들면, 설비 기능이 제대로 안 되거나, 가스 배관의 열화로 Leak되는 것 등은 상시 점검을 통해서 예방 관리를 해나가는 것이다.

  제조, 전력, 서비스 공정이든 모든 일에는 프로세스가 있고, 그 프로세스의 공정별 생산 제조건을 보면 불합리는 발견되고, 개선되고, 최적화된다.

6.
생산 흐름화로 강한 현장을 만든다
[T모빌리티 _Cell 생산]

제조업에서 생산 흐름화(Production Flow Optimization)는 자재, 정보, 작업이 끊기지 않고 매끄럽게 흐르도록 만드는 방식으로 납기 단축, 재고 감소, 공정 효율화를 핵심 목표로 한다. 흐름화는 단순 자동화가 아니라 낭비를 없애고 병목을 제거해 강물이 흘러가는 것처럼, '일이 흐르듯이 흘러가게' 만드는 구조 개선이다.

천안에 위치한 모빌리티솔루션 T사는 모터 코어를 생산하는 기업이다. 전기 모터의 핵심 부품인 산업용 및 자동차용 모터 코어를 생산한다. 14대의 생산 설비가 있고, 각 설비에서 제품이 생산되는 셀 생산(Cell Production)방식이다. 생산된 제품이 각 창고로 가는 흐름이 지그재그로 흐름화되어 있지 않아 생산 과정이 효율적이지 못하다. 가령, 14대의 설비에서 전기 강판 소재로 6개 공정을 거쳐 제품이 생산되는 셀 생산방식이다. 국내 몇 개 자동차에 맞게 생산 모델이 다르고, 다품종 제품 종류에 따라 창고가 다르고, 이동하는 흐름이 달랐다. 창고 적재량의 한계로 전동자동창고시스템을 도입하고 있었고, 창고 내에 완제품 관리 방법도 제품의 모델에 따라 선입 선출에 비효율성이 있었다. 14대의 생산 설비에서 생산 된 제품이 창고까지 이동하는 동안 낭비를 찾고 이동 시간을 최소화해야 한다. 설비 배치부터 Layout을 최적화하고 원재료 위치, 적량이 관리되어야 생산 흐름화를 만들어 갈 수 있다. T사는 설비가 추가될 때마다 공장의 빈 공간을 활용하여 설치하다 보니, 설비 배치 Layout이 맞지 않고 생산 흐름이 좋지 않았다. 소재 및 공정 재고, 완성 재고를 최소화하고 생산 흐름화를 해야 한다. 또한 생산 리드 타임(Lead Time)을 줄이려면 14대의 생산 설비에서, 각 6개 공정의 생산 프로세스 상의 생산 조건의 낭비와 기술적 문제 개선, 작업 표준화 등이 뒤따라야 한다. 일반적인 생산의 흐름화 방법의 5단계를 살펴보자.

1단계, 공정 맵 작성(VSM; Value Stream Mapping)이다. 자재 흐름, 원료/공정 재고, 완성 재고, 리드 타임, 정보 흐름 등 현재 공정의 흐름을 시각화 한다. 현재 공정에서 낭비를 정의하고 병목 현상과 낭비 요소를 식별한다.

2단계, 리드 타임 분해 및 낭비 제거 과정이다. 생산, 대기, 운반, 정체, 불량 등 낭비 분석을 한다. 가령, 재공이 많아 정체되는 공정의 원인을 파악하고, 공정 간 시간적 동기화를 추진한다.

3단계, 셀/라인 재구성이다. 유사 공정 묶기, 또는 병렬화하여 최적 생산 라인을 구성하는 것이다. 가령, 같은 품종의 생산 설비를 좌우로 배치하거나, 프레스-세척-검사 공정을 U자형 셀로 재배치하는 방식이다.

4단계, 생산 간격 균등화(Heijunka)이다. 수요 변동을 평준화해서 일정한 흐름을 유지하는 방식이다. 가령, 주간 생산계획을 하루 단위로 세분화하고, 정해진 시간마다 일정량 투입 등 과잉 재고를 사전에 차단하여 정체 구간을 없애고, 흐름화하는 것이다.

5단계, 풀(Pull) 생산시스템 도입이다. 재고가 아닌 고객의 수요 기반 생산 방식이다. 가령, 칸반(Kanban) 카드/전자시스템을 구축하여 부품이나 중간 제품을 다음 공정에서 요청하면 필요량을 공급하는 1개 흘리기 생산체계로 정체 현상을 없애는 방법이다.

T사는 설비 재배치에 따른 부가적인 일의 부담으로 쉽게 실현 가능한 일부만 생산 설비 재배치를 하고, 각 14대의 생산 설비의 소재, 공정 재고, 완제품 등의 표준 적량을 정하고 Layout을 설정했다. 생산 품목별 이동 거리를 좁히는 창고 위치 변경, 창고의 선입선출의 편리성을 적용하여 생산 흐름화를 하고, 재공 최소화, 생산 리드 타임 단축, 창고 운영 효율화로 고객 납기 준수 및 신뢰성을 향상했다.

소재에서부터 완제품 생산 및 창고 관리까지 생산 흐름화를 통해 강한 제조 현장을 만들어 경쟁력을 높여 나갈 수 있다.

7.
혁신을 알면 성공의 길이 보인다
[H제조업]

새로운 신생 기업이거나 오랜 시간 혁신활동을 잘하던 기업이 전반적으로 무너진 경우, 혁신의 종합 체계는 어떻게 세우는 것이 바른 길일까? 신생 기업보다 기존 기업이 무너진 혁신을 세우는 것이 더 어렵다. 기존의 잔재를 걷어내고 새롭게 세팅하려면 저항이 크기 때문이다. 새롭게 출범하는 기업에 종합 혁신을 구성하는 것은 단순히 기술이나 아이디어를 도입하는 수준을 넘어서, 조직 전체의 사고 방식, 문화, 조직 구조, 프로세스를 혁신 지향형으로 재구성해야 한다. 기업 혁신 종합체계 구성의 7단계를 살펴본다.

1단계는 혁신의 비전과 전략 수립이다. 무엇을 혁신할 것인가? 제품, 서비스, 운영, 조직문화, 비즈니스 모델 등을 명확히 할 필요가 있다. 혁신이 왜 필요한지, 필요성의 관점에서 보면, 생산 현장의 작업 환경, 품질, 원가 그리고 시장 환경, 경쟁 우위, 고객 니즈 등을 정의해야 한다. 이를 토대로 전사적 혁신의 비전을 수립하는 것이다. CEO 및 핵심 리더가 주도하여 직원들이 공감하고 집중할 수 있는 혁신의 방향을 구체화하는 것이다.

2단계는 조직 구조와 문화 설계이다. 서로 다름을 인정하고 용기 있는 도전에 대한 실패를 용인하는 개방적이고 유연한 조직문화 조성이 필요하다. CF(Cross Functional)팀 구성으로 전후 생산라인 연계성의 큰 문제를 개선하는 것이다. 그리고 애자일(Agile) 및 린(Lean) 방식 도입으로 문제에 대한 적극성과 빠르게 개선할 수 있는 조직 구조 설계이다.

3단계는 혁신 프로세스와 시스템 구축이다. 사내 아이디어 공모, 피드백 시스템 등 아이디어 수집과 평가 시스템이 있어야 한다. 시제품과 검증 시스템을 구축하고 KPI 설정 등 성과 측정 체계를 정립해서 업무를 추진하도록 한다.

4단계는 기술 및 디지털 도구 도입이다. AI, 데이터 분석, 자동화 등을 활용하는 디지털 전환(DX; Digital Transformation)이 필요하다. 오픈 AI, 클라우드 기반 업무 환경 등 플랫폼 기반 미래 기술적 사고와 협업과 혁신을 촉진하는 운영 체계를 정립하는 것이다.

5단계는 혁신 인재 양성과 리더십이다. 문제 발굴 및 해결력을 갖춘 인재 양성제도, 창의성과 실행력 중심의 인재를 확보하는 일이다. 또한 혁신을 촉진하고 장벽을 제거하는 관리자를 지속 변화관리하여 혁신 리더십을 확보하는 일이다. 그리고 성과에 대한 인센티브 등 보상이 따라야 동기부여를 할 수 있다.

6단계는 외부 협력과 오픈 이노베이션이다. 기술연구소와 협업 체계, 고객과 함께 아이디어 발굴 및 검증하는 고객 공동 개발 프로그램이 있으면 좋다.

7단계는 실행 및 점검 체계이다. 파일럿 프로젝트 시작 등 모든 것은 수용성과 타이밍이 중요하기에, 서두르기보다 작게 시작하고 학습하며 확장하는 것이 좋다. 조직 전체가 혁신의 진척 상황을 공유하고 조정하는 정기적 리뷰(멘토링) 및 피드백이 필수 요소다.

필자가 최근 시작한 P그룹의 H사는 혁신을 도입하여 오랜 시간 해왔고, 좋은 성과도 있었지만 여러 상황의 변화로 혁신이 정체된 케이스다. 여기에 진화된 혁신 종합 체계를 구축하는 것은 쉬운 일이 아니다. 이러한 경우 혁신의 방향은 '재점화(Reignite)', '전환(Transformation)', '지속화(Sustainability)' 등 3가지에 중점을 두고 전략적으로 접근한다. 혁신 재점화는 기존의 자산을 기반으로 동력을 복원하는 일이다. 혁신활동 진단을 통해서 어떤 것이 효과적인지, 왜 멈췄는지 분석하고, 제조업의 핵심인 공장장의 생각, 리더십의 변화와 혁신 피로도를 파악해야 한다. 현장 직원들의 혁신에 대한 인식과 동기부여는 있는지 살펴봐야 한다.

실행 가능한 단기 혁신 설정을 하고 작업 환경, 공정 개선, 납기 단축, 불량 감소 등 현장 중심 이슈 개선을 시작으로 작은 성공부터 재점화해야 한다. Quick Win 프로그램을 설정하고, 3~6개월 내 성과를 낼 수 있는 '작지만 명확한' 혁신 과제로 분위기를 세워야 한다. 혁신 조직을 재구성하고 과거 주도자, 경험자를 모집하여 코칭이 가능한 직원에게 호칭과 역할을 줘야 한다.

지속 가능한 혁신 체계로의 전환이 필요하다. MES, IoT 센서, 머신러닝, 실시간 설비 데이터 분석 등 생산공정을 스마트화하는 것이 필요하다. 품질, 납기, 원가 등 데이터 기반 의사결정 및 경영 체계를 만들어 가면 효율성과 지속성 높다. 그리고 혁신이 업무의 일부가 되도록 전사 KPI를 혁신 과제로 풀어가고, 성과 공유시스템을 구축하여 누구든지 유사 공정에 확산 적용할 수 있게 할 필요가 있다. 또한 활동 과정에서 자극 효과를 유도할 수 있게 유사 제조업의 우수 모델을 벤치마킹하는 것도 실효 가치가 있다.

H사는 공장, 조직 진단, 경영층 의견 수렴 및 최고 경영자의 혁신 방침 등을 토대로 혁신 비전 설정과 종합 체계를 구성했다. 즉, 혁신 방향, 혁신 체계, 운영제도, 계층별 역할을 구체화하고, 현장 조직단위 일상 과제 활동, 작업장 및 설비 환경과 성능 개선, 개인의 동기부여를 위한 활동비, 포상, 제안제도를 새롭게 구성하고 활성화를 위한 제도를 정립했다.

전 직원 대상 '가치 더하기 혁신 활동' 추진계획을 수립하고 공감대를 형성해 간다. 새롭게 일으켜 세우는 혁신 활동에 저항이 따르고, 생산 총괄 주관부서 중심 혁신 회의를 하며 활동 중 일어나는 이슈를 해결한다. CEO와 임원 솔선 활동, 사무스텝까지 현장 개선 활동에 참여함으로써 기획과 실행의 일치, 개선 활동을 통한 소통하고 긍정적 조직 문화로 변해간다. 기획과 실행이 매칭되지 않으면 일에 혼란과 비효율성이 생긴다.

 혁신의 시작단계에서 전 직원 공감대 형성은 중요하다. 왜 해야 하는지, 필요성을 인지시키지 못하면 개선은 어렵고, 혁신 활동은 약하게 나타난다. 결국, 혁신은 시작과 과정, 마무리까지 무엇을, 어떻게, 왜 해야 하는지를 알고 공감이 되면 활성화와 지속성의 길은 열리는 것이다.

8.
프로세스 관점에서 보면 길은 있다
[포스웰_요식업]

'식당에도 프로세스는 있고, 모든 프로세스는 낭비가 숨어 있다.'

혁신은 어떤 일이든 시작과 과정, 결과가 있는 프로세스 수준을 높이는 일이다. 프로세스 상의 낭비를 정의하고 발굴하여 개선하는 등 작업공정을 최적화하는 것이다.

필자에게 대학가 중국집 식당 운영 프로세스를 개선할 기회가 있었다. 지인이 운영하는 식당으로, 자장면을 시키고 먹고 계산하는 데 6번의 움직임이 있었다. 협소한 공간에 불필요한 서빙과 비효율적인 동작의 낭비가 있었다. 수저와 기본 찬을 테이블에 세팅하고, 물은 셀프로 하여 서빙 횟수를 2회로 줄였다. 그 후 식당 운영에 여유가 생겼고, 밝은 분위기가 형성되었다. 대학생 상대 식당으로 양과 값에 포인트를 두고 운영체계를 한 것이 좋은 성과로 이어졌다.

포스코의 사내 식당을 전문으로 운영하는 포스웰 요청으로 컨설팅이 시작되었다. 기업 혁신을 주로 해온 입장에서 대형 식당을 컨설팅하는 것은 어려워 보였지만, 프로세스 관점에서 시작했다.

'적자를 흑자로 돌려달라!'는 특정 A식당에 대한 컨설팅 요청에 재무구조와 식당 운영 등 종합 진단을 했다. 주로 신입 총각 사원이 이용하는 식당으로 아침, 점심, 저녁의 전체 이용 인원을 파악하니, 623명 중 23.7% 정도였다. 설문을 통해 신입 총각 직원들이 A식당을 적게 이용하는 사유와 새로운 니즈를 파악하고 분석했다. 현 식당에는 젊은 직원들이 좋아하는 메뉴가 부족했고, 야근을 한 직원의 아침 메뉴는 선식과 라면뿐으로 선택 메뉴가 없다는 것이었다. 또한 주방에서 일하는 조리원의 상황을 파악했다. 평균 연령 55세, 요리의 특성상 시간을 요하기에 이동과 바쁨이 많고 야채 손질, 쌀 씻기 등 전처리 과정에 손목 통증과 잔반 처리 중 순간 동작의 변화에 몸의 균형을 잃어 발목 부상까지 일어났던 일 등 여러 현안 문제가 나왔다. 분석 결과를 토대로 컨설팅 방향을 잡고 추진 프로젝트를 선정했다.

음식 제조 프로세스, 신메뉴 개발 프로세스, 24시간 식당 운영 프로세스, 주변 인프라 활용 파크 레스토랑화 등이다. 주방장 3명을 중심으로 음식 제조 프로세스 개선은 식재료 입고, 전처리, 국밥 조리, 반찬 조리, 배식, 퇴식, 세척 및 마무리 등 7개 공정의 프로세스를 정립하고, 각 공정별 문제를 발굴하고 개선안을 도출했다. 영양사 3명을 중심으로 영양설계 프로세스와 주방장/영양사 합동으로 맛 결정 프로세스, 신메뉴 개발 프로세스를 정립했다. 또한 프로젝트 특성상 제도적 개선도 필요한 식당 담당 그룹장 중심 24시간 식당운영 프로세스, 실무 팀장 중심 위기대응 프로세스 정립 등 프로젝트 활동을 통해 식당에 필요한 9개의 표준 프로세스를 정립했다. 표준 프로세스가 정립되면 끊임없는 개선 활동이 시작된다. 그것은 프로세스 상의 공정별 작업이 있고, 모든 작업에는 표준이 있다. 작업 표준은 또 다른 개선의 테이블이 된다.

 식당 운영 9개의 표준 프로세스 정립을 통해 조리업의 특성에 맞게 필요한 종합체계를 완성하여 개선 활동의 이정표를 만들었다. 고객의 격과 식당 운영의 격, 경영의 격을 올려 흑자는 물론, 안전사고 없는 일이 편리한 음식 조리장이 완성되고 고객 만족도와 신뢰성이 향상되었다.

 혁신 선진기업 일본 도요타의 개선 활동은 자동차 조립 프로세스가 정의되어 있고, 표준작업에서 시작해서 표준작업으로 끝난다. 즉, 작업표준에서 문제를 드러내고 개선하면 한 단계 발전하는 표준작업이 완성되고, 또 제로베이스에서 문제를 드러내고, 지속적인 개선활동을 통하여 생산프로세스 수준을 높이고 경쟁력 확보와 수익성을 실현해 나가는 것이다.

 이렇듯 혁신이 성공하는 데는 3가지 요소가 있다. 첫째는 표준 프로세스 정립이다. 개선은 프로세스로 시작하여 프로세스로 끝난다. 둘째는 프로세스 속의 공정별 작업표준화이다. 표준작업은 또 다른 개선의 테이블이다. 셋째는 지속적인 낭비 발굴과 개선으로 프로세스 수준을 높이는 일이다. 이를 통해서 미래를 향한 꿈을 설정하고, 도전하고 열매를 맺어가는 것이 지속가능 경영의 비결인 것이다.

모든 일에는 업종에 관계없이 프로세스가 존재한다. 없으면 프로세스에 대한 정의를 내려 낭비를 정의하고, 구성원에게 낭비를 보는 눈을 심어 지속적인 개선이 이루어지게 하면 어떤 일이든 미래가 있는 것이다.

9.
장애인이 웃는 작업장
[포스위드 _세탁업]

　우리나라 인구의 5.1%가 장애인으로 등록되어 있고, 현재 264만 명 정도 된다고 한다. 공공기관이든 민간 기업이든 일정 비율 장애인을 고용해야 한다. 장애인 사업장의 일의 조건은 아직 좋은 환경을 갖추지 못한 경우가 많다. 단순히 법적인 인원 비율만 채용한다고 되는 것은 아니다. 장애인의 상황에 맞춰 일을 쉽게 할 수 있어야 하고, 행복한 일터가 되어야 한다.

　장애인이 일을 쉽게 할 수 있는 조건은 첫째, 물리적 환경 개선이다. 휠체어 사용자를 위한 작업대의 높이 조절이나 휠체어, 보행기 등의 이동을 고려한 충분한 공간과 통로가 있어야 한다. 경사로, 자동문, 시각, 청각 알림 시스템 등의 인프라를 갖춰야 한다. 둘째, 작업 방식의 단순화이다. 반복 작업, 조립 작업, 포장, 검사, 데이터 입력 등 단순 저강도 작업으로 분류하여 배치하고, 불필요한 동작은 제거해야 한다. 셋째, 보조 기구나 자동화 기기 도입이다. 무겁고

난해한 작업은 자동화하거나 간단한 도구, 지그 사용, 음성 안내 시스템 등을 도입하여 불편함이 없도록 해야 한다. 넷째, 작업 분할과 협업 구조로 한다. 1인 완결 방식이 아닌, 작업 공정 분할 및 팀 기반 서로 협업하는 체계가 좋다.

제철소의 작업복을 세탁하는 일을 맡고 있는 포스위드는 직원의 반이 장애인으로 구성되어 있고, 장애인의 반은 중증 장애인(1~3등급)이다. 필자는 광양 포스위드 사업장을 진단할 때, 장애인 작업자의 움직임을 분석했다. 세탁물이 입고되면 분류하고, 세탁기에 넣어 세탁이 되면 건조기로 이동한다. 건조기에서 다림질 공정으로 이동, 완료된 세탁물은 박스에 담겨 창고로 이동한다. 하루 이동 거리는 개인당 평균 11.2km 정도로, 작업자의 피로도가 높은 작업 환경이고, 세탁 공정 Layout 배치가 효율적이지 못했다. 세탁기 11대가 왼쪽 벽에 있고, 건조기는 반대편 오른쪽 벽에 있었다. 그 사이는 거리가 있고 불필요하게 넓어 이동 동작이 많았다. 다리미질 작업장과 출고장이 반대편에 있어 세탁 물류 흐름이 좋지 않았고, 작업자 동선이 지그재그였다. 장애인의 일하기 쉬운 조건으로는 많은 개선이 필요했고, 또한 중증 장애인은 1시간 일하고 2시간 쉬어야 하는 요건이고, 쉬는 공간이 거리가 있는 등 환경 개선이 필요했다.

사람과 물(物)의 이동을 최소화하고, 일이 쉽고 편리한 조건을 만들기 위해 수차례의 작업자 의견수렴과 최적 Layout 설정을 위한 포석을 두었다. '최소의 동작으로 일을 쉽게 할 수 있는 조건' 만들기였다. 세탁업의 특성상 물, 스팀 배관 등 유틸리티 공사를 하고, 세탁기 근거리에 건조기, 다리미질 작업장을 배치했다. 화단을 개간하여 중증 장애인의 쉼터를 만들어 휴식을 충분히 할 수 있게 했다. 동작 낭비를 25% 수준으로 줄였고, 작업자의 하루 이동 거리는 2.8km로 크게 줄어들었다. 세탁 작업 조건 개선과 낭비 없는 프로세스의 최적화로 일은 편리해지고 생산성은 높아졌다.

작업자의 관점에서 보면, 문제와 답이 보인다. 장애인이 할 수 있는 일의 조건과 일하기 쉬운 작업장으로 직원이 웃는 일터를 이룰 수 있었다.

10.
생산 물류 혁신으로 경쟁력 확보
[2차전지산업]

생산 물류 혁신은 생산과 물류의 흐름(Flow)을 구조적으로 변화시켜 전 과정을 통합 최적화하여 리드 타임 단축, 재고 최소화, 품질 향상, 납기 준수, 비용 절감, 유연성 증대 등을 이루는 혁신활동이다. 제조업이 적용 대상이며, 생산 과정에 정체 현상이 자주 발생하거나 원료 관리, 중간 재고, 완성 재고, 수주와 생산의 불균형으로 일어나는 손실 등이 생산 물류 개선 대상이 된다.

생산 물류 개선 활동의 절차는 첫째, 현황 분석이다. 생산 및 물류 흐름, 병목 현상, 낭비 요소, 문제점 진단을 VSM(Value Stream Mapping), 데이터 분석을 통해 구체적으로 해야 한다. 둘째, 목표 설정이다. 납기, 재고, 리드타임, 비용, 품질 등 목표 설정이 숫자로 구체화되어야 한다. 숫자로 구체화된 목표는 활동 초점과 집중력을 불러 성과로 연결된다. 셋째, 혁신 기획이다. 혁신 기법은 수행 원리와 기능이 있다. PAC, Lean, TPM, TOC 등 각 기법의 수행 원리와 기능을 알면, 자사의 문제 속성에 맞는 적합한 기법을 선택하여 실행 기획을 잘 수립할 수 있다. 넷째, 설계 및 실행이다. 공정 재배치, 자동화, 물류시스템 구축, 교육 실시 등 상황 분석에서 발췌된 문제들을 적합한 기법을 적용하여 해결하는 것이다. 계획이 구체적이고 명확하면 실행력이 높아지고, 목표 달성이 된다. 다섯째, 성과 측정 및 피드백이다. 목표 대비 달성 여부와 개선 효과를 분석하여 피드백하고, 공정한 포상을 한다. 여섯째, 지속적 개선이다. 개선 후 작업을 표준화하고, 제로 베이스에서 낭비를 찾고, CAPD(Check Action Plan Do)로 지속적 개선을 하는 것이다.

필자가 4년간 지원한 구미 2차전지 소재 생산의 양극재 공장은 원료와 중간 제품 관리가 미흡하고, 창고의 저장량 한계로 사외 창고 위탁을 검토하고 있었다. 신품종을 개발하면 고객사로부터 3번의 오디팅(Auditing)을 받는다. 2차전지 소재의 특성상 온도와 습도에 민감하다. 따라서 생산 과정의 원료 관리와 중간 제품의 항온, 항습관리가 잘되는지 검증한다. 생산 라인의 작업장 Layout 설정과 원료 관리, 환경관리, 재고관리 등의 문제로 오디팅 때가 되면 불필요한 이동 낭비가 반복되고 있다. 이것은 최적 물류 생산관리가 안되어 발생하는 일이다.

전 생산공정의 작업 조건과 물류 흐름을 한 달여 분석하고, 각 공정에 비치된 여러 종류 물류량을 분석했다. 필요량 이상의 물량은 정리하고, 생산 라인 원료, 중간 제품의 적량 설정 및 적재 공간을 확보하는 등 생산 물류 흐름 최적화를 해나갔다. 또한 생산 조건의 불합리를 찾아 개선하고 리튬, 니켈, 크롬, 망간 등 원료의 온도, 습도 관리 기준을 정립했다. 배터리 화재에 민감한 이물질 혼입 방지 장치를 설치하고, 지속적 환경관리 체계를 시스템화했다. 생산라인 원료, 중간 재고, 완성 재고량을 계산하여 표준화하고, 1개 흘리기 생산체제를 갖추었다. 생산량이 늘어나면 그 비율만큼 올리는 재공관리시스템을 구축한 것이다. 생산 조건 개선, 전동 자동 창고시스템 도입으로 저장량 확대 등 종합 물류 생산체계를 완성했다. 원료, 중간 재고, 완성 재고의 적량 관리와 Layout 설정, 창고 저장량 확대로 외부 창고 위탁 관리는 필요가 없어졌고 품질관리, 납기관리, 생산성 향상을 이루었다.

생산 물류 혁신의 성공 조건은 작업 변화에 대한 저항을 이기고, 변화 추진력 확보를 위한 경영진의 강력한 의지가 중요하다. 생산, 물류, 품질, 영업 등 전사적 참여와 유기적 협력, 고객 가치 중심적 사고가 있어야 가능하다.

제8장

중소기업의
생존과 성장의 길

석회가 쌓여 오른쪽 어깨가 아프면 칼로 수술한다. 6개월 후 재발한다. 오랫동안 오른팔을 사용하다 근육이 오른쪽으로 쏠렸고, 뼈와 근육의 마찰로 석회가 쌓이고 통증으로 이어진다. 인체파동원리대로 근육 균형을 잡아주면 어깨 수술없이 문제는 사라진다. 문제 발생과정을 이해하면 해결하는 길이 보인다.

일의 성공은 타이밍과 수용성에 있고, 상대의 관점에서 생각하고 말하고, 의사결정을 지원하는 일이다. 즉, 상대가 주인공이 되게 하는 일이다.

1.
화요일 첫 비행기는 뜬다
_포항 DKC

매주 화요일 김포공항에서 포항으로 가는 첫 비행기는 뜬다. 서울 여의도에 본사를 두고 있는 포항 청하면에 위치한 스테인리스 가공 회사인 DKC는 2013년 동반성장이란 이름으로 포스코의 컨설팅 지원을 받았다. 스테인리스 후판 고객사인 DKC는 민주노총 계열의 포항에 있는 회사이고, 조금은 경직된 사업장이었다. 혁신을 심기에는 쉽지 않은 토양이다.

서울 경기지역과 해외를 지원하고 있던 필자는 경영자문 역할의 스테인리스 부문장과 혁신 컨설턴트로 배치되었다. 사장과 첫 인터뷰에서 4가지 약속을 했다. '사장부터 빗자루를 든다. 혁신 인재를 양성하고, 매월 현장 Top 진단, 직원 변화관리 교육을 지속한다.'였다. '부하직원들은 상사의 등을 보고 배운다.'라는 속담이 있다. 경직된 조직분위기를 해동하는 데는 Top의 빗자루를 드는 리더십이 필요했다. 본사가 서울에 있었지만, 사장은 매주 화요일에는 어김없이 첫 비행기로 포항 사업장을 찾는다. 현장 개선활동 격려와 솔선 활동을 하기 위해서다. 사장부터 빗자루를 들고 공장 청소를 시작했고, 직책보임자도 함께 나와 쓸고 닦았다. 처음에 현장의 반응은 냉담했다. 한 달이 지나고 3개월이 지날 즈음 조금씩 달라지기 시작했다. 생산 프로세스 수준을 높이기 위한 문제해결 4개월 프로젝트가 시작되었고, 활동 리더를 양성하며 요소요소에 혁신의 불씨를 심어 나갔다. 현장 '즉실천' 14팀의 Top 진단을 통해 '대화의 장, 격려의 장, 코칭의 장'을 만들어 가며 스스로 개선하는 조직의 분위기를 조성했다.

Top 진단 시 담배꽁초가 보여도 사장은 잔소리하지 않고, 개선 내용을 경청하며, 3개를 칭찬하면 1개 정도 코칭을 했다. 일로서 직원과 소통이 자연스럽게 이루어졌고, 숨어버리던 조직의 분위기는 어느 시간부터 직원들이 운전실을 나와 사장의 팔을 잡고 개선 활동 장소로 가는 변화가 일어났다. 전 직원 교육을 실시할 때는 사장과 직책보임자도 참석했다. 노조 간부들의 프로필을 보았지만 선입견 없이 대하고자 지웠고, 그들의 입장과 그들이 쓰는 언어를 사용하며 긍정 마인드와 실행력을 높이기 위한 변화관리를 해나갔다. 사장과 직원들이 하나의 방향을 보고 같은 생각으로 말하는 것이 중요했기 때문이다. 직원들이 무슨 생각을 하느냐에 따라 성과는 달라지고, 사장과 직원들의 생각이 다를 때 활동 시너지는 물론, 긍정적인 조직문화는 요원해 지는 것이다.

말이란 인간만이 누리는 선물이다. 말 한마디로 자신을 세우기도, 넘어뜨리기도 한다. 한마디 말에 일의 성패와 흥망이 걸려 있기도 하다. 사장의 열린 마음과 따뜻한 말 한마디에 직원들의 마음의 문이 열리고, 조직문화의 변화가 시작되는 것이다. 인생은 내가 바라는 방향으로 이끌어 갈 수 있는 힘이 있어야 하는데, 그 힘은 바로 말에 있다. 말솜씨에 따라 상대방의 마음을 사로잡을 수도, 아닐 수도 있다. 혁신 활동이 익어갈 무렵, 경직된 조직은 열린 조직문화로 변모했고, 새로운 조직 분위기와 노사는 화합의 장으로 이어졌다.

DKC의 혁신 성공의 비결은 사장의 진정성 있는 솔선리더십과 Top 진단, 직원 관점의 일과 개선 활동으로 소통하여 노사 상호 간 신뢰를 쌓고 미래의 꿈을 심어준 결과로 본다.

2.
경영자의 시각이 미래를 결정한다
_대전 한스코

"이 정도로는 안 된다. 더 깊이, 더 넓게, 더 멀리, 더 완벽하게 가야 한다." 삼성그룹 이건희 회장의 말이다. '완벽할 수 없다.'라는 생각부터 변화가 필요하다. 퍼펙트 경영은 '흠잡을 때 없는 완벽한 상태'를 지향한다. 퍼펙트워크는 자신의 일을 대하는 적극적이고 책임감 있는 태도를 점검하는 과정이고, 사소한 부분도 소홀히 넘기지 않고 '제대로' 해내고자 하는 일 처리 방식이며, 결점없이 성과를 내기 위한 방법이다. 인식의 오류가 판단 오류가 되고, 방향이 틀어진다.

대전 대덕연구단지에 위치한 한스코는 포스코의 압연 롤하우징(Roll Housing)을 공급하는 회사로 혁신활동이 시작되었다. 첫 인터뷰에서 "회사의 비전과 경영철학은 없다. 창업주 부친 덕에 사장이 되었다." 직원 110명 중 부장 이상 임원은 없었고, 현장 반장은 생산과장이 겸임하고 있었다. 창업주 시절 축구, 등산 등 동아리와 자녀 장학금 지원 등 회사 복지는 사라졌고, 생산 현장은 열악했다. 두 번째 방문 때 진단 결과와 혁신 조직구성, 인재양성, 직원 교육 등의 제의에는 관심이 없었다. 컨설팅을 중단하는 첫 케이스가 되었다.

두 달이 지날 즈음, "혁신하겠다. 전 직원 제주도 보내겠다."라며 연락이 왔다. 보내온 계획서를 보니 사실이었고, 사장의 혁신 필요성 인식 변화와 결단이 있었다. 전 직원 대상 9차례 제주도 2박 3일 여행이 시작되었고, 컨설팅도 재개되었다. 첫날 성산일출봉에 오를 때는 가방에 돌 하나씩을 가져가 차수별 돌탑을 쌓고 사진을 찍어 오게 했다. 팀워크를 사진 콘서트를 통해 보고 포상하기 위함이었다. 둘째 날은 "회사를 위해 나는 무엇을 할 것인가?"와 회사 건의 사항 등 정리해서 제출하게 했다. 다양한 의견들이 나왔고, 건의사항은 사장이 직접 답을 하게 했다. 조직의 분위기와 직원들의 반응이 달라지기 시작했다. 이후 사장은 필자가 무슨 제의를 해도 무언의 동의를 했다.

생산 현장은 롤 하우징을 깎고 조립하는 작업공정으로 가스 등 유틸리티와 공구, 치구, 비품, 용품 등 질서없이 비치되어 있어 복잡하고 무거웠다. 안 쓰거나 중복되는 물건, 불용품 등 대대적 드러내기 활동을 한 달이 모자라 3개월 동안 실시하고, 기름 먹은 바닥은 30cm 콘크리팅을 했다. 공간이 생기니 생산 흐름을 잡는 공장 Layout 설정을 하고, 작업 구간마다 일정 물품이 들어오고 나가는 고정 구역, 매일 다른 물건이 들어 오는 프리(Free) 구역 등의 작업장을 그려나갔다. 큰 돈이 들어갔지만 사장의 무언의 동의에 문제가 되지 않았다.

공장의 사용하지 않던 기둥과 기둥 사이에 유틸리티, 다양한 작업 도구를 일하기 쉽게 정돈했다. 시간이 흐를수록 개선 열정 맨이 나타났다. 공장 작업장에 놓여 있던 큰 책상은 필요 기능만큼의 크기로 제작하여 재설치하고, 의자는 정리했다. 무겁고, 복잡하고, 어두웠던 작업 공간은 밝고, 가볍고, 심플해졌다.

공장 자재 창고는 롤 하우징을 깎는 칼, 부품, 도구 등이 복잡하고 많아 찾는 데 시간이 많이 걸렸고, 창고를 관리하는 직원을 두고 있었다. 대대적으로 버리는 작업을 하고 보관할 물건을 정했다. 선입 선출의 Layout 설정, 물건의 모양, 크기에 맞는 보관 다이 재설계 및 제작, 정돈을 했다. 아마추어 사진작가인 창고지기의 아이디어로 전국 시도별 시목(市木), 시화(市花), 시조(市鳥) 등으로 보관대에 눈으로 보는 관리 방식인 VM(Visual Management)을 하여 쉽게 찾을 수 있게 하고, 전국 도시의 시목과 시화를 아는 재미까지 더해졌다. 무인 자율관리체계화로 운영하며 창고지기는 공장 사무실의 중요 업무로 직무를 변경했다. 사진 VM과 클래식 음악을 흐르게 함으로써 딱딱한 기계 자재 창고의 이미지를 탈피하여 음악과 예술이 흐르는 자재 창고가 탄생했다. 공장 생산 물류 흐름과 편리한 작업장 확보, 창고 효율적 운영 등으로 생산성 향상과 열린 조직 기업문화로 탈바꿈했다. P사의 혁신 명품으로 생산 현장과 창고 부문 인증을 받았다.

 기업은 한 차원 높은 혁신과 지속적 개선으로 가치창출을 해나가야 한다. 적당히 개선하는 문화는 오래 가지 못하고, 중도에 멈추고 매너리즘에 빠져 무너진다. 전 직원이 미래를 향한 새로운 도전을 즐기고, 끊임없이 완벽을 추구하는 일은 경영자의 인식과 시각에 따라 변하며 기업의 미래를 결정한다.

3.
물은 위에서 아래로 흐른다
_인천 서연탑메탈

　소통의 기술은 상호 작용하고 의견을 교환하는 능력을 가리킨다. 청취, 이해, 발언, 그리고 적절한 피드백을 포함한다. 소통의 기술을 향상하는 데는 적극적으로 듣고, 이해하고, 존중하는 것이 중요하다. 조직을 잘 이끌어 나가려면 피드백을 잘해야 한다. 피드백의 효과는 주는 사람이나 받는 사람의 태도와 기술에 달려 있다. 소통과 피드백을 제때에 하지 못하면 조직 동맥경화 현상에 걸린다.
　인천 남동공단에 위치한 서연은 P사의 냉연 제품을 가공하는 고객사로, 정부의 동반성장 시책의 일환으로 혁신을 지원했다. 기업 혁신은 인사조직부터 진단한다. 조직은 사람으로 보면 몸의 구조이고, 몸통과 팔이 잘 연결되어야 손 기능이 된다. 사람의 몸에 살을 붙이고, 동맥과 정맥 혈관을 연결하는 것이 혁신이다. 자사 금형 기술로 자동차 문을 만드는 서연은 123개 긴 생산공정에서 중간재 34.3% 리사이클 되는 것을 줄여달라는 요청이 있었다. 16년 된

노조위원장은 처음 방문 스케줄에 대응이 없었고, 두 번째 방문 날 사전 약속 없이 찾아갔다. 노조위원장의 반응은 "내가 저 양반을 왜 만나야 하는가?"였다. 이때 물러나면 혁신은 방해를 받아 실패한다. "위원장님, 저기 봉달이 커피 한 잔 안 주시렵니까?" 이에, "커피야 한 잔 드리지요."로 시작해서, 노사 간의 이슈 등 상대 관점의 대화 속에 소통이 이루어 졌고 혁신의 문은 열렸다.

조직 진단에서 서연은 2개 사업본부가 있고, 두 사업본부 간 두꺼운 벽이 있었다. 서로 간의 소통이 어려웠고, 직책 간부와 현장 직원, 협력사 등 인터뷰에서 조직 동맥경화 현상을 알 수 있었다. 특히 B본부장이 첫 상견례 자리에서 습관처럼 부하직원들에게 쓰는 언어를 보고 조직의 흐름을 가늠할 수 있었다. 열 분의 임원과 인터뷰했을 때, 금형기술이사와 총무이사는 혁신에 대한 저항이 컸다. 중소기업의 열악한 환경에 전 직원의 혁신 공감대 형성을 위해 즉실천 대회를 하고자 생산라인을 세워야 한다고 했을 때 한 본부장이 반대했다. 22년 치과의사를 한 사장은 "지금 하루 세워 치료하면 되는 일을 병이 생겨 한 달 세우게 되면 책임질 수 있겠느냐?"라며 의학적인 시각으로 의사 결정을 내렸다.

28개 즉실천 팀의 현장 개선은 시작되었고, 매월 사장과 임원에 대한 변화관리 교육을 이어갔다. 조직 상하 간 막힌 혈을 뚫기 위해서였다. 3개월여 시간이 지날 즈음, 금형기술이사는 프로젝트 기술지도를 하겠다고 나섰고, 총무이사는 노동조합 실무를 담당하며 열린 노사관계 기반을 만들어 갔다. 긍정 조직문화 조성에 해가 되었던 조직간 아교와 임원, 직책보임자들의 마인드 변화 등으로 조직의 동맥경화 현상은 사라져갔다. 생산 프로세스 100여 개 공정을 23개 공정으로 재정립하고, 생산 조건 개선과 생산 과정에서 발생되는 중간재의 손상 원인들을 분석해서 리사이클 되는 량을 5%대 이하로 줄였다.

사장을 중심으로 임원과 직책간부들의 빗자루 리더십인 솔선활동이 시작되었다. 공장 바닥의 노후화된 현상을 끌과 망치로 깨는 작업을 했다. 4개 층의 넓은 바닥을 깨는 동안 손목은 심한 통증과 이마의 땀은 범벅이 되었지만 사장은 아픈 부위를 도려내는 심정으로 임한다고 했다. 이러한 행위는 단순히 바닥을 깬 것이 아니었다. 지금까지 이어온 안일한 사고, 부정적인 행동을 깬 것이었다. 경직된 조직은 열린 조직으로 직원들의 표정도 밝아졌다.

생산 현장은 개선리더 중심으로 생산 공정의 품질과 설비 장애를 개선하고, 28개 즉실천 팀은 자기 공정에서 매일 불합리를 찾아 개선을 이어갔다. 소사장제를 운영하고 있는 8개의 협력사 의견을 수렴하여 직영과 협업의 시너지를 만들어 나갔다. 생산량이 각기 다른 4개사의 문짝 모델을 제조하는 과정에 중간 제품과 완제품 최적량을 계산하여 실행에 옮길 때, 이론과 실제는 다르다며 생산 이사의 강한 저항에 부딪히기도 했다. 계산된 적량에서 20% 안전 재고(Safety Stock)를 주며 서서히 적량 체제로 추진해 갔다. 중간 제품의 리사이클이 줄고 작업 조건이 개선되면서 밝은 현장의 모습으로 변모했고, 사장의 격려와 칭찬이 이어졌다.

1년간 개선리더 3차수 12명, 준 컨설턴트 수준의 마스터 양성 3명 등 혁신 인재를 양성하고, 혁신 체계, 운영시스템화 등으로 자체 개선 활동이 돌아가게 했다. 노조위원장도 임원 솔선 활동에 참여하는 등 혁신의 성숙 분위기가 익어갈 무렵, 사장의 간절한 요청으로 고질적인 품질 문제 2건에 대한 컨설팅 연장 지원을 했고, P사의 냉연 제품 충성 로열티로 돌아왔다.

이후 이명박 정부시절 포스코 회장과 중소기업협회장이 서연에서 동반성장 산업 3.0 발대식을 했다. 혁신의 성공 비결은 임원들의 인식 변화로 긍정 조직 기반이 형성되었고, 사장과 임원들은 현장을 관리에서 지원하는 서번트 리더십(Servant Leadership), 매월 Top 진단과 경청, 배려, 적절한 피드백을 통하여 직원과의 소통, 협력사 간 신뢰를 쌓고 변화를 이끌어 낸 결과이다.

기업의 CEO와 한 부서를 책임지는 수장의 현장에 대한 인식은 조직의 변화와 생산의 흐름을 결정한다. 물은 위에서 아래로 흐른다.

4.
상황인식이 조직문화를 바꾼다
_인천 벤다선광공업

조직과 기업에 혁신을 넣으면 건강한 조직, 경쟁력 있는 기업으로 거듭난다. 인식에 오류가 생기면 판단 오류가 생기고, 판단 오류가 생기면 방향 설정이 틀어진다. A방향으로 가는 길이 C방향으로 틀어지면 기업은 불협화음이 생기고, 조직문화가 실패하는 길로 접어들 수 있다. 경영자와 조직을 이끄는 직책보임자들의 잘못된 인식에 의한 판단 오류를 경계해야 한다.

일본 히로시마에 본사를 두고 있는 벤다선광공업은 포스코 선재 제품을 사용하여 자동차 링 기어를 만들고 있는 고객사다. 인천 남동공단에 위치하고, 직원 50명에서 300여 명으로 성장한 전문경영인 체제의 일본계 기업이다. TPM 세계경진대회에 출전하기 위해 11개월째 활동하고 있고, 생산관리에 자부심이 강한 기업이다. 조직과 영업, 생산과정, 출하까지 진단한 결과 의외로 낮은 점수의 활동 수준이었고, 사장과 직책간부들의 표정이 어두워졌지만 겉보기식 혁신활동의 문제점을 설명하니 납득하는 표정이었다. 생산공정은 선반 가공과 용접, 도금, 검사 공정이고, 공기구 보관대는 작업자의 일에 대한 편리성보다 보여 주기식 활동이었다. 생산 공장장과 수주를 받아오는 영업부장과 일의 소통이 안 되어 큰 낭비를 초래하고 있었다. 중소기업은 영업에 70% 비중을 둔다고 하지만, 116종의 자동차 링 기어를 생산하고 있는 공장은 생산 지시가 수시로 바뀌고, 제품 창고의 재고 파악이 잘되지 않아 고객 대응과 생산 스케줄에 아교가 있었다.

고객이 자동차 링 기어를 주문하면 생산 지시를 내려 생산하고 공급하는 종합 프로세스 개선을 프로젝트로 설정하여 영업부장과 생산 공장장이 매월 미팅을 하게 했다. 영업부에서 고객 마케팅을 할 때, 즉흥적으로 주문 받지 않고 표준 납기 15일 프로세스를 정립하고, 이를 토대로 주문을 받아 생산 스케줄의 혼란을 줄여 나갔다. 또한 자원관리시스템인 ERP를 도입하여 공정 재고와 완성 재고를 실시간 파악하고, 생산 스케줄과 제품 공급을 원활하게 대응하게 했다. 모든 작업장에 필요한 공구나 도구는 인체공학적으로 어깨와 허리 위치에 비치하여, 팔을 뻗으면 쉽게 쓸 수 있게 일의 편리성과 효율성을 높였다.

혁신의 성공 원리는 5가지 벽을 넘어서야 한다. 사실에 입각한 상황 분석으로 올바른 인식의 벽이 중요하다. 대부분 조직이 첫번째 인식의 벽에서 오류가 생겨 실패한다. 두번째 결단의 벽이다. 의사 결정의 중심에 있는 CEO나 조직의 Top이 의사 결정의 흐름을 읽고 결단을 내려야 하지만 제때 못 내리고 타이밍을 놓치기도 한다. 세번째 조직원 모두가 공감하는 회사의 방향과 목표 등 공유의 벽이다. 일선 감독직과 일반 직원들에게 CEO가 직접 설명을 하며 공감대와 참여 분위기를 조성할 필요가 있다. 직책보임자 이상만 공감하고 실행하면 실효 가치는 떨어진다. 네번째 좋은 팀워크를 형성하여 실행하는 행동의 벽을 넘어서야 한다. 다섯째 지속적인 실행을 위한 반복의 벽을 넘어야 비로소 혁신활동이 습관화되어 성공할 수 있다.

사장과 영업부장, 공장장 등 의사 결정의 중심에 있는 직책간부들의 상황에 대한 인식이 중요하다. 인식의 오류는 지식과 경험으로 이루어진 선입견과 상황분석이 미약하기 때문에 일어난다. 첫번째 인식의 벽을 넘지 못하는 기업이 70% 차지한다. 인식이 잘못된 판단으로 가면 조직은 혼란에 빠지고 비효율적인 일이 반복된다. 인식과 판단 오류가 생기면 잘 나가던 기업이 하루 아침에 문을 닫는 경우도 발생한다. 혁신의 성공과 기업 경쟁력을 갖춰 지속가능 경영으로 가는 길은 사실에 입각한 올바른 상황 분석과 인식 오류, 판단 오류를 예방하는 길이다.

5.
먼지와의 전쟁, 새로운 도약
_인천 동양주공

오랫동안 익숙한 일에 대한 편함을 바꾸는 것이 혁신이다. 혁신에는 저항이 따른다. "시간이 없다. 어렵다."라고 저항하는 것이 일반적인 반응이다. 개선하고 나면 바쁨이 줄고 더 편해지는 것을 인지하는 데 시간이 걸린다. 개선 활동의 모멘텀을 끌어내기 위해 바람직한 모습을 제시하고 공감대를 형성시켜 전략에 따라 활동을 전개한다. 결국 사람을 움직이는 일인데, 인식의 변화와 개선의 필요성, 인프라를 갖추지 않으면 움직이지 않는다.

중소기업이 밀집한 인천 남동공단에 철도용 부품을 생산하고 있는 동양주공은 대기업과 중소기업의 동반성장의 일환으로 포스코의 혁신 지원을 받았다. 인천 아시안 게임을 앞두고 시 환경과에서 진단한 결과, 열악한 환경으로 3년 내 공장을 옮기라는 통지를 받고 시화공단에 일만 평의 공장 부지를 사놓은 상태였다. 주물 제조의 생산공정 과정에서 발생한 먼지로 공장 안을 보기 어려웠고, 모래 바람이라 할 정도의 열악한 작업장은 시 환경과의 진단 결과를 이해할 수 있었다.

'먼지와의 전쟁'을 선언하고 활동 체계를 구성했다. 250명 직원을 전 생산공정의 28개 팀으로 나뉘어 구성하고, 개선활동에 들어갔다. 총무팀, 생산지원팀 등 스텝은 VP(Visual Planning) 활동을 통해 생산현장을 체계적으로 지원하게 했다. 노후화된 집진기 7대의 성능이 67% 수준이어서 새로운 집진기 도입을 결정했으나 보류시키고, 전 직원이 생산공정 상의 먼지 발생원을 찾아 나섰다. '보이면 바로 개선한다.'라는 슬로건 아래 '먼지와의 전쟁' 공감대를 형성해 나갔다. 12시간 맞교대 근무를 하는 직원들의 시간에 맞춰 야근조 퇴근 시간인 아침 7시에 대형 식당에서 '먼지와의 전쟁'은 왜 하는지의 배경과 필요성, 미래의 모습을 그려 공감대 형성을 우선적으로 하고, 낭비를 찾는 눈, 방법 등 마인드 셋을 위한 변화관리 교육을 이어갔다. 생산 총괄 전무는 "공장 이전없이 가능 할까요?"라는 질문의 연속이었다.

활동 과정에서 놀라운 일들은 여기 저기에서 일어났다. 평소 부정적이던 직원이 하루 24시간에 한 번 부정기적 대량 먼지 발생량을 찾아내고 개선하며 긍정맨으로 바뀌었고, 함께 공감하는 직원들이 현장의 변화를 주도 했다. 폴란드 노동자로 일하고 있던 외국인들도 개선 현장의 사진을 보고 문제를 찾고 개선하며 깨끗해진 현장을 보고 웃는 모습이 내일의 예고했다. 공장 문을 닫을 수도 있다는 절박감에 참여하는 환경 개선 활동은 10개월 지날 즈음, 공장 안이 보이기 시작했다. 먼지 발생량은 반에 반으로 줄었고, 집진기 성능도 복원하며 새로 도입없이 여유가 생겼다. 작업장과 직원들의 마음은 밝아졌고, 공장 이전없이 새로운 도약의 길로 거듭나게 된 것이다.

"현장에 문제와 답이 있다."라는 말처럼 투자와 기술로 풀리지 않는 문제도 있는 것이다. 문제의 본질을 못 보거나, 문제를 푸는 원리를 인지하지 못하면 돈만 쏟아붓고 문제는 그대로 남는 경우가 있다. 24시간 생산을 하고 있는 직원들이 설비, 생산공정상의 구조적 먼지 발생원을 찾고 문제를 풀어갈 수 있는 것이다. 전 직원이 먼지 발생원을 도출하고 함께 토론하며 발생원을 제거하고, 개선이 어려운 먼지는 집진기로 해결한다. 만약 집진기를 새로 도입했다면 먼지 발생의 문제를 인정해 버리는 셈이고, 개선없이 후처리 대책만 세우는 모양이 되어 쾌적한 생산 환경은 요원하게 되는 것이다.

석회가 쌓여 오른쪽 어깨가 아프면 칼로 수술한다. 6개월 후 재발한다. 오랫동안 오른팔을 사용하다 근육이 오른쪽으로 쏠렸고 뼈와 근육의 마찰로 석회가 쌓이고 통증으로 이어진다. 인체파동 원리대로 근육 균형을 잡아주면 어깨 수술없이 문제는 사라진다. 전 직원이 문제의 본질로 접근한 결과 시화공단으로 이전하는 일도 사라졌고, 시의 환경과 직원도 변화된 환경을 인정했고 내일을 향해 도약하는 새로운 기회가 주어졌다. 혁신은 문제의 인식과 풀어가는 원리에 따라 그 결과는 크게 달라진다.

6.
가족경영과 경영자
_인천 대원인물

　새로운 분야에 새로운 첫 걸음은 설렘과 두려움이 앞선다. 필자는 2009년 포스코 사내 컨설턴트로 선발되고, 기업 혁신 컨설팅의 첫 시험대에 올랐다. 컨설팅 회사는 압연 공장에 환도, 직도, 곡도 등 쇠를 자르는 칼(Knife)을 생산하여 공급하는 인천 주암공단에 위치한 대원인물이란 회사였다. 제철소 생산 현장과 혁신 스텝 6년의 기획 경험, 대학원에서 기업 혁신을 연구하며 습득한 혁신 이론을 토대로 새로운 도전이 시작되었다. 대원인물은 32명의 작은 회사이지만 쇠를 자르는 칼의 기술은 월드 클래스 수준이었다.

　컨설팅의 첫 순서로, 경영자와 인터뷰를 하고 회사의 비전, 전략, 목표 및 이를 실현하기 위해 조직과 운영체계를 갖고 있는지, 그것이 잘 실행되고 있는지를 진단하는 일이다. 두 번째, 현장 생산라인에 대한 진단과 조직원의 일하는 사고, 일하는 방법을 보고 현장에 얼마만큼의 낭비가 있는지 본다. 또한 경영자의 생각이 조직 라인을 타고 잘 흘러오는지, 동맥경화 현상이 어디서 발생하는지를 탐색하고 처방전을 내린다. 혁신 컨설틴트는 기업의 닥터 역할이기 때문이다.

대원인물은 컨설턴트의 처방전에 따라 시간 개념이 담긴 비전 설정, 비전 실현을 위한 경영 목표와 실행 전략, 조직의 동맥경화 현상에 대한 직원과 조직 변화관리, 생산 공정 Layout 설정과 생산 조건 상의 문제, 품질과 원가관리 등의 추진계획을 수립하고 한 달에 두 번 방문 지원했다. 베트남 등 외국인 노동자도 몇 있는 작은 기업이었다.

컨설팅 8개월째 되는 날, 대원인물이 서울 코엑스에서 MB정부의 동반성장 대통령상을 받았다. 상을 받은 배경에는 포스코에서 중소기업에 지원하는 동반성장 프로그램 참여율이 들어 있었다. 1년간 컨설팅 프로그램을 지원하는 입장에서 자만하지 않게 전 직원 변화관리에 들어갔다. 개선활동을 잘해서 큰 상을 받은 것보다 더 잘하라는 격려의 포상으로 인식하게 하고 실행력을 제고시켜 나갔다.

대원인물의 쇠를 자르는 기술은 독일 수준을 따라갈 정도로 높고, 세계 최고 기술을 향해 대학과 공동연구를 지속하고 있었다. CEO의 무한 긍정적 사고와 직원들과 가족처럼 지내는 가족 경영 컨셉이 좋은 토양이었다. 혁신에 대한 거부 반응은 없었고, 생산 조건을 최적으로 개선하는 일이 쉽지 않았지만, 수용성이 높고 긍정 조직 기반 참신한 아이디어가 쏟아져 현장은 웃는 모습으로 변모해

갔다.

CEO는 항상 직원을 먼저 생각하고 챙겨주는 모습을 보여주었다. '회사 돈은 직원들이 벌어준다.', '직원들이 회사의 주인이고 보배다.'라는 생각을 갖고 있었다. 언제나 미소 지으며 회사의 '밝은 아이콘' 역할을 하고 있던 28살 여직원 비서를 미리 예고하고 6개월 만에 인천시장 표창을 만들어 주는 모습, 가족처럼 직원을 대하는 자세로 본인이 더 기뻐하는 모습은 오랫동안 기억에 남는다.

훌륭한 기업은 누가 만들어 가는가? 좋은 경영자가 긍정적인 회사의 분위기를 만들고, 동맥경화 현상이 없는 건강한 조직 기반을 조성한다. 직원들은 긍정 조직 기반 아이디어를 내면서 스스로 참여하는 개선 문화를 만들어 간다. 이러한 힘의 원천은 가족 경영에 있고, 모두가 주인 된 마음으로 좋은 회사를 함께 만들어 나간다.

7.
3년 내 사장 자리 넘긴다
_양주 현대배관

　미래에 대한 비전을 제시하거나 효과적으로 커뮤니케이션을 하고자 할 때, 주변 사람들의 마인드를 변화시키고자 할 때, 현명한 리더는 사람의 마음을 움직이는 Y리더십으로 원하는 바를 이룬다. 21세기 리더는 상대의 관점에서 말하고 지원하는 Y리더십이다. 상대를 진정 공감하게 하는 능력은 현대의 리더들이 갖춰야 할 덕목이다. 앞서가는 기업의 경영자, 관리자, 리더들은 유(You) 관점의 Y리더십으로 변화와 혁신을 이끌어 낸다.

　MB 정부시절, 대기업과 중소기업의 동반성장이 사회적 이슈가 될 때, 경기도 양주에 위치한 현대배관은 포스코와 관련이 없는 첫 혁신 지원을 받는 기업이 되었다. 배전용 전기회로 개폐장치를 생산하고 있는 현대배관은 원료 창고와 1차 가공, 2차 가공, 완제품을 생산하는 공장이 있고, 생산 물류 흐름이 체계적이지 못 하고 생산 리드 타임이 많이 걸리는 프로세스 였다. 창업주 H씨(당시 63세)는 영업과장으로 경영수업을 받고 있는 아들을 못 믿어 7년 더 사장을 하고 넘겨주겠다고 했다. 필자는 재무만 직접 챙기고 나머지 생산, 영업, 인사 등의 경영권은 3년 내 넘겨주는게 좋겠다고 제의했다. 한 달 반쯤 지나 양주 시내에 위치한 조용한 찻집에서 3년 내 아들에게 사장 자리를 넘겨주겠다고 했다.

필자는 아들을 생산 이사로 발령 내게 하고, 3개 공장의 물(物)의 흐름을 잇는 '생산 물류 프로세스 최적화' 프로젝트를 맡겼다. 코흘리개 때부터 성장과정을 지켜 본 공장장들은 상급자가 된 생산 이사 아들의 말을 쉽게 들어주지 않았다. 생산 물류 최적화 활동 과정에 분석과 개선 기회를 창출하는 방법 등 전문지식을 심어주고 공장장들을 리딩하게 했다. 처음에는 진행이 잘되지 않았지만, 공장장들의 변화관리 교육을 병행하며 6개월쯤지나자 눈에 띄게 변화가 일어났다. P-Q(Products-Quantity) 분석을 통해 원료, 공정 재고, 완성 재고량 관리체계를 갖추고, 공장 내 최적 Layout 설정과 생산 프로세스의 생산 조건을 개선해 나갔다. 작업장은 일을 쉽고 편리하게 효율적으로 되었고, 총 생산 리드타임은 짧아졌다. 바쁨이 여유로 다가왔고 생산공정은 최적화 되었다. 원료 입고에서 제품 출하까지 강물이 흘러가듯 흐름화를 만들어 효율적인 생산체제로 변화되었다. 그 결과 함께 참여한 공장장들은 젊은 30대 생산 이사를 인정하게 되었다.

세상에 가장 어려운 것이 '내가 아는 지식을 전하고자 하는 상대의 머리에 넣는 일'이라고 한다. 금수저로 태어나 귀하게 자란 아들은 조금만 어려운 일을 만나도 피하는 성격이었지만, 잠재 능력이 없었던 것은 아니었다. 창업주의 기업 성공 지식과 노하우를 일방적으로 성급하게 주입시키려 보니, 창업주와 아들의 거리는 멀어지고 소통은 요원해지는 것이다. 성공적인 생산 물류 최적화 과정과 결과를 전 직원들에게 공유하고 표준화를 통해 지속하게 했다. 이후 창업주는 회장이 되고, 아들은 사장이 되었다.

인도의 일곱 살 동자승은 야생 코끼리에게 책을 읽어주며 소통을 한다고 한다. 동자승은 코끼리와 함께 태어나 성장했고, 늘 상대를 먼저 생각해 주는 친구였다. 현명한 리더는 상대의 관점에서 생각하고, 말하고, 의사결정을 한다. 상대가 주인공이 되어 선택하고 도전하게 하는 것이다. 아들은 아버지의 질문에 답하며 성공의 결과를 만드는 동안 경영수업을 체득하게 된 것이다. 일의 성공은 타이밍과 수용성에 있고, 상대의 관점에 생각하고 말하고 의사결정을 지원하는 일이다. 즉, 상대가 주인공이 되게 하는 일이다.

8.
기술혁신과 기업 경쟁력
_인천 대화감속기

기업의 기술혁신은 기업 경쟁력 강화에 핵심적인 역할을 한다. 기술 혁신을 통해 기업은 제품과 서비스의 품질을 높이고 비용을 절감하며, 새로운 시장에 진출하는 기회를 만들 수 있다. 경쟁 우위를 선점하는 기술 혁신은 기업이 시장 내에서 차별화를 꾀하고, 빠르게 변하는 시장 환경에 유연하게 대응하게 한다.

기술 혁신을 통해 얻을 수 있는 첫 번째는 비용 절감과 효율성이다. 생산 공정 개선을 통해 비용이 절감되고, 생산 효율성을 높여 수익성을 기대할 수 있다. 두 번째는 제품 및 서비스 개선이다. 혁신적인 기술이 적용된 제품과 서비스는 고객의 요구에 더 잘 부합하고 고객 만족도를 높이며, 시장에서의 경쟁 우위를 확보한다. 세 번째는 새로운 시장 및 고객 창출이다. 혁신적인 기술은 기존 제품의 한계를 넘어서 새로운 시장을 개척하는 데 중요한 역할을 한다. 특히 IT, 바이오, 전자상거래와 같은 빠르게 성장하는 산업에서 두드러진다. 네 번째는 기업 이미지 및 브랜드 강화이다. 혁신적인 기업은 대중에게 긍정적인 이미지로 인식될 가능성이 높아 브랜드 가치 상승 및 신뢰도를 향상시키는 데 도움이 된다.

기술 혁신이 성공하기 위해 중요한 것은 적극적인 연구개발(R&D)과 투자다. 지속적인 R&D 투자는 기업이 최신 기술을 개발하고 시장 트렌드를 선도하는 데 필수적이다. 다음은 기술적 리더십과 전문가 육성이다. 기업 내부에 전문성을 갖춘 기술 인재를 육성하고 유지하는 것은 기술혁신의 기반이 된다. 그리고 혁신의 최종 목표는 고객 가치를 창출하는 것이므로 고객의 요구와 기대에 부합하는 기술혁신이 필요하다. 단독으로 기술혁신을 추구하기보다는 사내 기술연구소, 대학과의 협력을 통해 혁신의 속도를 높여 시너지를 발휘하는 것이 유리하고, 급변하는 기술 환경에 유연하고 창의적인 조직문화가 토양이 된다.

중소기업이 밀집한 인천 남동공단에 감속기를 생산하고 있는 대화감속기는 대기업과 중소기업의 동반성장 일환으로 P사의 혁신 지원을 받았다. 감속기 중견기업에서 독립한 직원 30여 명의 수준이지만, 감속기 기술력은 전문연구소와 공동 연구를 하는 등 높은 수준에 있다. 대화감속기는 기업 진단을 하고 생산 라인 최적화에 컨설팅의 초점을 두었다. 공장에 자재를 보관해 놓을 곳이 없어 새로 창고를 건축할 예정이었지만, 중단시키고 정리 정돈부터 시작했다.

모든 자재 품목은 수량관리 개념을 도입하여 불필요한 과잉 자재는 과감히 정리해 나갔다. 공간이 생기고 관리체계를 만들 여유가 형성되었다. 생산 라인은 자재, 중간 재공, 완성 재공 등 표준 재공을 정했다. 이를 기준으로 생산 라인 종합 Layout 최적화를 하고, 강물이 흐르듯 흐름화로 생산 효율성을 높였다. 공간이 없어 공장 상부 높은 곳에 설계했던 창고는 적량 관리체제 후 필요 없게 되었다.

공장 생산흐름화가 완성되어 갈 즈음, 당진 소재 H사의 기술진이 다녀갔다. 다음 방문 때 사장실에서 차 한잔 하고 있을 때 당진에서 한 통의 전화가 왔다. 감속기 기술 수준과 생산 과정을 보고 100억 수주를 하겠다는 낭보를 전해왔다. 최적화된 생산 프로세스와 전 직원의 일하는 자세, 개선하는 문화를 보고 신뢰를 얻어 대기업 H사가 통큰 수주를 한 것이다.

기업에서 기술 혁신과 생산 프로세스 최적화는 고객의 신뢰를 높이고, 경쟁력 확보에 중요한 요소가 된다. 자사의 기술력은 제품의 신뢰성을 갖게 되고, 양품을 만드는 생산 프로세스와 지속적인 개선 문화는 고객을 움직이게 하여 큰 수주로 연결되는 것이다. 제품 수주는 회사의 규모보다 기술력과 생산과정의 신뢰성에 따라 달라진다.

9.
혁신 성공의 열쇠 Top 진단
_인천 공구함 제조업

중소기업의 경영자를 만나게 되면, 전문 경영인보다 창업주가 많다. 기업 창업주는 특징이 있다. 6.25 전쟁의 잿더미에서 맨손으로 일군 창업주들은 자사에 대한 애착이 강하고, 그 애착심은 조직에 악영향을 끼치기도 한다. 애착심이 깊으면 열린 조직보다 경직된 조직 문화로 가는 경향이 있고, 좋은 기업으로 가는 데 장애가 된다. 회사 규모가 작을 때는 가족 경영이 되지만, 백 명 이상으로 규모가 커지면 효율적인 조직 운영체계를 갖추고, 미래를 향한 장기적인 기업문화를 만들어 나가야 한다.

작은 기업의 조직과 문화를 바꾸는 데는 CEO의 변화가 지름길이다. 경영 리더십의 변화로 건강한 조직을 만들고, 기업 성과를 창출할 수 있다. 이러한 방법으로 Top 진단이 있다. CEO가 생산 현장의 Top 진단을 하려면 3가지 조건을 갖춰야 한다. 첫째, 전 직원 참여다. 현장에 문제와 답이 있다. 전원 참여를 통해 모든 현장의 낭비를 찾고 개선하는 분위기를 만들어 가는 것이다. 생산 현장뿐만 아니라 사무 행정 직원들도 개선 활동에 참여한다. 둘째, 활동판을 만들어야 한다. 개선 내용을 자랑할 수 있는 틀인 것이다. 팀을 구성하고 계획 및 실행을 한눈에 알 수 있는 활동판 운영이 필요하다. 셋째, 현장 진단 운영체계다. 최고 경영자의 관심과 올바른 진단 방법이 현장 문화를 바꾼다.

Top 진단은 '대화의 장, 격려의 장, 코칭의 장'으로 운영한다. 대부분의 CEO들이 의외로 이것을 잘 못한다. 현장의 Top 진단을 하기 전에 CEO 교육을 실시한다. 목적과 방법, 활동판에서 현장 직원들의 개선 활동 내용을 듣고 잔소리를 하거나 부족한 부분이 보인다고 해서 교육을 하면 안 된다고 얘기한다. 현장의 작은 개선 활동이라도 끝까지 경청하고, 구체적인 칭찬을 한다. 3가지를 칭찬했으면 한 가지 정도 코칭을 한다. 7할을 듣고 3할을 격려와 칭찬, 코칭을 하는 것이고, 코칭도 질문 형식으로 부하 직원들이 주인공이 되게 하는 흐름이다.

인천 남동공단에 있는 공구, 비품 등 보관함을 만드는 M사를 컨설팅 할 때의 일이다. 보관함 제작, 조립 등 수작업이 많이 들어가고 부품, 완성품의 위치 설정과 수량 관리가 가치 창출로 이어지는 프로세스다. 직원들의 긍정 에너지와 생각이 성과로 연결되는 일의 특성이 있다.

Top 진단을 앞두고 CEO에게 진단 요령을 설명했다. 막상 현장을 가는 길에 청소, 물건 정리 등에 잔소리가 시작된다. 활동판 앞에서는 경청하지 못하고 중간에 긴 시간 교육형 코칭을 한다. 직원들의 마음의 문을 닫게 만들어 역효과가 나고, 개선 문화는 멈추게 된다. 이것을 정상화하는 데 시간이 걸린다. 사람의 오랜 경험과 지식, 습관은 하루 아침에 변화되는 것이 아니지만, 경영자의 생각과 행보는 조직 문화에 큰 영향을 주기에 사려 깊게 접근할 필요가 있다.

M사는 사장부터 임원, 직책간부까지 한 구역을 정해서 빗자루를 들고 청소를 하는 솔선 활동을 하게 했다. 월 1회 이상 빠짐없이 지속적으로 추진했다. Top 진단 시 진정성의 소통과 신뢰하는 분위기 조성을 위해서다. 그것은 현장 직원들이 힘들어 하는 기름 먼지 청소를 했을 때 진정성은 통하게 된다. 또한 정기 회의체를 통하여 현업의 의견을 상시 반영하고, 이슈 사항은 즉시 풀어갔다. 활동 단계별 직책자, 일반 직원들까지 방법과 마인드 셋을 위한 변화관리를 지속 했다.

Top 진단이 6개월 지날 무렵, 현장은 여러 가지 변화가 일어났다. 직원들의 생각이 열리고, 긍정 조직 기반과 상하 간에 신뢰가 형성되면서 개선 활동이 활발해졌다. 사장을 피하던 조직의 분위기는 운전하다 달려나와 사장의 손목을 잡고 개선 현장으로 가서 자랑하는 열린 문화로 변모해 갔다. 이제 Top 진단 시간은 개선 활동을 통한 소통하는 자리로 자리매김되었고, 건강한 조직 문화로 발전해 가게 되었다.

10.
신뢰는 경영의 전부다
_김포 송유관 제조업

신뢰와 경영은 매우 밀접하게 연결되어 있으며, 신뢰는 조직의 성과, 혁신, 협업, 지속 가능성 등에 핵심적인 영향을 미친다. 신뢰는 경영의 모든 기반이 되며, 조직은 상호 믿음과 배려, 존중하는 문화가 되면 신뢰 경영이 시작된다. 신뢰가 높은 조직은 불필요한 확인 절차와 감시가 줄어들어 의사결정과 실행이 빨라진다. 서로 믿고 협력함으로써 부서 간, 개인 간 장벽이 낮아지고, 상호 협력 촉진으로 시너지가 창출된다.

리더가 신뢰를 받으면 구성원은 자발적으로 따르고 몰입한다. 신뢰는 불확실한 상황에서도 조직 구성원이 리더와 조직의 의도를 신뢰하고 변화에 적응하는 등 수용성이 증가한다. 또한 신뢰는 직원의 창의성, 도전 정신, 책임감 등을 자극하는 성과와 혁신에 긍정적인 영향을 준다.

신뢰 경영의 핵심 요소는 정직과 일관성이다. 말과 행동이 다르지 않고, 원칙을 지키며 일관된 기준을 유지하는 일이다. 정보의 공유, 결정 과정의 공개, 열린 피드백의 문화 조성 등 투명한 소통이 신뢰와 건강한 조직을 만들어 간다. 인사, 보상, 평가가 객관적이고 신뢰받을 수 있는 기준을 기반으로 공정한 시스템 운영이 필요하다. 직원들의 목소리에 귀 기울이고, 다양성을 인정하며 경청과 존중하는 문화가 중요하다. 실수나 제안이 비난을 받지 않는 환경 조성과 창의성을 십분 발휘할 수 있는 심리적 안전 확보가 필요하다. 리더는 솔선수범하며 책임감을 가지고, 실패 시 변명보다 책임지는 태도를 보임으로써 신뢰받는 리더십이 중요하다. 고객, 직원, 협력사와 단기성과보다 장기적 관계 지향형으로 만들어 가야 한다.

조직에 신뢰가 무너지면, 구성원들이 진심을 숨기고, 방어적이며, 정보를 공유하지 않아 소통이 단절된다. 책임 소재를 회피하고 실수 은폐 및 책임 전가가 빈번해진다. 신뢰가 없는 조직은 만족도가 낮아 우수 인재가 떠나고, 구성원들의 적극적인 참여가 줄고, 최소한의 노력만 하게 된다. 조직 내 이익을 위한 눈치 보기와 줄서기로 내부 갈등 및 정치화 되는 현상을 초래하기도 한다.

필자가 김포에 있는 대형 송유관 제조 중소기업을 컨설팅할 때의 일이다. 아버지 창업주와 아들 생산 이사 간에 불신 관계가 깊어 조직에 불균형이 일어났다. 아들은 주차장에 아버지 차가 보이면 출근하다 말고 돌아가 버리고, 생산 담당 전무는 조직 운영에 많은 어려움이 따랐다. 임원과 하부 조직 라인에서도 눈치 보는 문화가 팽배하고, 모든 일의 정보와 의사 결정 과정이 순탄하지 못하니 시너지 창출은 요원한 것이었다.

  종합 진단을 통해 회사의 방향을 다시 설정하고 경영 목표, 전략, 조직 목표, 운영 제도 등 혁신활동 체계와 생산 전무를 중심으로 실질적인 의사결정 라인을 정립하고 불협화음을 줄여 나갔다. 대형 배관 제조업체 특성에 맞게 용접 등 주요 용역 업체 대표를 포함하는 정기 혁신회의체를 통해 소통하며 의사 결정의 효율성을 높여 나갔다.

  부자간의 인간적 신뢰는 한계가 있지만, 회사 일의 추진과 의사 결정 상의 문제는 해소되었다. 조직 운영에 기본은 신뢰이고, 신뢰가 없는 경영은 한순간에 무너진다. 좋은 기업을 향한 CEO와 조직 간의 신뢰는 경영의 전부인 것이다.

제9장

해외부문 혁신 문화는 무엇인가

기업 혁신은 나라의 종교, 사회문화, 국민성 이해로 시작된다.
주어진 상황 인식이 틀어지면 다른 민족, 다른 문화의 구성원과 신뢰를 쌓기 어렵고, 리더의 신뢰 수준만큼 현장의 성과는 달라진다.

다국적, 다민족 국가, 사회문화와 다양한 종교, 중국계, 인도계가 스텝을 맡고 생산직은 말레이계와 외국인 노동자가 맡았다. QSS활동이 공통 언어가 되고, 개선 활동 사진 한 장이 소통의 수단이 되어 다 함께 웃는 현장 문화가 이루어졌다.

1.
공산주의 사상에 혁신 마인드 장착
_중국

1990년대 중국은 '마차 타고 로켓 쏘는 나라'라는 말이 있었다. 한국과 국교 수립이 얼마 되지 않은 1996년 북경에 갔을 때, 첫 인상은 후진국 사회주의 국가 정도의 이미지였다. 북경 시내를 벗어나 골목길로 들어서면 주거 환경이 열악하고 사람들의 살아가는 모습이 동남아 수준의 거리였다. 북경 올림픽을 전후로 대내외 투자가 크게 일어나고, 경제 발전과 함께 유명 기업도 탄생했다. 한국 기업 진출이 본격화되고, 무역 규모도 커지면서 많은 변화가 있었지만, 중국인의 마인드와 사회주의 사상은 우리가 이해할 수 없는 것이 많았다. 공산 정부의 방침 아래 움직이는 수동적인 국민성이 혁신이 도입되면서 변화가 일어났다.

필자가 2008년 1월, 한국 기업이 가장 많이 진출한 청도(칭따오)의 포스코 법인의 현지 직원의 혁신 교육 갔을 때 일이다. 혁신 전문가 주재원이 투입되면서 중국 현지인의 마인드와 조직의 분위기가 달라지고 있었다. 생산라인에 이물이 인입되는 품질 문제를 에어(Air) 라인을 설치해서 운전실에서 간단히 이물을 제거하는 개선 결과를 보여주며 자랑했다. 스스로 문제를 찾고 개선하는 문화가 일어나고 있던 것이다. 혁신 담당 주재원에게 "많이 가르쳐 주지 마시오."라고 했던 기억이 난다.

혁신 담당 주재원은 처음 부임했을 때 지각, 결근이 많아 횟수에 따라 급여와 연동해서 매월 인사 평가를 할 정도였다고 한다. 본격적인 혁신 활동이 시작되면서 조금씩 변화가 일어났다고 한다. 시키면 하는 수동적 사회주의 사상에 포스코 혁신이 도입되면서 '스스로 개선하고 자랑하는 모습'으로 변모하여, 공산주의 국가에도 혁신이 들어가면 적극적이고 건강한 조직으로 변화된다는 것을 알게 되었다.

포스코가 베트남에 제철소를 지을 때, 현지 채용인을 어떻게 교육할까, 고민이 된다는 경영층의 물음에 중국에 답이 있다고 대답한 적이 있다. 조업 교육과 혁신 마인드 개선을 병행하는 방법이다. 이후 3개월 뒤에 청도 법인은 관둥성 혁신 대상을 받고 중국 신문에 게재되면서 포스코 혁신이 부각되었고, 전국에서 벤치마킹 러시가 일어났다. 3년 뒤에는 중앙 공산당 혁신상을 수상하며, 중국 전역에 새로운 시각의 변화가 시작된 것이다.

혁신은 종교, 사회문화, 사상과 국민성을 넘어서는 힘이 있다. 어떤 교육을 통해서도 다른 나라의 사상과 습관을 바꾸기는 어렵다.

혁신을 통해서 마인드의 변화와 관점을 바꾸는 계기가 되고, 개인의 성장과 기업의 발전은 물론, 부강한 나라로 성장해 가는 원동력이 되는 것이다. 우수한 민족성을 갖추었다고 자부하는 유태인들도 개선해야 할 맹점이 있기 마련인데, 종교는 존중하되 혁신을 통해서 가치 있는 새로운 마인드에 변화가 오면 평화로운 세상이 오지 않을까 생각해 본다.

사람을 교육만으로 변화시키는 것은 한계가 있다. 교육과 실행을 통해서 변화된 내 주변의 모습을 보고 스스로 변한다. 사회주의 국가 사상과 사고 방식에 가치를 창조하는 혁신이 들어가니 건강한 조직, 경쟁력 있는 기업과 부강한 나라로 변화 발전하는 것이다.

2.
사무라이 정신에서 시작되는 개선 문화
_일본

　기업의 미래가 있는 것은 혁신적인 사고와 개선 문화가 있기 때문이다. 초경쟁시대에 혁신은 선택이 아니라 필수이며, 일반적인 생각으로 미래 경쟁력의 중심에 서는 것은 어려운 일이다. 경제 선진국 일본 기업들이 고객의 사랑을 받고 지속 가능한 경영이 되는 것은 품질우선주의로 고객의 신뢰를 얻는 것에서 출발했다. 일본 기업들의 혁신 문화는 메이지 유신(1868년) 이후 서구 기술과 문화를 수용하며 품질관리와 효율성을 중요시하는 경영기법으로 발전해 왔다. 1901년 야하다제철소(현, 일본제철)가 탄생하며 강재 생산이 시작되었고, 초기 미국 품질관리 전문가 데밍의 영향을 받아 전사적 품질관리(TQC: Total Quality Control)가 시작되었다. 양질의 제품을 고객에게 공급하는 경영 방식이다. 일본 기업들의 혁신 문화와 특징은 무엇이 있는지 살펴본다.

　일본 기업들의 혁신 문화와 특징은 개선(改善), 일본어로 카이젠

(Kaizen)이다. 최고의 품질을 고객에게 공급하기 위해 전 직원이 참여하는 '끊임없는 개선'이 기업의 혁신 문화로 자리매김했다. 일본 기업들의 혁신을 이해하려면 사회 문화를 봐야 한다. 사회문화는 오랫동안 내려온 정치, 종교, 사회 전반의 변화에서 형성된 국민성이다. 일본 기업들의 혁신 문화 형성의 근간은 국민성과 직결됨을 알 수 있다. 전원이 참여하는 '끊임없는 개선'의 카이젠 문화는 사무라이 정신에서 시작된다.

과거 도요토미 히데요시는 260개 성을 상대로 싸움을 하는 과정에 무사의 룰을 만들고 지키지 않으면 목에 칼이 들어온다고 했다. 그것은 첩자와 간자가 있으면 한순간에 전쟁에서 지고 말 것이었기 때문이다. 생산과정에서 보면, 10개 작업의 순서가 있으면 무조건 지킨다. 이것이 작업표준이 되고, 표준작업이 또 다른 개선 테이블이 된다. 생산 프로세스에서 대나무의 마디처럼 공정마다 낭비를 찾아 끊임없이 개선하기에 낭비 없는 생산 프로세스가 되는 것이다.

룰을 지키는 문화이기에 표준을 잘 지키고, 그 속에서 개선한다. 매너리즘에 빠져 후퇴하는 것이 없고, 계단식 전진 문화만 있을 뿐이다. 글로벌 시장에서 경쟁력을 갖춘 선진 기업이 되는 것은 이러한 국민성을 베이스로 하는 혁신의 토양 위에 개선 문화가 섰기 때문이 아닌가 한다. 일상 개선 활동은 사람의 사고와 생활 습관에서 기인되는 속성이 있다.

일본 기업들의 혁신 문화는 크게 다음 내용으로 형성된다. 첫째,

낭비 없는 린(Lean) 생산방식이다. 사회적 필요에 따라 고객이 원하는 제품을 싸게 생산해서 필요한 때에 필요한 만큼 공급하는 것이다. 철강 제조업을 보면, 생산 프로세스 내에 미래 강재를 포함하는 생산 조건의 불합리를 찾고 한 발 앞선 AI기술 등을 적용하며, 끊임없는 개선으로 스마트한 생산 요건을 갖추어 간다. 둘째, 강종 개발이다. 미래 사회에 필요로 하는 강재를 개발하고 생산하기 위해 R&D 투자를 지속하고 새로운 강재 시장을 선점하는 것이다. 셋째, 사회와 함께 성장하는 기업이다. 지역 시민 발전과 기업 문화를 공유하고, 지구환경을 위해 탄소중립 친환경 공법의 제철소를 구축해 나가는 것이다.

훌륭한 기업 혁신 문화는 직원들이 공감하는 현실적이고 미래가 있는 경영 방향에서 시작된다. 오랜 시간 흘러온 국민성과 자사의 조직문화를 이해하고, 기업의 성장 비전과 목표 달성에 맞는 혁신 기법, 운영시스템을 체계화해야 가치 있고 흔들리지 않은 선진기업 혁신 문화로 갈 수 있다.

3.
도요타자동차 성공의 비밀, 자주연(自主研)_일본

 성공하는 기업들은 성장을 지속적으로 이끄는 독특한 조직문화와 특징이 있다. 훌륭한 조직문화를 통해 직원들이 동기부여를 받고 협력하며, 혁신을 일으킬 수 있도록 한다. 명확한 가치와 비전이 있고, 직원 간에 신뢰와 존중의 긍정적인 조직 분위기를 갖는다. 지속적인 개선과 학습을 중시하는 문화를 가지고 있고, 일의 효율성과 품질의 지속성을 형성한다. 또한 직원들이 자신의 지식과 스킬을 개발할 수 있도록 교육과 훈련이 제공되고, 성과중심의 조직문화로 개인의 성장과 조직의 목표를 달성하는 데 중요한 역할을 한다. 불황에도 흑자를 내는 일본 도요타자동차의 성장 비밀인 자주연에 대해서 알아본다.
 도요타자동차의 개선 활동인 '자주연(自主研)'은 도요타의 생산방식에서 중요한 역할을 하는 독특한 개선활동을 의미한다. 도요타의 '지속적인 개선(카이젠, 改善)' 철학의 일환으로 작업자들이 자발적

으로 하는 작업 환경과 프로세스 개선활동을 의미한다. 자주연은 공장 개선지원팀 성격을 갖고 있고, 개선 우수 직원을 선발하여 투입하고, 6개월간 설계, 제작, 평가 등 개선력을 훈련한다. 자동차 조립 라인의 특성상 문, 유리, 실린더 등을 조립하는 작업 과정의 낭비는 작업자들이 의견을 내고 자주연 멤버들이 제작하여 개선해 주는 역할이다.

자주연의 주요 활동과 목표는 첫째, 작업의 개선이다. 작업자들은 자신이 맡고 있는 작업 과정에서 비효율적이거나 불필요한 단계를 식별하고 제거하거나 개선한다. 이를 통해 작업의 효율성을 높이고, 생산성을 향상시킨다. 둘째, 문제 해결이다. 현장에서 발생하는 다양한 문제를 신속하게 식별하고 해결한다. 작업자들은 문제의 근본 원인을 분석하고 해결하기 위한 창의적인 방안을 모색한다. 셋째, 협력과 소통이다. 자주연 활동은 팀 단위로 이루어지며, 팀원 간의 협력과 소통을 통해 보다 나은 개선 방안을 도출한다. 이를 통해 팀워크를 강화하고 공동의 목표를 달성한다. 넷째, 지식의 공유이다. 개선 활동을 통해 얻은 지식과 경험을 다른 팀원들과 공유하여 회사 전체의 작업 효율성을 높이는 데 기여한다. 자주연 활동은 도요타의 전사적인 학습과 지식 공유의 중요한 영역이다.

자주연 활동은 도요타의 '지속적인 개선'인 카이젠(Kaizen) 철학을 실현하는 데 핵심적인 역할을 한다. 운영 체계는 1)현장 중심적 접근이다. 현장의 문제를 가장 잘 이해하는 작업자들이 주도적으로 참여함으로써 실질적인 개선 활동이 이루어진다. 2)참여와 주인의식이다. 자발적으로 개선 활동에 참여하고, 자신의 작업에 대한 주인의식을 갖게 된다. 3)혁신과 창의성이다. 작업자들이 창의적인 아이디어를 제안하고 실험해 볼 수 있는 기회를 제공한다. 이를 통해 혁신적인 개선방안을 지속적으로 도입 적용 할 수 있다. 도요타의 자주연 활동은 이러한 지속적인 개선 문화를 통해 회사 전체의 효율성을 높이고 품질을 향상시키며, 작업자들의 만족도를 높이는데 중요한 기여를 하고 있다.

최근 전 세계가 장기적인 불황의 늪으로 갈 수 있다는 지표들이 나와 금융위기 때보다 더 큰 경제 위기가 올 수 있다고 한다. 도요타자동차의 개선 문화는 1970년대 1, 2차 석유파동에도 흑자를 지속한 기업의 성장 비밀이었고, 88년간 지속되고 있다. 기업 성장을 지속하고 불황에도 생존하는 길은 자사만의 독특한 개선 문화로 진화 발전시키고 지속하는 일이다.

4.
다국적 나라의 공통 언어가 되어
_말레이시아

　말레이시아는 말레이계 65%, 중국계 22%, 인도계 9%, 기타 소수민족 등 다민족 국가로 구성되어 있고, 말레이계 국민은 이슬람교를 믿는다. 공장을 짓기 위해 건축설계 허가를 받으려면 기도실이 있어야 한다. 근무 중에도 하루 다섯 번은 기도를 하고, 금요일은 인근 사원에 들러 기도를 하는 문화다. 이슬람교를 믿는 국민들은 술을 마실 수 없고, 돼지고기, 소고기는 할랄 의식을 거친 허락된 식당에서만 먹을 수 있다. 맥주 두 잔을 마신 말레이계 아가씨가 곤장을 맞는 종교재판이 권위가 있는 사회문화의 나라다.

　필자가 포스코의 말레이시아 해외법인 컨설팅을 갔을 때의 일이다. 수도 쿠알라룸푸르시에 있는 호텔에 도착하여 처음 간 곳은 이슬람교 큰 사원이었다. 호텔에서 식당으로 가는 길에 사원에서 들려오는 기도 소리에 나도 모르게 소리를 따라 40여 분 걸어가니 큰 사원이 나왔다. 손을 씻고 대웅전에 들어갔더니 코란이 있고, 벽을 보고 기도하는 모습이 새로웠고 짧은 영어로 담소를 나눴다.

현지 주재원과 첫 인터뷰를 했을 때, 말레이계 직원은 내성적이고 적극성이 부족하며 부지런하지 않다고 했는데, 뚜껑을 열어보니 사실과 달랐다. 말레이계 직원과 대화를 했을 때, 첫마디가 공장 내 기도실에 거울과 손 씻을 수도를 설치해달라는 평범한 얘기였고, 그들에게는 소중한 일이었다. 문화와 인식의 차이가 관리운영 방식에 오류가 생기고, 소통의 벽을 만드는 형국이었다.

M법인은 250여 명의 직원 중 61%가 네팔, 방글라데시, 미얀마, 파키스탄 등 외국인 노동자로 구성되어 있어, 소통을 하려면 영어, 각국 언어, 한국어 등 3중 통역을 해야 해서 일이 원활하게 돌아가는 데 시간이 걸리고, 효율도 떨어졌다. 현장 낭비를 사진으로 보여주고 찾는 방법, 사례를 소개하고 실습을 시켰더니, 놀라운 일이 일어났다. 말이 안 통해 묵묵부답의 일상이었던 외국인 노동자들의 눈 빛이 살아나기 시작했다. 이후에 '문제를 보면 즉시 개선한다.'란 즉실천 개념을 인지시키고 말레이, 중국, 인도계, 외국인 노동자 등 모두가 낭비를 찾고, 서로 대화하고, 토론하는 현장 문화로 변화되기 시작했다. '일하기 쉽게, 편리하게, 안전하게'라는 활동 방향과 실행으로 쾌적한 작업장이 되었다. 보고 느끼고, 대화와 토론을 통해 아이디어를 내고, 개선하는 현장의 새로운 개선 문화가 시작된 것이다.

시간이 흐름에 따라 '눈으로 보는 관리' 체계를 만들고, 개선 수준도 높여 나갔다. 개선 활동 초기에 다국적, 다민족 국가, 사회문화와 다양한 종교 등으로 어려움과 변수도 많았다. 중국계, 인도계가 사무 행정 기획을 맡고, 생산직은 말레이계와 외국인 노동자들이 했다. QSS활동이 공통 언어가 되고, 개선 활동을 통한 소통이 이루어졌다. 사회문화, 종교, 생활습관 등 다름을 인정하고 배려하는 것에서 긍정적 사고와 개선이 시작된 것이다. 복잡하게 접근하기보다 작은 개선을 통한 사진 한 장이 공감대를 형성했고, 진정한 소통이 이루어지며, 통하면 무엇을 하려 해도 성공적으로 나갈 수 있다는 자신감을 얻었다.

먼저 공장 내 쓰래기통을 일반 쓰레기, Scrap으로 분류하고, 2종 세트 통을 새로 제작하여 비치하였다. 주말에는 외국인 노동자들에게 축구장과 음료수를 지원하고 말레이계, 중국계, 인도계의 직원들에게는 자신의 종교에 맞는 시설을 적극 지원했다. 가령, 공장은 이슬람교 기도실, 사무실은 불교, 힌두교의 법당 등 기도 공간을 더 좋게 지원했다. 국적과 민족, 종교가 달라도 전원이 참여하는 공장 내 청소부터 시작한 후에는 깨끗한 작업장, 일하기 쉬운 조건으로 현장이 변하는 것에 모두가 웃는 밝은 분위기로 변모했다. 얼룩진 Scrap Box는 깨끗하게 페인팅하고, 생산 라인의 설비를 닦고, 조이고, 기름 치고부터는 내 주위가 Clean 작업장으로 변모해가는 즐거운 일터가 되었다. 뉴욕지하철의 원리처럼 깨끗한 현장이 되니, 설비 환경과 품질관리까지 이어지는 등 생산성과 일의 효율성이 높아졌다.

포스코 말레이시아 M법인은 개선 활동 사진 한 장이 공통 언어가 되어 다민족, 다종교를 넘어 열린 소통 문화가 형성되었고, 작업 환경은 물론 생산, 품질, 안전관리 수준도 높아졌다. 연말 해외부문 혁신 대상을 받으며, 자부심 속에 지속적인 개선과 더 큰 혁신 문화로 자리매김 했다.

5.
나라 경영과 성장하는 미래
_베트남

나라 경영은 국가의 정치, 경제, 사회, 문화적 측면을 관리하고, 자원과 역량을 효율적으로 활용하여 국민 복지와 나라의 발전을 이루는 과정을 의미한다. 정부의 지도력, 정책 결정, 자원 분배, 외교 관계, 법과 질서유지, 공공 서비스 제공 등이 포함된다. 나라 경영을 잘하지 못해 경제적으로 후퇴한 국가들이 많고, 역사적 결과를 볼 때 나라님의 능력과 리더십이 국민 삶의 질에 크게 영향을 미친다. 일관성 없는 경제정책, 높은 부패 수준, 외채 문제와 정치적 불안정성이 주요 원인으로 작용한다. 한때 장충체육관을 지어 줄 정도로 잘 살았던 필리핀은 마르코스 나라님을 만나 장기 독재와 부정부패로 1인당 GDP가 반으로 감소하는 상황을 초래했다. 반면, 베트남은 사회주의 국가임에도 1986년 '새롭게 바꾸다'라는 뜻의 도이머이 정책을 도입, 시장경제로 전환하며 경제 성장과 빈곤 감소, 역동적인 성장 국가로 거듭나고 있다.

필자는 코로나 이후 모처럼 베트남 경제 성장의 중심지로 부상하는 다낭을 찾았다. 월남전쟁의 아픔도 있지만, 베트남은 한국을 사돈의 나라로 인식하고 호의적이라고 한다. 1226년 베트남 리 왕조의 마지막 왕자가 고려로 망명하여 숙종이 성을 하사한 화산 이씨 후손이 3만 명에 이르고 있다. 베트남은 불교 국가이고, 한국보다 유교가 강한 나라이기도 하다. 천 년 동안 중국의 지배를 받으면서 초기 한자를 사용했고, 아직도 한자 문화가 남아 있다. 17세기 프랑스 선교사인 알렉상드르가 라틴 알파벳 기반으로 쉽게 읽고 쓸 수 있게 체계화시킨 것이 오늘 날의 베트남 언어라고 한다.

베트남은 85%를 차지하고 있는 비엣족을 중심으로 다민족 국가로 구성되어 있고, 소수 민족의 언어와 문화를 존중하여 다양성의 사회 문화를 이루고 있다. 평균 34.4세의 젊은 나라로 활력이 넘친다. 국민성이 부지런하고, 값싼 노동력과 손재주가 좋아 다낭을 중심으로 세계 전자 부품의 생산지로 자리매김하고 있다. 베트남에 투자와 무역규모가 큰 한국과 경제적, 문화적 교류를 활발히 하기 위해 2021년 한국어를 제1외국어로 선정하여 중등교육에 적용하고 있다. 베트남 정부의 열린 사고와 정책이 경제 성장을 견인하는 것으로 보인다.

특히 포스코 해외 가공센터와 제조 법인은 중국 다음으로 베트남이 많다. 강한 현장과 경쟁력 확보를 위한 개선 기법을 적용할 때, 수용성과 실행력이 높다. 젊은 세대간의 소통과 코리안 드림이 있고, 경제 성장 모델인 한국이 이웃에 있고, 미래의 행복과 희망을 향한 활기찬 사회문화가 형성되어 간다. 여기에 같은 유교 국가, 사회문화, 부지런한 국민성 등 혁신의 토양이 좋고 수용성이 높은 것이다.

장자의 '추수' 편에 나오는 '정중지와(井中之蛙)'는 좁은 시야와 한정된 경험에 의존하여 넓은 세상을 알지 못하는 공간의 우물 안 개구리를 말한다. 요즘은 시간의 우물 안 개구리가 더 중요해졌다. 과거의 시간에 머물러 있거나, 현재의 시간에 갇혀 있으면 미래로 가지 못한다. 가장 중요한 것은 지식의 우물 안 개구리다. 얕은 지식과 경험으로 내 생각과 판단이 옳다고 하는 것은 위험한 발상이고, 새로운 지식의 수용성 관점에 한계가 있다.

나라 경영은 지도자의 자국에 대한 상황인식을 바탕으로 미래를 보는 안목과 국가 비전, 이를 실현시킬 바른 정책으로 리딩해 나가야 한다. 베트남처럼 공간, 시간, 지식을 넘어서는 열린 마음을 갖고 자국에 맞는 정책과 혁신으로 건강한 국가로 발전해 나가야 한다. 우리의 모습을 보면서 한 국가의 나라 경영은 지도자의 리더십이 근간이 됨을 새삼 느낀다.

6.
리더십과 소통이 성과를 결정한다
_태국

 사람이 모이는 곳이면 리더십이 필요하다. 좋은 리더십은 부드러운 조직문화와 성과를 말한다. 기업에서 보면 인력, 설비, 자재, 시스템 등의 주어진 자원을 효율적으로 운영하고 생산성, 품질, 납기, 비용 등 조직의 목표를 달성하는 것이다. 또한 사람들의 잠재력을 끌어내서 성과와 성장을 함께 이끌어내는 영향력이다. 단순히 명령하고 통제하는 것이 아니라 '목표를 명확히 제시'하고, '개인과 조직을 동기부여'시키며, '문제 해결 중심으로 이끄는 것'이다.
 기업의 생산관리 리더십 조건은 첫째, 공장의 장기적인 방향성과 목표를 명확히 설정하는 비전 제시 능력이다. 이것은 구성원들의 공감대 형성이 전제조건이다. 둘째, 생산, 품질, 공정, 설비 문제를 빠르게 파악하고, 본질을 꿰뚫는 현장 통찰력과 문제해결력이다. 문제의 본질을 못 보면 의사결정에 오류가 생겨 시간이 지연되고 손실을 가져온다. 불량, 납기 지연, 원가 상승 등의 문제를 분

석하고 해결하는 것이다. 셋째, 현장 작업자부터 관리자까지 다양한 사람을 이해하고, 소통하고, 동기부여를 주는 사람관리와 데이터와 경험 기반으로 신속하고 합리적인 결정을 내릴 수 있는 의사결정 능력이다. 결국 사람이 하는 일이기 때문이다. 넷째, 기술력과 현장력을 높이기 위한 스마트 팩토리, 자동화 등 변화 프로젝트를 주도하고 결과에 책임지는 원칙과 일관성 있는 리더십이다. 마지막으로 모든 면에서 솔선수범하여 모범적인 태도와 신뢰를 얻는 행동력이다. 구성원에게 신뢰를 얻어야 리더십이 완성된다.

필자가 P사의 해외법인 태국을 지원할 때의 일이다. 2개 공장의 공장장 리더십에 차이가 있었다. 언어 소통 능력과 리더십을 갖춘 A공장장, 통역을 거쳐 일을 추진하는 소심한 성격의 B공장장이다. 둘은 공장 생산관리 방식과 조직문화에 큰 차이를 보이는 것이었다. B공장장은 태국어를 몰라 상황 분석과 의사 결정력이 약하고, 올바른 추진력과 직원과의 소통 및 공감대를 쌓아가는 것이 한계로 보였다. 이것은 공장장의 리더십과 구성원의 변화관리 차이라고 진단했다.

조직과 사람의 변화관리에는 해당 나라의 종교, 사회 문화, 성격 등 국민성을 이해할 필요가 있다. 태국은 동아시아에서 식민지 지배를 받지 않은 유일한 국가로 자부심이 있고 인구 7천만 명, 관광 산업이 발달한 나라다. 국민의 94%가 불교를 믿는 관계로 승려를 존경하고, 남성은 한 번은 출가를 하는 전통이 있다. '괜찮아! 문제 없어!'라는 '마이 팬 라이(Mai Pen Rai)' 정신이 있어 작은 일에 스트레스를 받지 않고 긍정적으로 넘기려는 태도가 있다. 연장자와 상사에 대한 존중을 중히 생각하며, '미소의 나라'로 불리고, 사람들과 부드럽고 따뜻하게 소통한다. 정해진 규칙에 얽매이기보다는 상황에 따라 실용적으로 대처하는 경향이 있다.

A공장장은 태국 문화를 잘 이해하는 현지 14년의 베테랑이었고, B공장장은 P사에서 생산 직책보임자로 정년퇴직을 하고 태국 법인에 부임한 케이스였다. 현지의 문화를 이해하지 못 하니, 한국 스타일로 빨리 움직이지 않으면 질책하는 것이 조직과 성과에 큰 차이로 나타난 것이다. 불교적 사고로 지나친 여유는 생산과 품질에 전쟁을 치르는 일의 속성 때문에 납득하기 어려운 일이지만, 사화 문화와 태도가 다른 것을 인정하고 상대의 관점에서 보면 좋은 성과를 낼 수 있는 것이다. 긍정적이고 유연한 국민성은 혁신의 좋은 토양이 되는 것이다.

이후 방문 때마다 공장장 리더십 교육, 태국 문화, 사고 방식, 습관과 태도를 이해하는 시간과 대화와 토론을 통해 바른 상황 인식, 풀어갈 방향을 모색했다. 시간의 흐름에 따라 B공장장의 리더십도 신뢰를 얻게 되면서 공장의 분위기가 달라졌다. 경직된 조직문화는 현지인의 사고와 스타일이 살아나면서 부드러워졌고, 긍정 조직기반 시너지가 창출되기 시작했다.

제조 공장장의 리더십은 바른 방향과 목표를 제시하고, 구성원의 공감대 형성과 소통을 통한 신뢰를 얻고 조직의 목표를 이루어

가는 일이다. 주어진 상황 인식이 틀어지면 다른 문화의 구성원과 신뢰를 쌓기 어렵고, 리더의 신뢰 수준만큼 현장의 성과는 달라진다.

7.
빈국에서 부국의 희망으로
_미얀마

한 나라의 문화와 사상은 혁신의 중요한 토양이 된다. 혁신은 사람의 생각과 행동에서 시작되기 때문이다. 미얀마는 불교가 뿌리 깊이 내린 나라로 국민의 삶과 정신세계, 문화 전반에 큰 영향을 미치고 있다. 국민의 88%가 테라와다(상좌부) 불교를 믿으며 태국, 라오스, 스리랑카 등과 함께 남방불교에 기반을 두고 있다. 수도 양곤에 지상 60m의 황금탑으로 유명한 쉐다곤 파고다(Shwedagon Pagoda)는 시민들의 휴식처이고, 이승의 고단함은 잠시일 뿐, 영생의 행복을 기원한다. 이런 사회문화에 변화와 도전을 요구하는 것은 결코 쉬운 일이 아니다.

필자가 P사 미얀마 법인을 컨설팅하러 갔을 때, 거리의 모습은 우리의 70년대 수준 정도였다. 트럭에 매달려 출근하는 광경과 동자승들이 줄지어 상가에 들러 보시하는 모습이 이채로웠다. '다나(dana)' 사상으로 대표되는 보시와 자선의 미덕이 강조되고, 불교사원과 승려를 지원하는 문화가 강했다. 불교의 업(業) 사상과 무상(無常) 사상은 삶을 있는 그대로 받아들이며, 명상 수행이 일반적이고 자기 성찰과 내면 수양이 중시되는 감성적 문화로 보였다.

새마을 운동이 도입되어 밀림의 밀짚으로 지은 초가를 일반 도금판으로 바꾸는 작업이 전국적으로 일어나고 있었다. 그러다 보니 미얀마 법인의 제품은 대형 트럭이 줄을 잇고 없어서 못 파는 상황이었다. 하지만 작업 환경은 열악하고 위험이 상존해 '안전하고 깨끗한 작업장 만들기'라는 기치를 걸고 시작했다. 개선 마인드 셋을 위한 교육 때, 일 방향보다 다양한 질문을 통해 공감대 형성에 집중했다. 변화에 지극히 소극적이든 사람들이 '나와 동료를 위한 개선 활동'이라는 인식이 들면서 움직이기 시작했다.

전체 직원들은 5~8명씩 활동팀을 조직하고, 자신의 작업장을 깨끗하고 안전하게 개선하는 것으로 방향을 잡았다. 활동 사진을 공유하며 개선의 필요성과 개선 후 작업장의 모습을 이해시키고, 시간이 흐름에 따라 조금씩 움직이기 시작했다. 개선된 작업장을 보며, 나를 위한 개선활동이란 것을 알게 되고, 공장 전체 Clean 작업장, 일하기 쉬운 작업 조건을 이룰 수 있었다.

미얀마는 월급을 받으면 한 달 살기가 어려울 정도라고 한다. "지금 이 시대에 한국에 태어나 살고 있는 것을 행복하게 생각하라!"라는 법인장의 말에 조금은 의아해했다. 자동차를 자체 생산하지 못하는 미얀마 경제 구조에 인근 국가의 중고차를 사들여 이동 수단으로 삼는 현실이었다. 수도 양곤에서 22년된 차를 타고 비포장

도로를 1시간 40여 분 가량 달리니 시골 마을이 나왔다. 외국인에게는 호의적이었으나, 사는 모습을 가까이서 보니 수질과 거주 환경 등이 열악했고, 평균 수명이 세계에서 짧은 나라에 속한다고 했다. 사회 의료시스템이나 먹는 물과 생활 환경, 경제적 한계 등이 수명에 영향을 준다고 한다.

  수도 양곤에 큰 호수 두 곳이 있었는데, 호숫가 언덕에서 저녁을 맞이하는 분위기는 색다르게 느껴졌다. 하늘에는 별이 초롱초롱 반짝이고, 고요한 호수의 분위기는 우리나라 시골에서도 느끼기 어려운 것들이었다. 사람과 조직을 변화하는 일도 잊은 채 미얀마의 또 다른 신비로움에 취했다.

  기업 혁신은 종교, 사상, 습관 등 구성원의 생각을 지배하는 것이 토양이 되고, 토양을 제대로 보지 않으면 혁신은 성공할 수 없다.

8.
요코하마에 피는 꿈
_일본

혁신 활동의 종합 결과는 무엇인가? 경영자의 가치와 철학이 조직 라인을 타고 이어져 생산 현장에서 근무하는 직원의 사고와 행동으로 나타나고, 설비와 제품에 스며들어 생산 경쟁력 확보와 건강한 기업으로 성장하는 모습을 말한다. 회사의 비전을 설정한 후 전략과 목표를 정하고, 체계적인 계획을 수립하여 실행하는 것만이 길은 아니다. 혁신의 토양이 되는 기업과 나라의 문화를 봐야 한다. 기업과 나라의 문화는 기업 혁신의 큰 흐름을 좌지우지 할 수 있는 성공의 열쇠가 된다.

기업의 문화는 하루 아침에 형성되는 것이 아니다. 창립 초기의 사회 배경과 창립자의 경영 철학과 가치관에 따라 시작되며 2세대, 3세대 경영자의 전략과 사회 문화의 변화와 함께 만들어진다. 가령, 군대와 같은 상명하달식 조직문화는 다양성의 색깔이 있는 21세기에는 변화되어야 하는 문화다. 특히 다른 나라의 혁신 토양은 그 나라의 오랜 시간 동안 형성된 국민성, 종교, 사회문화, 가치관 등이 영향을 준다.

일본 기업 혁신의 토양은 사무라인 정신에서 시작되는 매뉴얼 문화가 토대가 된다. 이를 이해하지 못하고 혁신을 적용하면 모래 위에 집을 짓는 것처럼 사상누각이 된다. '아는 만큼 보이고, 보이는 만큼 성공의 길이 된다.' 나고야에 본사를 두고 있는 P사의 일본 법인은 경제 대국, 혁신 선진기업답게 자긍심이 매우 높다. 일본에 있는 한국기업 경영자협회단 방문을 앞두고 컨설팅 요청이 왔다.

요코하마는 도쿄에서 40분 거리로, 다른 지역과 달리 개성이 강한 독특한 지역 문화를 갖고 있다. 일본 법인의 요코하마 공장은 시내에서 먼 거리에 있고, 신입사원 선발에 어려움이 있다고 했다. 2011년부터 큐슈, 나고야, 오사카, 요코하마 등 일본 전 지역의 법인을 지원한 경험이 있는 필자는 코로나19 이후 5년 만에 새로운 관점에서 컨설팅을 시작했다.

주어진 시간은 6개월, 먼저 일본 총괄 법인장과 본사 및 요코하마 공장장, 일반직원들의 의견수렴과 생산 현장 진단을 토대로 법인의 비전, 전략과 실질적인 운영제도 등 종합체계를 정립했다. 공장 내에는 혁신 룸을 다시 세워서 '공유의 장, 학습의 장, 토론의 장'을 만들어 개선 활동의 모멘텀을 끌어올리기 위한 열린 문화를 형성시켜 나갔다. 현장의 실질적인 개선은 종합 진단 결과에 맞춰 개선 실행의 순서를 설정하고, 일본 매뉴얼 문화에 맞게 순서대로 활동 가이드했다. 혁신 지향형 조직을 개편하고, 공장장 중심으로 일체화시켜 설비 환경과 작업조건, 안전, 공장 운영체계까지 갖추어 나갔다.

짧은 시간에 직책자와 직원들의 공감을 끌어낼 수 있었던 것은 상대를 아는 것에서 시작되었다. 요코하마 법인의 직원들은 5년 전 2년간 지원했을 때, 주임이 파트장이 되고, 파트장이 부공장장, 공장장이 되었다. 개선 활동 리더가 주요 직책보임자로 조직을 구성하고 있었고, 시작부터 환영하는 분위기였다. 혁신활동은 사람을 움직이는 것이기에, 사람 간 신뢰가 형성되는 것이 성공의 열쇠가 되는 것이다.

그해 11월, 일본 내 한국기업 경영자협회장단의 방문이 이루어지고, 혁신 우수기업 P사와 일본 해외법인 이미지를 높이는 성과가 나왔다. 이를 주도한 생산실장은 해외 개인부문 표창을 받았고, 감사 전화가 왔을 때는 보람으로 다가왔다. 이후 큐슈, 나고야의 요까이치 공장 등 타 공장의 현장 개선 활동의 본보기가 되었고, 요코하마 개선 활동 시 지원하고 참여한 직책자가 중심이 되어 확산 전개가 되고 있다. 요코하마 공장의 성공 모델이 일본 법인 7개 전 공장에 새로운 꿈을 심어주는 혁신이 되었다.

9.
사회주의 속을 알면 길이 보인다
_중국

　우리 나라는 중국을 얘기하지않고 경제와 무역을 말하기 어렵게 되었다. 1992년 8월 24일 국교를 수립하고 빠른 속도로 무역 규모가 커지고 있다. 수출은 이미 미국을 넘어섰고, 수입은 전체의 절반 가까이 되고, 우리네 밥상까지 침투해 있다. 하지만 중국에 투자를 했다가 낭패를 보는 경우도 많았다. 중국을 알려면 사회주의 사상과 통치체제, 기업과의 연관성을 알 필요가 있다.

　중국 공산당의 사회주의 사상과 통치시스템은 마르크스-레닌주의를 기반으로 하되, 현실에 맞게 수정 된 중국식 사회주의로 운영되고 있다. 이러한 체계는 국가 운영뿐만 아니라 기업 전략과 혁신 시스템에도 깊이 반영되어 있다. 혁신관점에서 보면, 공산당의 영도, 인민 중심, 공공 이익 우선, 계획 경제 요소와 시장 경제 요소의 병행 운영 등을 볼 수 있다.

　최근, 시진핑 신시대의 국가 전략 주요 내용은 첫째, 국가-시장 통합 운영이다. 시장원리에 따라 자원 배분의 결정적 역할을 하되 정부가 언제든 전략적 분야를 통제한다. 이것을 인지 못하고 자본주의처럼 시장원리에만 인식한 기업들이 투자에 나섰고, 일순간 어떤 명분의 공산당 통제에 설비조차 그대로 둔 채 야밤 도주 철수하는 등 낭패를 보았다. 둘째, 과학기술 자립자강이다. 서방에 의존하지 않는 독자적 혁신 역량 구축을 수십년 전부터 선진 국가에 유학을 보내는 등 인재 역량을 확보해 왔다. 셋째, 다같이 부유한 나라이다. 지역, 업종 별 격차 해소와 중산층 확대를 위한 사회 안정을 추구한다. 이러한 것들의 성공 여부는 정부의 정책 일관성과 지속성 그리고 인민들의 신뢰성에 있다.

중국의 경제 성장은 개발도상국의 산업화 역사에서 가장 빠르고 규모가 큰 사례 중 하나로 꼽힌다. 직접적인 계기는 1978년 덩샤오핑의 개혁개방 정책에서 시작된다. 농업 집단농장에서 농민들이 자율적으로 경작할 수 있게 하고, 수출지향 산업화, 국영기업 개혁 등 계획경제에서 시장경제로 일부 전환하며, 사회주의 체제를 유지하면서 시장 원리를 도입한 '사회주의 시장경제' 모델이 경제성장의 출발점이었다. '자립 자강' '혁신형 국가건설', '제조 25' 등의 국가 전략은 기업 혁신 전략과 연계된다. 2008년 북경올림픽을 전후로 사회 간접 시설과 철강업 등 기초산업, 미래 과학에 막강한 투자를 했다. AI, 바이오, 항공우주, 양자 과학 등 미래를 향한 전략 산업에 정부가 지원을 하고 국유기업이 선두 역할을 한다. 중국 기업의 혁신은 시장 주도와 국가 주도의 혼합형 메커니즘으로 움직인다.

국유기업 혁신은 전략 산업에 독점적 지위를 보장하고 R&D예산과 인재를 국가가 지원하는 체제이다. 민간기업 혁신은 시장 중심으로 민간이 주도하되 정부가 규제 및 자금, 세제 인센티브로 조정한다. 성공한 기업은 통신의 화웨이, 전기차의 BYD, 알리바바 등이 있다. 즉, 국가 정책과 국유 기업의 월드 클래스 수준들이 연이어 창성되는 배경이라 할 수 있다.

필자가 1996년 중국 북경과 상해를 처음 갔을 때와 2008년 P사의 해외법인 청도 사업장을 교육하기 위해 갔을 때 기업의 분위기는 사뭇 달랐다. 보통 사회주의 사상은 스스로 하는 주인 정신보다 시켜서 하는 마인드로 인식하고 있다. 청도 사업장은 혁신이 도입되고 스스로 개선하는 모습을 보이고, 사회주의 사상에도 혁신 활동을 통해 사람의 마인드와 생산 현장의 변화가 일어나는 것을 보았다.

국가의 기업 지원체계와 혁신 마인드까지 장착하니 중국 사회주의 경제적 부상의 원동력이 아닌가 생각된다. 혁신은 생각과 문화를 바꾼다.

10.
종교와 기업 혁신문화
_P-말레이시아

　말레이시아는 다종교, 다민족 국가로 이슬람교 중심의 다문화 사회이다. 이슬람교는 사회 전반에 깊이 뿌리내려 있으며, 기업 문화와 경영 방식에도 중요한 영향을 준다. 이슬람교는 인구의 60%를 차지하는 말레이의 종교이고 국교다. 인구의 20%를 차지하고 있는 중국계는 불교, 6% 인도계는 힌두교, 도교 및 기타로 구성된다. 종교의 자유 보장은 헌법상 명시되어 있고, 말레이계 우대 정책은 법조계, 고위 공직 등 사회 전반에 반영되어 있다. 군법보다 상위 법이 종교법이고, 이슬람 종교의 영향으로 술과 음식 등 생활문화에도 영향을 미친다.
　이슬람의 가치관은 식품, 화장품, 금융 등 모든 산업에 할랄 인증 원칙을 존중해야 한다. 또한 기업 경영에는 하루 다섯 번의 기도 시간을 고려한 운영계획이 필요하고, 8월 라마단 금식 기간에는 근무 시간 조정, 낮 시간 회식과 행사 자제, 무슬림 여성의 히잡 착용 존중 등을 고려해야 한다. 말레이, 중국계, 인도계 등 민족 간, 종교 간에 트러블이 발생하지 않게 조화와 균형을 중시하고, 갈등을 피하고 공존을 지향하는 조직문화로 가야 한다. 그리고 현지 다양성의 문화와 융합된 인사관리가 필요하다.

필자가 P사 말레이시아 2개 법인을 1년 7개월 간 컨설팅 할 때의 일이다. 사무실은 중국계와 인도계가 주류를 이루고, 공간마다 자민족의 신을 모시는 신전과 법당이 있다. 생산직에 주류를 이루는 말레이계는 공장 일정 위치에 기도실이 있고, 하루 근무 중에 5번의 기도와 금요일은 인근 큰 사원에 들러 기도를 한다. 우리나라 관점에서 생각하면 이해하기 어려운 일이나, 이들에게는 가장 소중한 삶의 문화다. 2개 법인 중 하나는 말레이계 중심의 생산 흐름이고, 또 하나는 네팔, 미얀마, 파키스탄, 방글라데시 등의 외국인 노동자가 주류를 이룬다.

2개 법인의 인적 구성과 종교, 기업 상황의 조건은 확연히 차이가 있다. 여기서 혁신을 심어가는 일은 다융합과 수용성에서 적잖이 생각할 수밖에 없다. P사의 혁신 QSS를 종교와 문화, 인적 구성이 다른 해외 사업장에 그대로 적용하는 일은 성공하기 어렵다. 종교와 사회문화, 인적 구성원의 사고와 일하는 방식을 고려하여 현지에서 공감하는 추진계획을 수립하고 실행력을 높여가야 한다. 혁신 활동의 토양인 다양성의 기업 문화를 인정하고, 인사 및 조직문화 전략이 필요하다.

다문화를 존중하는 문화축제를 열어 자존감을 심어주고, 다민족 간 시너지 창출을 위해 말레이계, 중국계, 인도계 등 혼합 활동팀 구성이 필요하다. 음식과 일하는 사고, 습관이 달라서 융합이 어려운 것은 현실이지만, 수평적 소통을 강화하여 협력과 시너지 창출의 새로운 문화 형성이 필요한 것이다. 이슬람 라마단, 힌두 디왈리(Diwali; 빛의 축제), 중국 춘절 등 다종교의 명절을 고려한 휴무시스템도 마련해야 한다. 말레이 자국민 우대정책은 지속되고 있고, 장기적으로 말레이계 중간 관리자 육성에 빙점을 두어야 한다.

　해외 기업에 혁신을 심어가는 일은 종합적으로 봐야 한다. 기본적으로 종교 문화를 이해하고, 이를 존중하는 조직 운영체계를 갖추는 일이 중요하다. 종교와 혁신 활동 흐름이 조화를 이룰 때, 하나가 되어 성공적인 기업 혁신 문화로 간다.

제10장

AI 시대, 새로운 미래가 온다

미래의 혁신은 자율주행 자동차처럼 삶의 편리성과 효율성을 추구한다. 기업에서는 머신러닝, AI 적용을 통한 자동화 등 생산시스템화를 통해 생존 경쟁력을 높여 나가고, 기업 복지는 물론, 인류의 삶의 질을 높여주는 역할을 하게 된다.

미래는 인간의 생각 산물이다. 고대와 근대, 현대는 그 시절 사람들의 생각에 의해 창조적 문화가 완성되었고, 인류의 미래도 현대 사람들의 생각을 현실화하는 결과가 될 것이다. 개인과 기업의 미래는 생각 수준만큼 변화하고 발전한다.

1.
미래를 향한 삶과 기업혁신

삶을 살아가면서 내 자신의 미래를 예측할 수 있을까. 대체로 어렵다고 말하지만, 의외로 간단하다. 지금 자신의 생각과 습관을 보면 알 수 있기 때문이다. 내가 원하는 삶을 꿈과 비전으로 정하고, 그 꿈을 실현하기 위해서 충족 요건을 목표로 설정해서 계획을 수립하고 실행하면 그 결과만큼 내 미래는 그려진다.

"계획한 만큼 남는다."라는 말이 있다. 계획이 수립되려면 꿈이 있어야 하고, 시간 개념이 들어간 꿈과 목표가 설정되어야 하루를 가치 있게 보내는 것이다. 이를테면, '20년 내 기술명장이 되겠다.'라고 하면, 기술명장의 요건을 목표로 정하고 매년 계획을 세워 실행하면 20년 내에 꿈이 실현되는 것이다. 기업의 미래 예측은 여러 대내외 변화와 다양한 변수가 있지만, 현재에 직면한 경영분석을 통해 바람직한 모습의 밑그림을 그려서 그 실현한 결과가 미래의 모습인 것이다. 스마트팩토리로 성공한 독일의 지맨스도 99%의 생산

자동화시스템을 완성했지만, 미래를 계획하고 실행하지 않았으면 오늘날의 모습은 기대할 수 없었을 것이다.

미래를 향한 혁신은 대체로 4가지로 요약할 수 있다. 첫 번째는 디지털화와 인공지능이다. 기업은 디지털화와 인공지능 기술을 채택하여 생산과정을 혁신해야 한다. 센서, 빅데이터, 머신러닝, 자연어 처리 등 기술을 활용하는 것이다. 두 번째는 로봇 공학과 자동화이다. 미래는 로봇이 일하고 사람이 행복한 유토피아 세상을 열어간다고 한다. 일은 적게, 쉽게 하고, 충분한 휴식과 행복을 추구하는 것이다. 세 번째는 친환경 에너지이다. 지구촌 온난화 현상으로 이상 기온과 피해가 커지고 있다. 이산화탄소 저감을 위한 전기, 수소차 등 지구환경을 생각하는 산업이 발전해 나가야 한다. 네 번째는 혁신적인 조직문화 구축이다. 기업의 습관화는 조직문화의 근간이며, 혁신은 조직문화의 일부로 자리 잡아야 한다. 실패를 용납하고 창의성을 마음껏 발휘하게 해야 한다. 미래는 창의성의 싸움이라 할 수 있다.

필자가 지원하고 있는 P사는 스마트 제철소 비전을 갖고, 중장기적 전략과 목표를 수립하여 로봇자동화를 추진하고 있다. 스마트 제철소가 되면 정비의 기능이 커지기에, 최근 협력 정비사는 미래 전문성과 정비 경쟁력을 높이기 위해 그룹사 격으로 출범한다. 농경시대 손으로 일하던 시절에서 산업혁명을 통해 기계화, 자동화하며 일하는 방식에 많은 변화를 주었고, 오늘날 4차 산업혁명은 지구촌 과학기술 문명이 어떻게 변화하여 우리 앞에 다가올지 상상하기 어려운 스피드로 진화 발전하고 있다. 이것은 기술의 발전과 함께 인간의 삶의 질을 향상시키는 것이 주요 목표가 될 것이다. 그리고 인간의 복지와 행복을 중시하는 사회구조, 일과 삶의 균형을 고려한 일자리 형태, 정신 건강과 행복을 위한 프로그램 등이 더욱 중요시되는 사회가 될 것이다.

미래의 혁신은 자율주행 자동차처럼 삶의 편리성과 효율성을 추구한다. 기업에서는 지속 가능한 경영과 최적 생산시스템화를 통해 생존 경쟁력을 높여 나가고, 기업 복지는 물론 인류의 삶의 질을 높여주는 역할을 하게 된다.

개인과 기업의 미래는 꿈을 설정하고, 계획하고 실행한 만큼 그려진다.

2.
미래 경쟁력은 어디서 오는가

　기업의 미래 경쟁력은 급변하는 환경 속에서 지속 가능한 성장을 위해 핵심 역량을 개발하고 유지하는 데 있다. 기술 발전, 고객 요구 변화, 글로벌화, ESG(환경,사회,지배구조) 트렌드 등 다양한 요인이 영향을 미친다. 특히 직원들의 수준이 기업의 격을 만들고 경쟁력의 근간을 이룬다. 기업의 미래 경쟁력을 구축하기 위한 주요 요건과 핵심은 무엇인가?

　미래 경쟁력의 주요 요건은 첫째, 혁신과 기술역량이다. AI, 빅데이터, 클라우드 컴퓨팅 등 최신 기술을 활용해 경쟁 우위를 확보하는 일이다. 연구 개발에 지속적인 투자로 혁신 제품과 서비스를 개선해 나가야 한다. 둘째, 유연성과 적응력이다. 시장 변화에 빠르게 대응할 수 있는 조직 구조와 프로세스를 구축하는 것이다. 새로운 트렌드와 고객의 요구에 민첩하게 대응해 나가야 한다. 셋째, 지속 가능성과 ESG 경영이다. 환경 보호와 사회적 책임을 강조하며 장기적 신뢰를 구축하는 것이다. 투명한 지배구조와 윤리적 경영을 통해 브랜드 가치를 높이는 것이다. 넷째, 인재 확보 및 육성이다. 창의적이고 유능한 인재를 유치하고 학습과 성장을 지원하는 기업 문화 조성이다. 다섯째, 글로벌화 및 네트워크 구축이다. 해외시장 진출 및 글로벌 협력 강화가 경제적으로 국경이 의미가 사라진 21세기에 경쟁력 확보의 지름길이다. 디지털 플랫폼을 활용해 글로벌 시장에서 영향력을 확대하여 세계 속에서 상장하는 것이다. 여섯째, 고객 중심의 경영이다. 고객이 없는 기업은 존재할 수가 없다. 고객의 니즈를 실시간 파악하고, 제품의 기능과 디자인에 반영하여야 하며, 개인화된 서비스와 데이터를 활용해 차별화된 가치를 제공하여야 한다.

미래 경쟁력 요건 중 가장 핵심은 인재 육성이다. 기업에서 보면, 생산하는 제품으로 매출과 손익을 만들어 가는 것이 중요하다. 그러나 현재의 매출과 손익이 좋다고 기업의 미래가 밝은 것만은 아니다. 과거에는 직원이 일하는 대가로 임금을 받아가는 종속의 개념이었다면, 현재는 회사의 비전을 함께 실현해 갈 동반자가 되었다. 직원이 회사의 주인이 된 것이다. 좋은 회사는 인재육성 프로그램이 있고, 잘 육성된 인재가 개인 및 회사의 비전을 실현해 나가는 것이다. 훌륭한 인재가 조직의 장으로 있으면 회사의 조직과 시스템, 프로세스도 잘 정비되어 간다. 조직과 시스템, 프로세스를 움직이는 것도 사람이기 때문이다. 인재를 육성하지 않고 관리만 하는 조직은 기업 성장이 더디고, 비효율적이며, 밝은 미래를 보기 어렵다. 조직은 생명체와 같아 늘 깨어있어야 하고 역동적으로 움직여야 한다. 신입사원 때부터 퇴직 전까지 계층과 레벨에 맞게 지속적으로 교육하고 훈련하는 것이 미래를 만드는 일이다.

신입사원은 하얀 도화지다. 교육 훈련을 통해 어떤 밑그림을 그리느냐에 따라 미래의 그림이 그려지고 완성된다. 생산 현장이 다양한 배움터가 되고, 내가 습득한 기술과 속도가 내 가치를 말하는 조직문화가 되면, 기술혁신과 인재 양성이 곧 기업 미래의 경쟁력으로 다가 오는 것이다.

3.
뉴노멀 시대와 파괴적 혁신

 신생 기업과 대기업이 싸우면 누가 이길까, 10살 꼬마와 명문대 출신 엘리트가 경쟁하면 누가 앞설까, 직장 생활 20년의 부장과 갓 입사한 신입 사원이 마케팅을 맡으면 누가 더 잘할까, 답이 너무 뻔하다고 생각한다면 꽤 심각하게 자신을 돌아봐야 한다. 생각이 과거에 머물러 있고, 지금이 뉴노멀 시대라는 것을 간과하고 있다는 증거이기 때문이다. 이전 같으면 무조건 대기업이, 명문대 나온 엘리트가, 20년 넘은 부장이 이겼다. 얼마 전까지만 해도 그랬다. 이젠 모든 것이 달라지고 있다. 잠시 한 눈 파는 사이 두 눈 똑바로 뜨고 있어도 채 알아차리지 못할 정도로 세상은 무섭도록 빠르게 변화했다.
 뉴노멀(New Normal)은 한 때는 비정상적이거나 예외적이었던 현상이나 상태가 이제는 새로운 표준이 되는 상황을 뜻한다. 경제위기, 신기술 혁명, 전쟁, 관세 폭탄 등 큰 변화 이후 기존 질서나 방식이

더 이상 유지되지 않고 새로운 규범이나 기준이 자리 잡는 것을 의미한다. 2008년 미국발 금융위기로 세계 경제가 충격에 빠지고, 고성장, 고수익에서 저성장, 저금리, 저물가의 '뉴노멀'이 자리잡았다. 코로나19 팬데믹 이후 비대면 근무, 원격 수업, 디지털로 전환되고, 재택근무와 화상회의는 일상화 되었다. 쿠팡 등 배달업이 급속도로 성장하고, 젊은 세대는 집에서 음식이나 물건을 구입하는 등은 일상 생활이 되어 버렸다.

2016년 초 파리에서 택시 기사들이 파업을 했다. 우버(Uber) 때문에 생계를 위협받고 있으니 파리에서 우버를 몰아내 달라는 것이다. 우버는 승객과 운전기사를 앱을 통해 연결해주는 기술 플랫폼이다. 플랫폼이란 말에서 알 수 있듯이 우버는 택시 차량도 운전기사도 없다. 오르지 연결하는 역할을 할 뿐이다. 대신 모든 결재는 우버 앱을 통해 이루어 지고 수수료를 챙긴다.

파업 당일 우버 측은 오히려 웃었다. 파업으로 시내에서 택시를 잡기 어려워 지는 순간 우버 요금이 오른다. 우버의 강점은 택시 이용하기 편리함에 있다. 택시 파업으로 평소에 이용하지 않던 사람들도 우버 서비스를 경험하게 되어 오히려 크게 홍보하는 효과를 가져왔다. 필자도 카카오택시가 편리하여 늘 이용한다. 이것은 기존 택시, 렌터카, 배달 업계를 파괴한다. 이는 소비자 심리를 담은 스타트업들에 의해 기존 산업이 파괴되면서 새로운 산업으로 대체되는 과정이다. 상황의 변화에 따른 파괴적 혁신인 것이다.

파괴적 혁신은 기존 산업의 경쟁 질서를 파괴하여 새로운 경쟁

우위와 비즈니스 생태계를 만드는 일이다. 기존 제품이 주지 못하는 가치를 제공함으로써 시장을 파괴하고 새로운 시장을 창출해버린다. 파괴적 혁신을 위해서는 높은 기술력도 중요하지만 소비자들의 심리를 파악하고, 새로운 소비 트렌드를 유도하고 창출하는 것이 중요하다. 스타벅스는 커피를 파는 매장이지만 휴식공간, 일하는 공간을 제공하는 새로운 패러다임의 변화를 창출하고 있다. 기후 위기와 ESG 경영, AI 시대와 디지털혁명으로 생산성 혁신의 뉴노멀 시대를 맞이하고 있다.

4.
챗GPT와 현대 생활문화

챗GPT는 Open AI에서 개발한 인공지능 언어 모델이다. GPT는 'Generative Pre-trained Transformer'의 약자로 대화를 이해하고 생성하는 AI챗봇 역할을 말한다. 챗봇(Chatbot)은 'Chat(대화)와 Robot(로봇)'의 합성어로 사람처럼 대화할 수 있도록 만들어진 인공지능 프로그램을 의미한다. 사용자의 질문에 자연스런 언어로 답하거나 글쓰기, 번역, 요약 등을 도와준다. 이러한 챗GPT는 인간에게 여러 분야의 다양한 영역까지 편리하게 지원해 주는 역할을 한다.

챗GPT 구성요건은 첫째, 대규모 언어 데이터 학습이다. 인터넷상의 텍스트 데이터를 기반으로 사전 학습을 하는 것이다. 큰 대학의 도서관에 있는 모든 책을 학습하고 가용할 수 있는 수준 정도로 이해하면 된다. 앞으로 계속 그 용량은 크게 늘어날 것으로 보인다. 둘째, Transformer 모델이다. 인간의 언어 패턴을 이해하고 생성하는 데 적합한 딥러닝 구조이다. 셋째, 사전학습(Pre-training)과 미세조정(Fine-tuning)이다. 기본적인 언어 능력을 학습한 후 대화에 특화되도록 추가 조정한다. 넷째, 텍스트 기반 대화 창을 통해 사용자와 실시간 소통이 가능한 인터페이스다.

챗GPT는 일상생활과 직장, 학습 등 다양한 영역에 선한 영향력을 미치고 있다. 개인 생활 면에서 보면 정보 검색 시간 단축, 글쓰기나 이메일 작성 지원, 외국어 번역 및 학습 도우미 등이 있다. 교육 분야는 학생들의 과제, 리포트 초안 작성 보조, 개인 튜터(Tutor)처럼 질문에 실시간 답변을 제공한다. 업무 및 생산성 면에서는 회의 요약, 문서 작성 자동화, 고객 응대 챗봇 대체, 코드 생성 및 오류 수정 등 프로그래밍 보조의 기능이 있다.

현대 사회 생활문화는 챗GPT로 큰 변화가 오고 있다. 비즈니스, 마케팅으로 보면, 챗GPT 기반 AI를 활용해 SNS 콘텐츠, 이메일 마케팅, 블로그 글 자동 생성 등 짧은 시간에 다량의 마케팅 콘텐츠 생성으로 비용 절감, 생산성을 높일 수 있다. 고객 서비스로 보면, AI 챗봇으로 고객 질문에 자동 응답을 하는 등 고객의 응대 속도 향상, 인건비 절감, 고객 만족도 상승이 있다. 교육 부문은 수학, 과학 개념, 문제 풀이 도우미로 사용하는 등 맞춤 학습 기능, 교사의 업무 부담을 줄일 수 있다. 헬스케어 부문은 환자의 질문에 AI가 증상 설명, 생활 가이드 등의 의료 정보 요약 제공 등으로 의료진이 환자 진단 처방에 들이는 시간을 단축할 수 있다. 법률, 계약으로 보면 계약 초안 생성, 약관 요약, 법률 자문 챗봇 제공 등으로 변호 상담 시간 절약, 비전문가도 법률 문서의 이해도를 높일 수 있다. 마지막으로 창의, 콘텐츠로 보면, 작가들의 창의력 보조 도구와 빠른 콘텐츠 제작 등에 도움을 준다.

현대 생활 문화에는 이미 챗GPT가 깊숙이 들어와 자리하고 있다. 교육, 비즈니스, 법률 자문, 헬스케어 등 어떤 분야도 빠른 정보와 신속한 대응, 법률, 의료 전문가를 만나기 전에 기본적인 전문 상식을 얻을 수 있어 시간적 효율성이 높고, 우리 삶에 유익함을 찾을 수 있다. 챗GPT의 기능을 알면 현대 문명의 편리성을 누리고 한결 나은 삶으로 나아갈 수 있다.

5.
빅데이터, 예측 경영 시대가 온다

　인터넷 이후 기업에 가장 큰 영향을 미칠 것으로 기대되는 게 빅데이터(Big Data)이다.
　미래는 빅데이터 활용 능력에 달려있다. 세상에 데이터는 많아졌다. 이를 활용할 수 있는 도구들도 많아졌다. 빅데이터 기반 예측 경영(Predictive Management using Big Data)은 기업이 내부, 외부의 대규모 데이터를 분석해 미래를 예측하고 선제적으로 의사결정을 하는 경영 방식이다. 단순한 과거 분석을 넘어, '무엇이 일어날 것인가?'를 예측해 경영 전략과 실행을 조율한다.
　고등학생인 딸이 출산용품 광고 메일을 받자, 아버지는 매장을 찾아가 항의한다. 지점장도 마케팅 팀의 실수라 생각하고 사과한다. 하지만 얼마 후 그동안 딸의 임신 사실을 숨겨온 것이 밝혀지고… 하지만, 부모도 모르는 사실을 어떻게 알고 광고 메일을 보낼 수 있었는가, 놀랄 일이다. 월마트 등 유통업체들은 수많은 고객의 구매 이력을 분석해 임산부가 보이는 특이 패턴을 찾아내는 예측 모형을 가동하고 있다. 이 사건은 예측 모형에 의해 빚어진 실제 사례이다. 이것이 바로 지금 우리가 살고 있는 '빅데이터 시대'의 단면이다. 이미 세계의 많은 선진기업들은 미래 경영의 해법으로서 빅데이터 분석과 기술 개발에 투자를 하고 있다.

빅데이터 예측 경영의 절차는 첫째, 전략 정의다. 제품 수요 예측을 통한 생산계획, 불량 예측과 생산량 설정 등 예측하고 싶은 핵심 KPI 정의를 정하는 것이다. 둘째, 데이터 수집, 연결이다. ERP, MES, CRM, IoT 등 다양한 시스템의 통합 관리를 통한 이상치 제거, 결측치 보정, 정규화 등 원하는 데이터를 도출해 내는 것이다. 셋째, 분석모델 설계이다. 머신러닝, 시계열 모델, 통계 모델 등 예측 알고리즘을 선택하는 것이다. 넷째, 예측 실행 및 시각화이다. 예측 결과를 대시보드화하여 직관적으로 제공하는 것이다. 다섯째, 지속적 개선이다. 예측 정확도 모니터링 및 피드백 반영으로 끊임없는 개선을 통해 예측 경영 기반을 확보하는 일이다.

예측 경영의 기술적 접근 방법으로는 계절성 추세를 반영한 수요, 매출 예측의 시계열 분석(ARIMA), 품질, 이탈, 고장 가능성 등 다중 분류 방법의 머신러닝, 설비 센서 분석 등 복잡한 시계열 예측의 딥러닝이 있다. 고객 유형 분류, 제품 사용 패턴 그룹화 등 클러스터링 및 분할, 강화 학습과 시뮬레이션을 통해 생산라인 조건 자동화 및 최적화 제안 등이 있다.

필자가 컨설팅하고 있는 P사는 설비 예지보전 및 품질 예측에 빅데이터를 활용하고 있다. 공정 데이터를 분석해 코일 품질을 예측하고, 설비 고장 가능성을 사전 감지 등으로 품질 민감 공정의 불량률 30% 이상 감소, 설비 가동률 향상 등이 있다. 특히 1990년대부터 오랜 시간 MES, ERP, IoT 센서, CRM 데이터 등 시스템 생산을 구현해 왔고, 이런 종합 데이터를 활용하여 제철소 제선, 제강, 압연 등 메인 공정의 연결 및 개별 공장의 생산 최적화를 구현하고, 생산 경영 효율화, 예측 경영을 실현하여 미래 경쟁력을 확보해 나가고 있다.

6.
AI로 여는 미래 혁신

 인류사회는 역사적으로 끊임없이 변화 발전해 왔다. 현대 문명은 4차 산업혁명을 통해 급속히 발전해 왔고, 다가올 미래 AI시대 세상은 상상하기 어려울 정도로 예측하기 어렵다. 챗 GPT는 시작에 불과하다. 정치, 사회, 환경, 기업, 생활 문화 등 AI가 가져올 사회적 변화가 사뭇 기대된다. AI (Artificial intelligence, 인공지능)는 컴퓨터가 인간의 지능을 모방하거나, 이를 뛰어 넘어 다양한 작업을 수행할 수 있도록 하는 것을 의미한다.
 AI 혁신 기술은 인공지능을 발전시키고, 다양한 산업과 생활에 변화를 가져오는 핵심 기술을 의미한다. 이러한 기술들은 AI가 더욱 정교하게 학습하고 인간과 상호작용하며, 문제를 해결할 수 있게 만드는 기반을 제공한다. 대표적인 AI 혁신 기술은 첫째, 머신러닝(Machine Learning)이다. 머신러닝은 컴퓨터가 명시적인 프로그래밍 없이 데이터를 분석해 학습하는 기술이다. 특히 딥러닝(Deep Learning)

은 여러 층의 인공 신경망을 통해 대량의 데이터를 처리하고 복잡한 패턴을 인식하는 고급 형태의 머신 러닝이다. 둘째, 자연어 처리(Natural Language Processing)는 컴퓨터가 인간의 언어를 이해하고 생성하는 기술이다. 이를 통해 기계는 텍스트와 음성을 분석하고 번역, 요약, 질의응답 등의 작업을 수행할 수 있다. 셋째, 컴퓨터 비전(Computer Vision)이다. 컴퓨터 비전은 AI가 이미지나 비디오를 분석하여 객체를 인식하고 상황을 이해하는 기술이다. 자율주행자동차, 의료 영상 분석 등 다양한 분야에서 핵심 역할을 한다.

AI가 여는 미래 세상은 자동화되고, 효율적이며, 개인화된 세상이 될 것이다. 주요 변화되는 세상은 제조업, 물류, 서비스 산업 등에서 단순 반복적인 작업을 자동화하고, 인간은 창의적이거나 복잡한 문제 해결에 집중할 수 있게 한다. AI는 소비자의 행동 패턴을 분석해 개별 맞춤형 서비스를 제공할 수 있다. 예를 들어, 추천 알고리즘을 통해 개인의 취향에 맞춘 콘텐츠나 상품을 추천하거나, 맞춤형 의료 서비스를 제공할 수 있다. 교통, 에너지, 환경관리를 더욱 효율적으로 만들고, 자율주행 자동차는 교통 사고를 줄이고, 스마트 시티는 자원 관리와 공정 안전을 향상시킬 수 있다. 또한 질병 예측, 진단, 치료에 활용되어 의료의 정확성, 맞춤형 치료를 가능하게 한다.

이러한 AI 혁신 기술은 다양한 산업에서 적용되고 있으며, 향후 더 많은 분야에서 혁신을 이끌어 낼 것이다. 지금 일어나는 혁신은 인공지능이 이룰 성취의 첫걸음에 불과하다. AI는 우리가 미처 알아차리기도 전에 오늘날 문제가 되는 모든 한계를 돌파해 버릴 것이며, 거의 모든 직업에서 인간을 밀어낼 것이다. 우리는 지금 과학혁명의 중심에 있다. 인류의 진보는 가속을 얻고, 전 분야에서 새로운 가치가 창출될 것이다. 특히 인간의 지능을 보조하거나 대체할 수 있는 기술들이 점점 더 발전함에 따라 AI는 산업 전반에서 효율성, 생산성, 창의성을 극대화할 것이다.

7.
머신러닝으로 생산 조건 최적화

　머신러닝(Machine Learning)은 데이터를 기반으로 컴퓨터가 명시적 프로그램 없이 스스로 학습하고 예측하거나 결정을 내릴 수 있도록 한 인공지능(AI)의 한 분야이다. 머신러닝은 데이터를 분석하고, 그 안에서 패턴을 찾아 이를 바탕으로 미래의 데이터를 예측하거나 분류하는 기술이다. 전통적인 규칙 기반 프로그래밍과 달리, 머신러닝은 알고리즘이 데이터를 통해 스스로 모델을 만들고 성능을 개선한다. 머신러닝 적용 대상은 이상 탐지, 불량 예측, 결함 분류 등의 품질 관리, 센서 데이터를 활용한 설비 고장 예측, 예지 보전, 판매/재고 데이터 기반 수요 예측, 생산 속도, 온도, 압력 등 공정 최적화, 구매 이력 기반 추천 시스템, 이탈 방지 등 고객 분석, 리드타임 예측, 재고 최적화 등의 공급망 관리가 있다.
　머신러닝의 활동 절차는 첫째, 문제 정의다. 예측하고 싶은 것이 무엇인지 명확히 설정하는 것이 중요하다. 가령, 불량품 예측, 고객이탈 예측 등이 있다. 둘째, 데이터 수집이다. 내부 시스템, 센서, 로그 등에서 데이터를 수집하는 것이다. 셋째, 데이터 전처리이다. 결측치 처리, 이상치 제거, 정규화 등 데이터 정제작업이다. 넷째, 특정 데이터 선정 혹은 추출이다. 예측에 영향을 주는 중요 변수를 선택하거나 새로 생성시키는 과정이다. 다섯째, 모델 선택 및 학습이다. 지도 학습, 비지도 학습 등 의사결정 나무를 통한 알고리즘 선택 후 학습하는 과정이다. 여섯째, 모델 평가 및 개선이다. 테스트 데이터를 이용해 정확도, 정밀도 등 평가 및 튜닝을 통한 데이터 재정립을 하는 것이다. 일곱째, 배포 및 운영이다. 실제 환경에 적용해 결과를 활용하는 과정이다. 여덟째, 지속적 학습 및 모니터링이다. 성능 저하나 데이터 변화 감지 시 재학습 또는 수정작업을 한다.

 기업에서 머신러닝을 통한 적용 사례를 제조업에서 보면, 삼성전자의 불량품 자동 분류작업이다. 머신러닝으로 생산라인의 데이터를 분석해 불량 여부를 자동으로 분류하는 일이고, 검사 속도 향상, 인건비 절감, 품질 개선 등의 효과가 있다. 금융업에서는 사기 거래 탐지 기능이다. 실시간 거래 데이터를 머신러닝으로 분석해 비정상 패턴을 탐지하여 사기 거래를 찾아내는 일이다. 유통업에서는 수요 예측, 재고 최적화이다. 과거 판매 데이터를 통해 지역, 계절, 트렌드 기반 수요 예측 등으로 조기 진단 기능, 의료진 의사결정 지원을 할 수 있다. 의료-질병 진단 보조 기능이다. 환자의 검사 결과, 진료 기록 등을 학습해 질병 가능성을 예측하는 일이다. 이를 통해 조기 진단 가능, 의료진 의사결정 지원 등의 기능이 있다.

실제 기업 적용 사례로, 머신러닝 기법을 컬러강판 생산공장에 적용하는 대상은 제품 불량 예측으로 품질 개선, 설비 효율화, 에너지 절감, 수요 예측 등 다양한 측면에서 가능하다. 즉, 생산라인에 코팅 두께, 라인 속도, 온도, 습도, 원자재 성분, 작업자 정보 등을 통해서 생산관리하는 것이다. 제품의 불량 발생 가능성을 실시간 예측하여 조기 대처가 가능하다. 머신러닝은 의사결정 트리를 활용하여 불량률 감소, 원인 추적 용이, 품질 일관성 확보 등에 활용할 수 있다.

또한 설비 고장 예측을 할 수 있다. 센서 감지를 통한 설비가 고장이 발생하기 전 조기 감지 및 예측하는 기능이다. 시계열 신경망(LSTM) 모델 적용으로 모터 진동, 소리, 열화상, 유지보수 이력, 센서 로그 등으로 예기치 않은 다운타임 방지, 유지보수 비용 절감의 효과를 예상할 수 있다.

이 외 머신러닝 기능은 생산 조건을 자동 최적화할 수 있다. 공정 변수(속도, 온도, 압력 등)와 최종 물질 혹은 가공 조건을 자동 제안하여 최적의 생산 조건을 만들어 가는 것이다. 이를 통한 숙련공 의존도 감소, 신속한 조건 세팅(setting), 품질 안정화를 만들어 갈 수 있다. 수요 예측 및 자재 운영 최적화를 할 수 있다. 과거 주문 데이터, 계절성, 경기 지표, 거래처 패턴 등 시계열 예측 적용 모델을 통해 생산량과 자재 소요량을 예측하는 것이다. 에너지 사용 최적화를 할 수 있다. 에너지 낭비를 줄이고 효율적 운전 패턴 도출을 위한 설비별 전력 사용량, 온도, 시간대, 생산량 등 회귀분석을 통해 최적 에너지 사용 조건을 설정하여 전력비 절감, 탄소 배출을 감소할 수 있다.

이렇듯 머신러닝을 통해 기업은 최적 생산 조건을 설정하고, 설비 고장 예측으로 장애 감소, 불량 예측으로 품질관리, 최적의 에너지 사용 등으로 종합 생산관리, 수익성 향상, 경쟁력 확보를 해나갈 수 있다.

8.
스마트 제철소로 향한 길

"나는 생각한다 고로 나는 존재한다."는 프랑스의 철학자 데카르트의 철학적인 자기 탐구의 시작점을 나타낸다. 이는 자신의 존재와 인식에 대한 근본적인 질문을 제기하고, 인간의 인식 능력과 사고의 한계를 탐구하고, 확실한 진리에 도달하기 위해 의심과 분석을 통해 대안을 모색하는 것이다. "삶은 생각이다."라고 말하는 것도 인간의 의식과 인식이 삶의 핵심이라는 의미를 나타내며, 생각을 통해 자신과 세계를 이해하고 해석하며, 경험과 지식을 통해 성장하고 발전한다.

기업 혁신도 마찬가지라고 본다. 직원 변화관리 교육 때 약방의 감초처럼 등장하는 것은 "혁신은 생각이다."라는 말이다. 공장생산관리를 하는 직책 간부나 일반 직원들도 '생각이 멈추면 개선도 멈추고 회사도 멈춘다.'라는 것이다. 지구촌의 인류문명이나 존재하는 모든 것은 인간의 생각의 산물이다. 생각하지 않는 삶과 인류 문화는 없는 것이다.

삼성은 2000년 프랑크푸르트 선언에서 '마누라 빼고 다 바꾸라!'라는 생각(모토) 아래 미래의 먹거리 반도체에 올인하면서 오늘날 일류기업이 되었다. 반대로 백 년의 부귀영화를 누렸던 미국 피츠버그시에 있는 베들렘제철소는 자만과 미래를 향한 도전적 생각을 버리면서 2001년 6월 기업 멈춤을 초래했다. 결국 생각이 있는 기업이 미래의 꿈을 설정하게 되고, 지속 가능 경영을 위한 도전을 하는 것이다.

필자가 컨설팅하고 있는 P사는 '스마트 제철소' 비전을 그려놓고, 4단계 활동을 지속적으로 추진해 오고 있다. 1단계는 설비강건화다. 2006년부터 거대 장치산업의 특성을 감안, 생산과 품질에 70% 영향을 주는 설비강건화에 초점을 맞춰 혁신활동을 추진해 왔다. 2단계는 설비고도화이다. 중국이나 베트남 등 철강 후발주자들은 일반강은 생산하나 고급강은 어렵다. 2017년 설비고도화를 기점으로 기가 스틸 같은 고급강 생산체제를 구축하였고, 초고급강 생산에 도전하고 있다. 3단계는 자동화이다. 현대 과학기술문명이 보여주듯이 자동차, 가전제품, 홈오토메이션 등 사회 전반적으로 사람의 수작업 개입없이 편리한 세상으로 가고 있다. 기업에서도 독일의 지멘스는 공장 자동화로 운전자 없이도 불량도 없는 생산체제를 구축하여 인류의 삶을 또 한 단계 향상하는 문화를 만들어 나가고 있다. 4단계는 지능화이다. 빅데이터, 머신 러닝, AI 적용 등 생산 라인에도 사람과 같이 생각을 넣어 자율 학습과 자동생산제어체제로 만들어 가고 있다. 최근에 P사는 3단계로 로봇자동화팀을 구성하고, 제철소 생산라인 시작과 마무리 공정까지 수작업을 자동화로 변신시켜 나가고 있다. 주 생산라인은 최첨단 과학기술이 종합적으로 적용되고 있고, 실현한 만큼 세계 철강시장의 경쟁력에서 한 발 앞서 나가는 모습이 될 것이다.

미래는 인간의 생각의 산물이다. 고대와 근대, 현대는 그 시절 사람들의 생각에 의해 창조적 문화가 완성되었고, 인류의 미래도 현대 사람들의 생각을 현실화하는 결과가 될 것이다. P사의 스마트 제철소도 직원들의 생각의 결과물이 될 것이고, Top과 임원, 중간 관리자, 일반 직원에 이르기까지 생각이 이어지면 미래 경쟁력과 지속 가능한 경영이 이루어질 것이다. 개인과 기업의 미래는 생각 수준만큼 변화하고 발전한다.

9.
DX로 여는 미래 경쟁력

　미래 사회는 어떤 모습으로 우리 곁에 다가올까? 현대인의 삶의 70%를 차지하는 직장의 모습은 어떻게 변모될까? 클라우드, IoT, 빅데이터, AI 등 통합 기술로 미래를 여는 DX(Digital Transformation, 디지털 전환)시대가 사뭇 기대된다. 일반인의 생활에서도 큰 변화가 있겠지만, 매일 아침 전쟁을 치르는 기업은 상상 초월의 제조 현장이 될 것으로 예상된다. 의사결정, 생산, 품질, 설비관리 및 안전까지 DX 기술로 스피디하게 구현될 것으로 예측된다.

　기업은 AI 기술 적용을 토대로 DX시대를 대비하여 준비하지 않으면 미래 경쟁력을 장담할 수 없는 현실이 되고 있다. 기업의 DX는 단순한 기술 도입을 넘어서, 디지털 기술을 활용해 기업의 비즈니스 모델, 조직문화, 운영방식 전반을 혁신하는 것을 의미한다. DX의 성공 요소는 첫째, 리더십의 디지털 마인드셋이다. 직책자와 아날로그 세대인 기성세대는 지나온 경험을 밑그림으로 하고, 새로운 마인드 장착을 통해 미래 기업과 DX 사회를 준비해야 한다. 둘째, 데이터 중심 문화이다. 일반적인 의사 결정을 할 때도 감(感)이 아닌 데이터 기반으로 하면 정확도나 신뢰수준이 높은 문화로 갈 수 있다. 셋째, 민첩한 조직 구조이다. 의사 결정이 빠르고 정확한 시스템이기에, 빠른 실행과 피드백이 가능한 유연한 조직 및 협업 문화가 필요하다. 가령, 기업에서 직영과 협력사, 운전과 정비 간의 협업과 실행이 늦으면 결과는 그만큼 뒤처지는 것이다. 넷째, 기술 도입 및 통합이다. 머신러닝, AI, 빅데이터 등 최신 기술을 도입하고, 상호 시너지를 낼 수 있도록 통합하는 것이다. 다섯째, 고객 중심 전략이다. 소비자나 고객의 경험 개선을 통한 서비스와 제품 설계를 하여 지속 가능한 경쟁력을 확보해 가야 한다. 여섯째, 지속적인 학습과 변화 수용이다. DX 기술은 정형화되어 있지 않다. 탐구심과 학습을 통해 변화에 대한 대응 능력이 필요하다.

제조업의 대표격인 제철소도 DX 기술을 기반으로 Intelligent Factory를 향해 미래 경쟁력을 추진하고 있다. AI를 이용한 통합 제조 및 사무 현장 고도화로 이익 증대, 생산성 향상, 비용 절감을 실행한다. 수작업의 자동화, 무인화, 지능화로 생산성을 높이고 정형, 비정형 업무를 데이터화하고 시스템화하여 일의 효율성과 단순 반복 업무는 로봇에 맡기고, 창의성에 집중하여 제조 비용을 줄여 나간다.

고위험 단독 설비와 저효율 반복 수작업 업무의 자동화 및 설비 로봇 점검 등으로 안전과 일의 효율성, 생산성을 향상한다. 또한 생산라인 AI 기반 상시 모니터링으로 최적 제어하고, 지능형 통합운전 체계화로 공정 자동화를 향해 간다. 설비 고장 예측시스템을 도입하고, 품질 불량을 실시간 모니터링하는 기술 접목 및 위험 지역 작업 자동화 등 안전한 일터를 만들어 나가고 있다.

 이제, AI 시대를 넘어 통합 기술의 시대로 간다. AI 기술을 포함하는 DX 통합 기술 적용을 통한 미래를 준비하는 흐름으로 간다. 급속도로 빠르게 진화하는 기술을 학습하고, 선제적으로 대응하지 않으면 미래의 기업 경쟁력과 우리의 내일을 예측하기 어려운 시대가 되었다.

10.
Intelligent Factory를 향한 초일류기업의 꿈

　초일류기업(World Class Company)은 특정 산업에서 세계적인 경쟁력을 갖추고 지속적인 혁신을 통해 시장을 선도하는 기업을 의미한다. 단순한 글로벌 기업을 넘어, 업계 표준을 주도하고, 장기적인 성장과 사회적 영향을 미치는 기업을 가리킨다. 포스코는 WSD(World Steel Dynamics)에서 철강업계 15년 연속 경쟁력 1위를 자리하고 있다. 더 나은 기업, 지속 가능한 경영이 되기 위해서는 새로운 도전을 쉼없이 이어가야 한다. 미래는 상상 초월의 세상일 것이다. AI 지능화 시대, 생산 프로세스 수준, 수작업 자동화, 로봇 설비 점검 등 DX(Digital Transformation) 기술 모델이 빠르게 만들어지고, 제조기업의 미래 모습인 Intelligent Factory를 향해 다양한 기술을 접목해 나가고 있다. 급변하는 세상, 초일류기업의 조건은 무엇인지 탐색해 본다.

　초일류기업의 조건은 첫째, 해당 산업에서 세계적인 시장 점유율을 보유하고, 글로벌 고객 기반이 확보되어야 한다. 규모의 경제 조건을 확보하고, 전략적 경영으로 만들어 가야 한다. 둘째, 혁신적인 기술력과 연구 개발(R&D) 투자로 차별화된 기술 보유와 기술 전도 및 산업 표준이 될 수 있어야 한다. 셋째, 강력한 브랜드와 기업 이미지를 위해 소비자와 고객에게 신뢰받는 브랜드 구축과 월드 클래스 수준의 브랜드 가치를 보유하는 것이다. 넷째, 탁월한 경영전략과 리더십이다. 변화에 빠르게 대응할 수 있는 경영 전략과 강력한 기업 문화와 비전 보유이다. 가령, 일본 철강업은 50년 된 도쿄 건물 리모델링 시기가 왔고 자동차, 선박 등 철강 수요와 투자 대비 수익 고려 8천 5백만 톤 전략적 생산체제를 갖추는 것이다. 다섯째, 지속 가능한 경영과 ESG 실천이다. 사회적 책임과 친환경 경영 실천, 장기적인 지속 가능성을 고려한 경영 방식 등이다. 여섯째, 전 세계에 생산 및 유통망을 보유하여 안정적인 글로벌 네트워크와 공급망을 구축하는 것이다. 최근 미국 관세 폭탄 부가와 세계 무역 질서의 큰 변화에 대응할 수 있는 인프라 구축이 필요한 것이다. 마지막으로, 인재 확보와 조직 문화이다. 글로벌 인재 유치와 육성 시스템 구축으로 경쟁력을 확보하고, 행복한 직장과 창의성을 높이는 기업 문화를 만들어 나가야 한다.

최근 포스코는 근무 조건 변화, 2030세대 특성, 안전 등 변화된 흐름을 반영하여 현실화된 혁신체계를 정립하고, 개인의 성장과 기업 경쟁력을 확보해 나가고자 2025년 4월에 QSS(Quick Smart Solution) 2.0 활동을 시작했다. 미래 AI 시대를 대비하면서 생산 현장의 다양한 문제를 지혜롭게 해결하고, 변화에 맞게 문제 해결 방법론을 진화 발전시켜 가고 있다. 즉, 전문가 영역과 현장 영역을 구분하여 실행 가능한 관점에서 효율성을 높이고 선택과 집중하는 것이다.

초일류기업이 되려면 단순한 매출 성장뿐만 아니라 지속적인 혁신, 강력한 브랜드, 차별화된 기술력, 글로벌 네트워크, ESG 경영, AI 기술을 적용한 미래 기업 Intelligent Factory로 발전해 나가야 한다.

11.
문화 혁신으로 가는 월드 클래스 기업

문화 혁신은 조직 내의 기존 가치관, 행동양식, 업무 절차 등을 변화시켜 창의적이고 유연한 문화를 구축하는 것을 의미한다. 기술이나 제품의 혁신에 그치지 않고, 조직의 근본적인 사고방식과 행동 패턴을 변화시키는 것을 말한다. 또한 일하는 사고, 일하는 방법 등을 습관화하고 체질화하여 조직 내에 내재화되어 '스스로 개선하는 문화'를 혁신문화라고 한다. 그 수준에 따라 글로벌에서 통하는 일류 문화와 이류 문화 등으로 나뉜다. 10년 이상 혁신을 했는데, 기업문화로 정착하지 못한 것은 방향 설정이나 과정에 문제가 있기 때문이다. 혁신이 장기적 기업문화로 못 가고 실패하는 이유는 무엇이 있을까?

기업 문화 혁신의 성공 조건은 첫째, 명확한 비전과 목표 설정이다. 혁신의 방향과 목표가 명확하지 않으면 직원들이 혼란스러워하고 혁신활동이 산만해진다. 둘째, 최고 경영진의 적극적인 지원과 참여가 필수적이다. 경영진이 혁신을 지속적으로 지원하지 않거나, 일관성 없이 방향을 변경하면 추진력이 상실될 수 있다. 또한 변화 관리 과정에서 발생하는 저항을 효과적으로 처리하지 못하면 혁신이 지연되거나 실패할 수 있다. 셋째, 직원들의 참여와 소통이다. 모든 직원이 혁신 과정에 참여하고 의견을 나눌 수 있는 환경이 조성되어야 한다. 대화와 토론이 없으면 시너지를 내기가 어렵게 된다. 넷째, 지속적인 교육과 학습이다. 학습을 통한 개인의 성장과 회사 발전을 위한 교육시스템이 필요하다. 조직원이 학습을 멈추면 미래가 없고, 혁신이 현 수준에서 멈춘다. 다섯째, 평가와 인증이다. 혁신의 진행 상황을 평가하고 올바른 피드백과 포상, 인증 등 동기부여를 반영한 체계적인 시스템이 있어야 한다. 특히 MZ세대는 개인화되어 있고, 나에게 유익함이 없으면 움직이지 않는다.

　필자가 지원하고 있는 P사의 혁신은 많은 시간 진행 되고 있지만, 현 주소를 보면 생각을 필요로 한다. 여러 요건이 있겠지만, 명확한 방향과 단기, 중기, 장기적인 플랜이 있어야 하고, 일관된 지속성으로 진화 발전해 나가야 한다. 혁신의 일관성이 없이 방향과 전략이 변하면 어려워진다. 현장은 혼란스럽고 딜레마에 빠진다. 제조업의 혁신은 일의 속성과 설비 특성, 생산 프로세스의 특징에 맞게 혁신의 툴(Tools)을 선택하고, 지속적으로 진화 발전하여 고유의 혁신 문화로 가는 것이다.

　가령, 스마트 팩토리로 가는 여정에 경쟁력 확보를 위해 고급강 생산 조건에 필요한 방법론을 개발해 놓고 어렵다는 의견에 쉬운 툴만 장착하면 혁신의 가치성은 잃게 된다. 마치 닭이 계란을 못 낳는다고 닭을 잡는 꼴이다. 또한 경영 라인의 혁신에 대한 서폰서십을 얻는 일이다. 반대가 되면 동력을 잃게 된다. 혁신은 경영진의 관심 속에 자라는 속성이 있기 때문이다. 혁신은 회사가 가고자 하는 방향과 비전을 실현시키는 수단이기에, 문제해결 Tools 진화와 이를 효율적으로 이끌어가는 운영적 관점에서 고려해야 한다. 한 기업의 고유의 혁신 문화는 인내와 일관성, 창의성을 기반으로 진화 발전된다.

생산 라인의 다양한 문제를 적합한 혁신기법으로 풀어 나가기 위해서는 문제의 속성에 맞는 툴 설계 및 최적화이다. 자사에 맞게 개발된 툴은 지속성 속에 진화 발전시켜 나가야 한다. 설비 환경, 생산 장애, 품질 및 원가 개선 등 현업 상황이 후퇴했더라도 기초/중급/상급/고급 단계별 난이도의 문제를 푸는 툴은 갖추고 있어야 한다. 어떤 요인에 의해 버리지 말고 상황의 단계에 맞는 툴을 선택해서 유용하게 사용할 수 있어야 한다. 고급 강종 생산 조건의 문제를 풀어 가려면 고급 툴을 사용해야 한다. 툴 사용에 일관성이 없으면 진화 발전하지 못하고 동물적인 역사를 쓰게 되고, 혁신 기법의 활동 가치창출에 한계를 갖게 된다.

업의 특성에 맞는 기업의 방향이 미래이고, 미래는 기업의 기술적 발전과 바람직한 모습이 전제되어야 한다. 혁신은 기업의 바람직한 모습을 실현하기 위한 수단이며, 실행 전략은 상황에 따라 변경

될 수 있지만, 제품 생산방식이 일관되게 진화하고 정착되어야 한다. '일하는 사고, 일하는 방법'이 조직 내에 내재화되어 시간이 지나도 변하지 않는 기업의 일하는 문화로 가는 것이 월드 클래스 수준으로 가는 길이다.

> 에필로그

혁신과 성장 그리고 미래를 향하여

혁신은 언제나 멈추지 않는 강물처럼 흘렀고, 성장은 그 물길을 따라 자라난 숲과 같았습니다. 그리고 미래는 여전히 가려져 있지만 우리 손끝에서 조금씩 그 윤곽을 드러내고 있습니다. 이 책을 쓰는 동안, 저는 혁신을 거대한 이론이 아니라 작은 질문에서 시작된 생각의 변화로 봅니다. 성장은 어느 날 갑자기 찾아오는 성취가 아니라, 매일 작은 시도와 실패, 그리고 다시 일어섬이 쌓여 이루어지는 것임을 인지하게 됩니다.

'생각의 변화로 행동의 변화, 사물의 변화, 가치 있는 행복한 삶이 된다.'

구성원이 어떤 생각을 갖느냐에 따라 행동이 달라지고 일의 문화가 달라집니다. 생각의 관점을 디자인 하고 혁신의 진화 원리를 이해하면 성과는 크게 차이를 보입니다. 실무적 관점에서 보면, 혁신은 원가 절감이나 생산성 향상 만을 뜻하지는 않습니다. 그것은 사람과 조직이 끊임없이 배우고 바뀌며, 서로 다른 환경에서도 최적의 길을 찾는 과정입니다. 문화적 차이, 제도적 제약, 자원과 기술의 한계가 있더라도, 현장 구성원들이 주체가 될 때 혁신은 반드시 성과로 이어졌습니다.

'혁신은 현장에서 시작된다.'

포스코와 건설, 에너지, 2차전지, 요식업 등 업종별 제조업, 인천 남동공단, 대전, 김포 등 중소 제조업, 그리고 중국, 일본, 말레이시아, 미얀마 등 종교, 사상, 문화가 다른 해외에서 저자가 직접 다양한 방식으로 혁신을 적용하여 현장에서 얻은 생생한 실전 사례를 바탕으로 쓰였습니다. 일과 업의 특성, 기업 문화에 따라서 혁신의 방법과 운영 제도를 달리하였습니다.

거대 장치산업의 포스코는 설비와 작업 방법 개선 중심으로, 건설은 공기 단축과 원가 개선, 요식업은 음식 제조 프로세스와 신메뉴개발 프로세스 정립 등의 혁신의 방향과 과정의 흐름이 다르게 적용됩니다. 특히, 해외 부문에서는 각기 다른 문화적 가치관이 제조업 혁신의 방식에 영향을 주었습니다. 오랜 역사 속에 형성된 종교, 사상, 문화와 국민성이 혁신의 토양이 되니, 이것을 간과하면 혁신은 겉돌게 됩니다.

혁신은 사람과 기업 성장을 위한 것입니다.

공장 내 설비 환경, 생산 물류 최적화, 작업 조건 개선을 통해 일의 편리성과 효율성을 높여서 경쟁력 확보와 성장하는 기업으로 만들어 갑니다. 혁신의 방식과 운영에서 보면, 정형화 된 표준을 따르지만 각기 자사의 일과 프로세스 특징에 맞게 활동 체계를 만들어 진화시키고 성숙된 개선 문화로 발전합니다.

23년의 혁신 지식과 경험을 토대로 기업 혁신의 실패하는 과정, 성공하는 길을 경험해 왔습니다. 한 기업의 혁신 성공이 쉽지 않은 것은 복잡한 혁신 체계와 다양한 변수가 있기 때문입니다. 한 가지 문제를 해결하는 데는 어렵지 않으나 결국 사람이 하는 일이고, '일하는 사고, 일하는 방법'에 개인과 조직의 변화를 이루어 지속성을 근간으로 문화로 가는 혁신이 바른 길이기 때문입니다.

혁신은 성장을 낳고, 성장은 미래를 열어 줍니다.

미래는 상상하기 어려운 AI시대가 오고 있습니다. 일은 AI 로봇이 하고 사람은 삶을 즐기는 유토피아 세상이 올 수도 있습니다. 현실에 최적의 대안으로 한 발 앞서 나가되, 빠른 스피드로 변하는 다가 올 미래를 준비하고 한걸음씩 대응해 나가야 하는 것입니다. 지금까지 다루어 온 사례와 저자의 경험담은 한 기업이나 한 국가와의 이야기가 아니라, 앞으로 우리 모두가 만들어 갈 미래의 서곡입니다. 저는 독자 여러분께 이 책을 다시 돌려드립니다. 혁신은 저자의 경험으로 끝나는 것이 아니라, 여러분의 현장에서 새로운 이야기로 다시 시작되어야 하기 때문입니다.

책 한 권의 탄생은 결코 쉽지 않았습니다. 생각으로 쓰는 것 보다 오랜 지식과 경험을 토대로 마음으로 쓰는 것이기 때문입니다. 곁에서 묵묵히 응원해 준 아내와 함께한 동료 컨설턴트, 포스코와 인재창조원에 깊은 감사를 드립니다. '조직에 혁신이 들어가면 건강한 조직, 경쟁력 있는 기업으로 거듭난다.'라는 명제를 인식하며, 이 책 한 권이 참고가 되어 바른길의 혁신으로 경쟁력 확보와 성장하는 기업으로 가는 길에 작은 밑그림이 되길 기원해 봅니다.

포스코 혁신 진화와 발전은 계속된다.

'포스코웨이(POSCO Way)' 완성을 향하여 혁신은 지속성 속에 진화 발전하고, 월드 클래스 수준을 이어 갈 것입니다.

미래혁신경영연구소 대표
정 상 철 드림